丝路百城传

丝路百城传

特立，不独行

"丝路百城传"丛书

刘传铭　主编

THE
BIOGRAPHY
OF
LIANYUNGANG

结缘丝路两千年

古龙高　周一云　———— 著

连云港传

LIAN YUN GANG

IPG 中国国际出版集团　　新星出版社　NEW STAR PRESS

总　序

刘传铭

如果说丝绸之路研究让我们洞见了一部全新的世界史，一定会有人表示惊讶与质疑；

如果说城市的创造是迄今为止人类文明进程中最伟大的事情，则一定会得到人们普遍的支持与认同。

"丝路百城传"丛书的策划正是发轫于这样一个历史观的文化叙述：

丝绸之路是一条无路之路；

丝绸之路是一条既古老又年轻，"不知其始为始，不知其终为终"的漫漫长路；

丝绸之路是一条历史时空里时隐时现，变动不居，连点成线，连线成网的超级公路；

丝绸之路是点实线虚、点变线变、点之兴衰即线之存亡的交通形态，那些关山阻隔、望洋兴叹的城市，便如一颗颗璀璨的明珠镶嵌在路；

丝绸之路是一个文化概念，叠加其上的影像曾被不同国家不同民族的人们呼作：铜铁之路、纸张之路、皮毛之路、奴隶之路、铁蹄之路、黄金之路、朝贡之路、宗教之路；

丝绸之路是中西文明交流与传播、邦国拓展、民族融合之路，也是西方探秘中国、解码东方之路，更是我们反躬自问"我是谁？我从哪里来？我向何处去？"的寻根之路、回家之路；

丝绸之路是今日中国走向世界的新起点、新思路，是"一带一路"中国倡议走向人类命运共同体的未来之路……

无可否认，一个世纪以来，丝路研究之话语为李希霍芬、斯文·赫定、斯坦因、伯希和、大谷光瑞、于格、橘瑞超、芮乐伟·韩森、彼得·弗兰科潘等东西方人所主导。然而半个世纪以来的大国崛起，正在使"夫唯不争"之中国快速走向文化振兴。我们要将《大唐西域记》《真腊风土记》的传统正经补史、继绝往圣、启迪民智、传播正信，同时也将丝绸之路城市传文学以实为说、以城为据、芳菲想象、拒绝平庸的创作视为新使命、新挑战。让"城市传"这样一个文学体裁开出新时代的鲜花。

凭谁问：昆仑巍峨、河源滔滔、玉山储秀、戍堡寂寞；

凭谁问：旌节刻恨、驼铃悠远、琵琶起舞、古调胡旋；

凭谁问：秦汉何在、唐宋可甄、东西接引、前路正新；

凭谁问：八剌沙衮今何在？罗马的钟声谁敲响；

凭谁问：撒马尔罕的金桃今何在？帕米尔上的通天塔何时建成、何时倾倒？

凭谁问：伊斯兰世界的科学造诣何时传到了巴黎和伦敦；

凭谁问：鉴真大师眼中奈良和京都的樱花几谢几开；

凭谁问：乌拉尔河上何时传来了伏尔加河的纤夫号子；

凭谁问：杭州湾的帆樯何时穿越马六甲风云……

诗人说：这条路是唐诗和宋词的吟唱，是太阳和月亮的战争；

军人说：这条路是旌旗卷翻的沙漠，是铁骑踏破的血原；

商人说：这条路是关涉洞开的集市，是金盏银樽的盛宴；

僧侣说：这条路是信仰鲜花盛开的祭坛，是生命涅槃的乡路……

一个个城市的前世今生，一个个城市的天际线风景，一个个城市的盛衰之变，一个个城市的躁动与激情，一个个城市的风物淳美与人文精彩，一个个城市的悲欢离合，一个个城市的内动力发掘与外开拓展望，一个个城市的往事与沉思，一个个城市的魅惑和绝世风华……

从长安到罗马和从杭州湾到地中海是卷帙浩繁的"丝路百城传"丛书的框架结构。也是所有参与写作的中外作家和编辑们共同绘制的新丝路蓝图。《尚书·舜典》有"浚咨文明"之句，孔疏曰："经纬天地曰文，照临四方曰明。"《论语·雍也》曰："质胜文则野，文胜质则史，文质彬彬，然后君子。"又《易经·贲卦·彖辞》曰："刚柔交错，天文也；文明以止，人文也。观乎天文，以察时变；观乎人文，以化成天下。"故文化乃"人文化成"而以文教化"圣人之教也"。"周虽旧邦，其命维新"，丛书编纂与出版岂非正当其事，正当其时也！

读者朋友们，没有踏上丝路，你的家就是世界；踏上丝路，世界才是你的世界、你的家园……唯祈丛书阅读能助君踏上这样一个个奇妙无比的旅程。

丝绸之路从远古走向未来，我们的努力也将永无休止。

戊戌谷雨前五日于松江放思楼

序 / 1

第一章　由海而生的州城

　　海岸变迁 / 9

　　城市临海而建 / 20

　　港口随海而迁 / 28

第二章　海上丝绸之路

　　东夷文明的丝路密码 / 37

　　徐福东渡与东亚丝路 / 49

　　海上丝路"第一程" / 56

第三章　陆上丝绸之路

　　陆上丝路"第一程" / 67

　　海中大洲 / 78

　　徐福东渡与海陆丝路 / 89

第四章　海陆丝路发展的鼎盛时期

　　陶瓷之路 / 95

茶叶丝路 / 101
文化之路 / 106
鼎盛时期的海州 / 119

第五章 海陆佛教之路

海上佛教之路 / 125
陆上传经之路 / 136
道、佛教并存 / 143

第六章 盐业发展与城市崛起

天下淮盐 / 151
淮盐与古海州水运 / 164
盐业发展与城市崛起 / 173

第七章 军事重镇与城池建设

国家战略重镇 / 187
烽火鸣镝 / 191
战争的历史凝固 / 197
古代军事城池的建设 / 207

第八章　明清禁海与海陆丝路

明朝海禁 / 221

清朝"海禁" / 228

开海展界 / 235

明清文学名著中的海陆丝路 / 240

清代的海州 / 248

第九章　陇海铁路奠定丝路复兴基础

陇海铁路 / 255

陇海铁路与东方大港 / 267

陇海铁路与连云市 / 274

第十章　海陆丝路交汇点

新亚欧大陆桥演绎现代丝路 / 281

新亚欧大陆桥建设与运营 / 289

新亚欧大陆桥东方桥头堡 / 299

海陆丝路的巅峰时代 / 306

第十一章　国际性海港城市

　　城市格局的变迁 / 321

　　城市特色与城市文化 / 329

　　城市文化、自然景观与城市建设 / 340

　　发展新蓝图 / 346

参考文献 / 351

序

一般而言,传记多是给人物写的,可能是给一个人写,也可能是给若干个人写,或者给一个群体写。给一个城市写传记,到目前还不多见。

但是,每一座城市都应当有一部属于自己的传记,连云港市也是这样。

一

写人的传记,应该触及人的灵魂。写城市的传记,应该体现城市的特有价值,体现城市吸引世人的独特文化。每座城市都有每座城市的特有价值和独特文化,每座城市凝固的历史都受孕于这座城市的价值取向。《连云港传》的任务应该是对连云港发展的历史脉络进行系统、有序梳理,在千头万绪中探寻一条贯穿城市发展始终的、能代表连云港城市特质的主线,能浓缩连云港发展历史的载体。

连云港的特有价值、特有文化是什么呢?一言以概之,这是一座与丝路结缘两千年的城市。作为海上丝绸之路、陆上丝绸之路的节点、交汇点,她赋予连云港开放性、国际性的特质,使这座城市具有厚重的历史责任感,这就是维系这座城市精神的灵魂。这个灵魂所依附的载体:海陆丝路——海上丝绸之路、陆上丝绸之路,赋予连云港双向开放、通向世界的区域特色,展现了连云港在中国开放布局中的特有价值。

在丝绸之路发展史上，丝路沿线的许多城镇，在不同的历史时期都对丝绸之路的维护、东西方文化交流作出了贡献，如西域丝路南道的于阗、楼兰，北道的龟兹、焉耆、高昌，河西的敦煌、武威，以及中原地区的固原、长安、洛阳，甚至有些今天看来比较偏远的城镇，在丝绸之路漫长历史的某个时段中，却起着非常重要的作用。如今天位于陕西最北端靖边县的统万城，能有多少人关注？但在439年北魏灭河西的北凉政权，打通了从河西经过薄骨律（灵州）、夏州（统万城），沿鄂尔多斯沙漠南缘路到达北魏首都平城的捷径之后，却是西方世界与平城交往线上的关节点。有些是历史上著名的古国，如古楼兰国，也早已随着时间的流逝、历史的变迁，成为过眼云烟，留下诸多难解之谜。

但是，连云港不同，在海陆丝路发展史中，具有标志性、唯一性和延续性。

标志性。海上丝路发展史中，秦代徐福率童男童女和百工等数千人于古朐港东渡日本，海州成为海上丝绸之路东亚航线的起点，早于郑和下西洋1000多年，是有文字记载的海上丝绸之路的标志性事件，是历史上中华民族海外交往的成功实践。陆上丝路发展史中，秦始皇立秦东门阙，秦代的驰道——山川东海道联系朐县与咸阳，使海州成为陆上丝绸之路的起点。

唯一性。在中国，丝绸之路的起点在西安、洛阳，丝绸之路文化的辉煌在敦煌，丝绸之路的核心区在新疆；海上丝绸之路的核心区在泉州。连云港与丝绸之路的密切关系不如西安、敦煌，与海上丝绸之路的密切关系不如泉州。但是，连云港是同时与陆上丝绸之路、海上丝绸之路有紧密联系的区域，是西向陆上丝绸之路、东向海上丝绸之路的双向起点，又是丝绸之路东向、海上丝绸之路西向的枢纽，用周绍良先生28年前的话说"连云港地区自古以来就是海陆两条丝绸之路的一个重要连接点"，用现代的词汇讲，是"交汇点"，这个特殊的角色在国内是唯一的。

连续性。就如连云港是一个几千年历史连贯性的城市一样，连云港与丝绸之路、海上丝绸之路的联系也具有两千多年的历史连贯性。纵观连云港的历史,海陆丝路贯穿连云港历史发展的过去、当代乃至未来。可以说,连云港的发展史也是一部"一带一路"的发展史,"一带一路"交汇点的建设史。隋唐以降,海州成为大唐帝国和新罗、日本交往的重要城市,大量来往于海上贸易的新罗人在宿城设立新罗所与新罗村,海州是海上对外运输线中不可或缺的一环。在清康熙二十三年(1684年),海州的云台山作为江海关的所在地,与广州、漳州、宁波一起被指定为对外通商口岸。在近代,孙中山先生关于连云港建设成为东方大港的构想和陇海兰新铁路的贯通,连云港成为新亚欧大陆桥的东方桥头堡的桥头堡。在当代,多重国家战略叠加,连云港成为"一带一路"的交汇点和战略支点,新亚欧大陆桥经济走廊的节点城市、上合组织出海基地、江苏"一带一路"建设的核心区和战略先导区。"一带一路"倡议提出后中国第一个国际合作项目、习近平总书记和哈萨克斯坦总统纳扎尔巴耶夫四次共同出席该项目签订协议、建成运行仪式的"中哈物流基地"在连云港落地,更是凸显了连云港的特殊区位和时代责任。

回顾连云港历史上丝绸之路、海上丝绸之路的发展轨迹,秦汉以来曲折多变,唐宋达到鼎盛,明清落入低谷。但连云港与之联系一直没有中断,新亚欧大陆桥从太平洋西岸的连云港穿越10870公里的欧亚大陆到达荷兰的鹿特丹,使地球上最大的陆地板块和最大的海洋有了交通的便利和联系的节点;"一带一路"倡议又赋予这条亚欧国际大通道更广阔、更厚重的责任与意义。

在这个历史进程中,海陆丝路畅则连云港兴旺,海陆丝路断则连云港衰落。现代丝路的兴起,"一带一路"倡议的践行,连云港必将拥有更加美好的未来。

二

连云港是一个底蕴厚重、历史连贯的城市。我们说连云港与海陆丝路结缘两千年,只是以徐福东渡为时点。事实上,连云港厚重的历史文化中隐藏了许多与同时代相关的海陆丝路之谜，这些丝路之谜的年代远超两千年，如东夷文明蕴含着早期海、陆丝绸之路的密码，冰川时代连云港与日本九州、秘鲁的联系，将军崖岩画中的文化内涵对日本岛乃至美洲大陆的影响等。这些内容本书已经有了初步涉足，更多的内容有待于我们今后更深入地研究。

连云港还是一个碎片化严重的城市。

首先是迁徙性导致碎片化。自然地理环境的沧海桑田，海陆沉浮，在连云港市境，特别是在古代、近代的海陆互换过程中尤为活跃。孔望山是4000多年来黄河改道多次夺淮入海始终没有被吞没的古文化堡垒，但仍有许多文化遗产遗物失传、消失，至今留下的一些造像、石刻等遗迹，仍有许多难以破解的谜让人追思。云台山原是"海上仙山"，就如苏轼在《次韵孙职方苍梧山》诗中称赞的那样："远托鳌头转沧海，来依鹏背负青天。"自清康熙五十年（1711年）海涨沙淤，人们可以"策马上云台"。

地理环境演变拉动城市变迁，牵动港口变迁。从公元前221年秦代首设朐县到今天，2000多年的建置史，名称虽未改，治所却几易其地，城址屡有迁徙。从秦汉之际朐山岗嘴秦代方士徐福扬帆东渡蓬莱，到元明时期移址于新坝，代之而起青口港、大浦港再到老窑建东方大港。

其次是战争导致碎片化。连云港这块古老的土地，由于其重要的军事战略地位，成为历来兵家必争之地。从上古东西轴线上的夷夏之战到商、周伐夷；从吴越北上到楚国问鼎中原；从秦始皇立石东门到南北朝时期的烽火鸣镝；从隋、唐一统到金人南侵；从宋金交战到大元帝国的统一；从元末群雄割据，到朱洪武一统天下；从民国军阀混战到日寇海上登陆。4000多年战争的硝烟此散彼起，金戈铁马之声中，城市随之或崛起或衰败，文化也随之或绚丽多彩或蒙难暗淡。刀光剑影中典籍文献流失，难以还原历史的硝烟与壮烈，只能从有限的史籍记载中、沉淀的历史文物中，去寻找逝去海州的史影。

三

深厚的文化底蕴和多元的文化形态赋予连云港这座城市厚重的历史。如此厚重的历史文化载体与碎片化共一体,使《连云港传》的撰写异常艰难。

在《连云港传》的撰写中,我们要像一只编织丝网的蜘蛛,在散乱而繁杂的史料中有条不紊地转动织梭,站在前人的肩膀上,充分利用已有的研究成果,整合史料,化无序为有机,尽可能全面地向读者展示连云港"一带一路"发展的整体脉络。用"一带一路"这条"项链",串起连云港历史和当下的粒粒"珍珠",让连云港在"一带一路"的运行轨迹中熠熠生辉!

《连云港传》的撰写,是以丝绸之路、海上丝绸之路为主干,对连云港历史的一次重新回顾,重新探索和解读。但碎片化使连云港的发展痕迹、文献资料受到严重破坏,出现史书失记的不足,典籍文献的缺失。重要的历史,或人或事或遗迹,被碎片的尘埃深深掩埋,成为"失落的文明"。我们要对现有碎片化的历史文献进行重新梳理,更要对考古发现、古建筑、古遗址、石窟寺、石刻等进行再研究、再整理,从中挖掘与我们研究主题相呼应的内容,还原历史的本来面目。例如,20世纪在连云港考古发掘过一定数量的作为唐宋时代外销瓷的各类瓷器,正是这些五彩缤纷的瓷片弥补了史书失记的不足,还原了古海州地区唐宋时期作为中国外销陶瓷的重要口岸和航路的历史本来面目。

连云港海陆丝路的发展轨迹印证了这样一个道理:"丝绸之路是一个具有顽强生命力和具有文化包容性的人类文明沟通行为与连续活动。这是一条千古不废的发展之路。从中华文明和世界文明历史深处走来,其生命力之顽强,犹如旷野里见证丝路繁荣的胡杨,生千年,长千年,立千年,不死不倒又千年。"[①] 这是一项新的、有意义的挑战性研究,我们为之奉献。

[①] 冯并:"一带一路"全球发展的中国逻辑,中国出版集团、中国民主法制出版社2015年版,第16页。

连云港文化的特殊性也使我们交出的作品会有与常规作品不一样的特色,希望大家批评、指正、包容。

The
biography
of
LianYunGang

连云港传

由海而生的州城

第一章

连云港古称海州。据统计，现在全国带州字的城市有93个，但以"海"字命名的州，只有"海州"。这是一个由海而生、濒海而建的城市，"夫千里之远，不足以举其大；千仞之高，不足以极其深"的大海赋予这块土地博大的胸怀，海中大岛添加这块土地的灵秀，海陆沉浮、沧海桑田的变化成为自旧石器时代晚期以来城市、港口、环境变化变迁的独特状态。海退城进、港进，海进城退、港退，海岸线的蚀退与推进引起的不仅是沧海桑田、自然地理面貌的变化，城市、港口也随之变迁，彰显了与众不同的独特城市个性。

海岸变迁

地质的运动带来海岸的变迁，使连云港地区成为研究我们生存的这个地球的典型区域。悠久的历史中蕴含的"特例"而非"通识"已经超越了那些王朝更迭的遗迹所呈现出来的价值，成为研究中国沿海人类早期活动的重要依据，从而具有了文化人类学的意义。

岸线变迁

锦屏山的前世来生

海州的锦屏山隐藏了众多可供研究者挖掘的关于海陆丝路的历史，而沧海桑田在连云港市最典型的变化也莫过于此山。

以海州锦屏磷矿为例。锦屏磷矿位于锦屏山，始建于1919年，1956年重建，是中国第一座大型磷矿，对其地质研究发现，这是中国具有代表性的一种磷矿床，这种磷矿具有上下两个含磷层位，所含的磷是10多亿年前的海洋生物，形成于10多亿年前元古代浅海环境。若时光退回十几亿年前，我们看到的锦屏山地区是沧海浩淼，鱼、虾等富含磷物质的生物躯体在广阔的浅海处沉积，这些海底沉积物经过前震旦纪变质岩过程，形成了丰富的磷灰石矿。

连云港市是一座与锦屏山沧海桑田变化紧密联系的历史悠久的城市，最早的先民来自泰沂山系独立发展和孕育的"山东大岛"上的"沂源人"。"沂源人"是东夷也是连云港地区最早的人类始祖，是"沂源"诞育了最早的东夷族团。而锦屏山浅海环境经过多次海陆变迁，距今16000—15000年前的维尔姆冰期极盛期，由于海平面的大幅度下降，中国大陆与日本列岛之间成为一片广袤的"黄海盆地"，为晚更新世晚期以来海平面最低的时期。到了旧石器时代，锦屏山周围已形成优良的海滨环境，依山面海，气候适宜人类在此渔猎繁衍。"沂源人"从沂蒙山麓的洞穴中走出来，沿着沂、沭河来到今日的郯城马陵山、东海县大贤庄、海州区锦屏山的桃

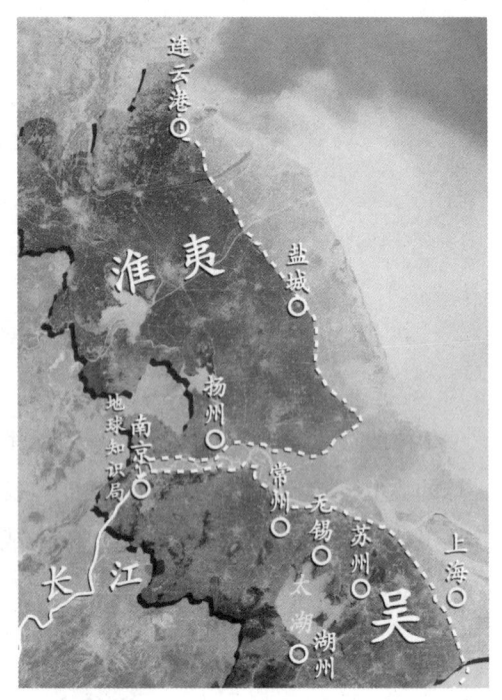

春秋时代沿海示意图

花涧等地，打制石器、狩猎采集，开始他们新的生活。再到后来有了社祭、岩画和太阳刻石，由原始的太阳与星座、白天和夜间的对比观察而形成的连云港锦屏山将军崖岩画，为中国考古界提供了宝贵的史实资料。

维尔姆冰期结束，天气开始回暖，冰川融化，海平面迅速上升，海侵开始。苏北平原与长江三角洲也同遭海侵，其时由北向南的海岸线，约在今燕尾港、陈家港、建湖、海安、如皋和南通一线。连云港地区的古人类为适应自然环境的生存需要，在近海山麓台地从事原始的狩猎经济。发达的细石器小石叶工业、氏族集体洞穴聚居生活、人类"群"的社会组织出现及其与自然环境的天人互动，产生了天体崇拜的原始宗教意识。海州锦屏山将军崖岩画中"基岩凹穴"凿刻，被当代最新的科技手段——微腐蚀法测定为距今11000年左右，是细石器时代原始宗教意识在岩画上的反映。将军崖岩画是从凿刻最原始的"基岩凹穴"符号开始的，作为细石器时代

的文化形态作品，带有原始的巫术性质，并且与狩猎经济活动有直接的关系，是古人类没有发明文字符号之前最早的文化创造之一。"基岩凹穴"符号在世界范围内具有普遍性，不仅出现在将军崖岩画，在新疆、内蒙古、宁夏、河南等地也都有发现，如河南具茨山中发现有远古奇异的岩画、壮观的城堡、神秘的石棺墓葬。在澳大利亚、印度、法国和南美地区也有类似发现。

全新世从11700年前开始，是最年轻的地质年代，也是人类进化的野蛮时期。此时的连云港地区，气候温暖湿润，海平面较高，海水到达海州湾两侧前缘马陵山前。"沂源人"的活动以及细石器的遗存，在连云港马陵山、锦屏一带有所发现，向东目前还是一片空白。

海侵、海退

在新石器时代晚期到夏商周初期，连云港地区有几次海侵和海退。

第一次海退，发生在距今6800—5900年时期，是一个低海平面，锦屏山周围短暂成为陆地，海岸线维持在郑园东—南云台东—大伊山东，锦屏山和南云台山之间的黑风口古海峡曾短暂成陆。徐军等专家研究认为，这一次海退是在北辛文化时期，连云港地区的土著郁夷，由山麓台地向海岸移动，更贴近海滨。可以证明的是考古发现有8处新石器时代遗址：大村、陶湾、二涧、将军崖、朝阳、灌云大伊山、东海荥湖和赣榆苏青墩，这些遗址主要分布在海拔5—10米的丘陵山地边缘的洪积阶地和未遭受海侵影响的丘陵岗地上。

第一次海侵，发生在距今5600年前，海岸线在郑园—洪门—锦屏山东—大伊山西线，岸线以东的广大地区为滨海浅海环境。这一时期的海侵与连云港大汶口文化遗址数量突然减少、古遗址退缩到山麓洪积阶地（二涧）和西北部的丘陵岗地（荥湖）相吻合，只发现东海县荥湖和连云港锦屏山二涧村二处大汶口时期文化遗址，出现较大面积的空白区，文化层多有缺失现象。

第二次海退，发生在距今4500—4000年前，属龙山文化时期，海岸线由洪门退至现在的临洪闸附近，约北起赣榆青口东—临洪河闸东—中云台

 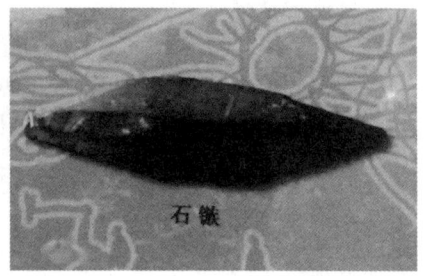

石锛　　　　　　　　　石镞

二涧遗址出土文物

东—伊芦山东。根据赣榆青口附近的后大塘和中云台山的藤花落遗址的位置以及临洪河口柱状样等地层分析，这次海退比青莲岗文化期海退要更远。在云台山地区岸线退至南云台山与中云台山之间，发现有 15 处新石器时代遗址。特别是位于南云台山与北云台山之间谷地的冲积平原上的藤花落古城遗址，这是一个连云港市史前的政治、经济、文化中心，是东夷少昊古国的中心城市。在南云台山与中云台山之间的冲积平原形成如此大规模的龙山时期文化古城，表明龙山文化时期连云港南云台山与中云台山之间曾一度为陆。

第二次海侵，发生在距今 3800—3500 年相当于岳石文化时期。新石器遗址又急剧减少，很多遗址被淹没。

连云港地区的新石器时代文化分布的情况与这几次海侵和海退有着密切联系。

当处于低海平面时期时，锦屏山周围是陆地，是连云港地区新石器时代文化繁荣的时期，这个时期北辛文化的遗址有二涧村遗址、大村遗址、大伊山遗址、赣榆后大堂遗址等典型遗址，龙山文化的遗址有藤花落古城遗址。这些人类文化遗址充分反映了这一地区人口的增长和逐渐集中，经济、文化的繁荣和发展，大伊山石棺葬和藤花落古城是上述时期繁荣的标志。虽然将军崖岩画的年代没有明确的定论，但岩画属于精神文化的范畴，是这个时期文化的核心和灵魂。而精神文化不能脱离物质层孤立存在，物质文化是形成精神文化的条件。人类只有在满足衣食住行的物质基础上，才能有条件去开发精神世界。因此，刻凿岩画的时期一定是经济繁荣、人丁兴旺的时期，将军崖岩画的刻凿年代同样也不会例外，这是由经济基础决定上层建筑的基本规律决定的。

从新石器时代大汶口文化墓葬和龙山文化墓葬的分布情形来看，墓葬及早期聚落的分布，明显地反映着它受着海岸进退的影响。

大伊山石棺葬遗址是号称"华夏之最、域外无双"的研究古人类文化的重要实证，它证实了连云港地区有着悠久的居住史。

距今6000年前后，海水东移，海面下降，海岸稳定，如大村遗址、二涧遗址、大伊山遗址等。在距今5600—5500年前发生了特大海侵，最高海平面比今天的海平面高出5米，海岸再次向西迁徙，人类活动总的趋势是又由海滨向山麓台地转移。而在距今4000年左右的龙山文化时期的聚落，却向海滨移动或者更贴近海岸，如朝阳遗址、藤花落遗址，赣榆龙山文化遗址等。

龙山文化晚期，连云港沿海地区的古环境再次发生波动，继龙山文化之后的岳石文化遗址又一次急剧减少，连云港地区可能又经历了一次较大规模的海侵，很多遗址被淹，首当其冲的是藤花落古城，由于其濒临海岸首先遭到海侵时期的潮水袭击，因此藤花落遗址成了中国的"庞贝城"。由于气候及古环境的变化，使得连云港地区行将跨入文明门槛的原始文化突然衰落，表明古环境变化和海岸线变迁对连云港地区的史前文化兴衰产生了巨大的影响。

秦汉以来的变迁。

秦汉间的海面又有所增高，东海、赣榆所遗留下来的四道海岸沙堤反映了这个阶段逆变的历史进程。最老的第四道沙堤以东目前还未发现任何新石器时代的遗址或遗物存在，而在三、四两道沙堤之间有西周末至西汉文化的遗存，唐李吉甫《元和郡县图志》曾经记载的汉代盐仓旧城就埋没在这里,据《元和郡县图志》"赣榆故城,名盐仓城,在县东北30里,汉旧县也,属琅琊郡。"它的南端距海岸6公里,北端仅距海岸3公里。

自唐代起海面又有增高,海岸线西进。专家对近代海岸的钻孔取样分析,发现沿岸分布有3—4层的全新世海相淤泥层,顶部一层海淤之下有陆相沙层,在这个沙层中就伴出过唐初铜币和晚唐玉器等

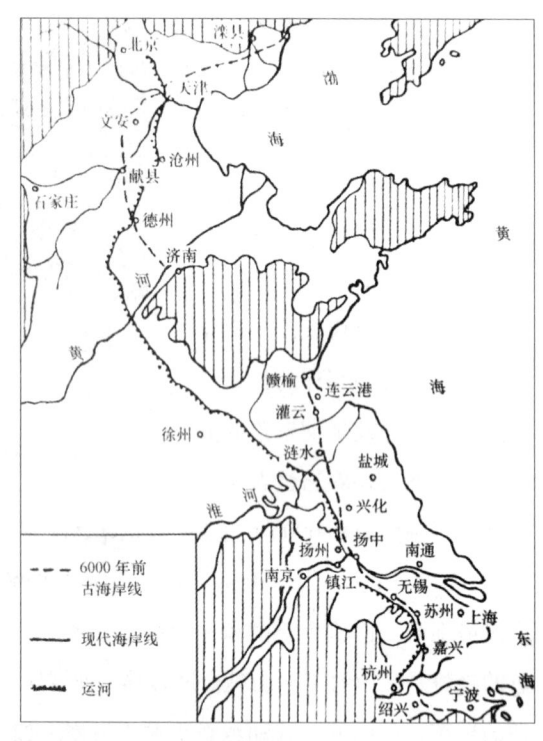

冰后期海侵高潮时海岸线

物。清《嘉庆海州直隶州志》转引《唐书》中的有关806—820年"大潮没岸""毁坏田舍"的景况,就是这个时期海侵有关历史的侧证。

从南宋到元代(1127—1368年),海州湾地区由海侵转为海退。自17世纪起,再度海进。明顾乾所著的《云台山志》记述了两件相关史实,一是距海三、四里的朱紫山被潮浸入海中,二是1368年设立的徐渎浦盐场因海潮浸灌而移址于大村。明末,地处海州湾北端的古纪鄣城被海水淹没。据《太平寰宇记》记载,纪鄣古城在怀仁县东北75里,现赣榆区柘汪镇东近海。纪鄣为西周纪子帛之国,为莒国都城之一,春秋时为齐国所灭。城周一里余,东、南两面靠海。自朱蓬口以北海面为"侵滩",海水逐年西浸,加之多次经历大地震,岚山头与兴庄河之间的海岸陆沉明显。据专家考证,宋、金时,纪鄣古城在一次地震中被海水淹没,多种原因叠加,纪鄣古城最终完全沉没海中,成为"海淹城"。

唐宋至元时期，海平面虽有震荡，但岸线基本稳定。这时苏北的海岸由泰兴周家桥经盐城大纵湖入淮阴古淮口及板浦镇至临洪、高桥。其中板浦至临洪一线长期处于稳定状态，直至明代中叶，黄河夺淮入海，海岸仍在今涟水县石湖集东北的云梯关。

明清时期的海岸巨迁。

从南宋高宗建炎二年（1128年），黄河跋道南徙夺淮入海，到清代咸丰五年（1855年）黄河在铜瓦厢决口改由渤海湾从山东利津入海为止，在长达700余年的时间里，黄河改道从云梯关入海。这段时间连云港的海岸变迁经历了从量变到质变的过程。

自建炎二年到明代万历六年（1578年）为缓慢的淤积时期。据张传藻《连云港基础资料汇编》记载，在这期间，河口向海伸展缓慢，从云梯关到四套附近只15公里，平均每年向东延伸33米；板浦一带向东推进5公里到东辛一带；中部杨集向东推进约10公里到三舍（图河）附近，平均每年向前推进10—20米。此阶段的海岸线在获水口、赣榆东、临洪口、海州东、板浦东、东辛、西陬山西、三舍、田楼、四套一线，与宋代岸线相比几乎没有重大变化。

从明代万历六年到清咸丰六年（1856年），由于黄河全部从苏北入海，泥沙骤增，是苏北海岸巨变时期。1591年，黄河口已伸至十套附近，13年间推进20公里，平均每年淤长1540米。1700年，河口扩展至八滩以东，109年又推进13公里，平均每年淤长119米。1776年，河口移至大淤尖，76年推进20.5公里，平均每年淤长270米。到1855年，黄河入海口已延伸到河口，76年时间仍淤进20.5公里。云台诸峰由海中岛屿，变成陆地高山。

明代中期以来近500年间，海州湾岸线发生了巨大变化。明弘治七年（1494年），黄河北流河道彻底阻断，河水全部由徐州经淮河入海，黄河带来的巨量泥沙造成了海州湾的迅速淤积和海岸线的东移。清顺治十八年至康熙十六年（1661—1677年）强制实行的"裁海"，在沿海各港口"严钉桩木"，造成"沙壅积滞，海口垫淤，内洼外高，淮黄无归，时为漫

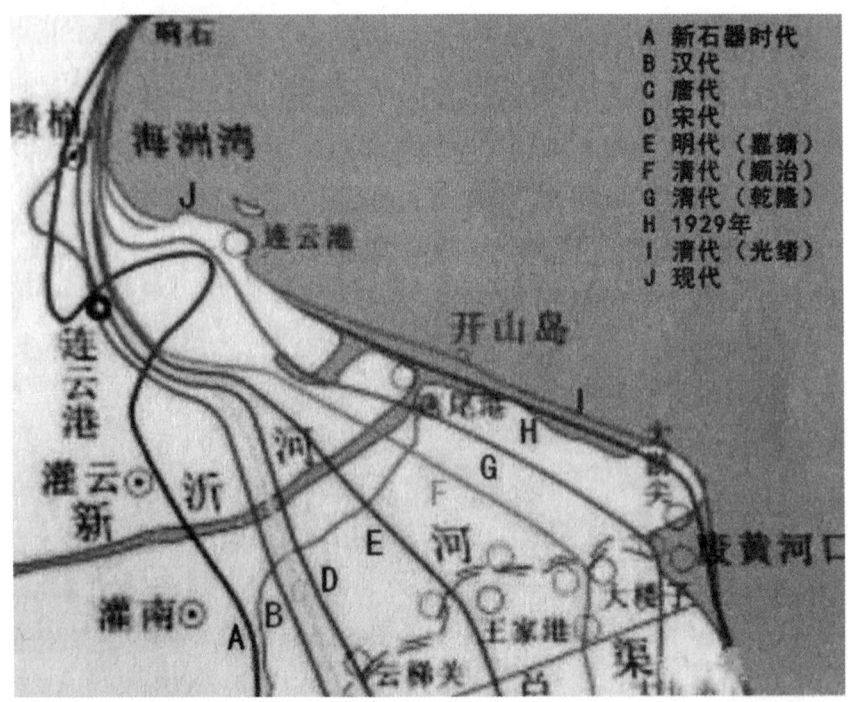

连云港海岸线演变图

决"。康熙七年（1668年）发生的郯城大地震，引起了包括今连云港市在内的周围地区地壳的明显抬升，对海州湾岸线的东移产生了强烈的影响。正因为日渐淤塞变窄，当地居民称这一海峡为"小海"，这一地名一直沿用至今。

  自明代中期至今海州湾岸线向东推进了25~30公里。清康熙以前，连云港市的海岸线还在柘汪、九里、罗阳、洪门、锦屏山至板浦一线。今日下口、大浦、太平庄、新浦、范庄及灌云县东南大部分地区都为近海海域，锦屏山前惊涛裂岸，云台山孤悬海外。直至清初新浦以东南到南城仍然是一片海域。目前，数百年来由海岸东移形成的淤积平原大部分已经成为沃野良田。

沧海桑田

海侵、海退带来了海州湾境内沧海桑田般地理环境的变化。

黑风口

秦代首设朐县,秦汉时期的朐县位于朐山西,因州治紧临朐山,民谚"浪打朐山头,船拢黑风口"是秦汉时代州城的写照。这里的"黑风口"是现在的海州锦屏镇的范庄村,过去与云台山南城之间隔20里海峡相望,为当时海州与云台山最便捷的海上通道,渡口名曰"恬风渡"。由于风高浪急,清康熙年间还曾在渡口立一石碑,上书"舟中人众休争渡,海上风高且暂停",警示来往船只与行人。

孔望山

孔望山,离海州城五里,东部临海,孔子曾登临此山观海,秦始皇在此"立石东门",事在《史记》。唐代刘长卿笔下的朐山(今称孔望山)仍是"朐山压海口,永望开禅宫。"北宋大诗人苏东坡两来海州,登孔望山,隔着茫茫大海,遥望云台山,喟然长叹:"我昔登朐山,出日观苍凉。欲济东海县,恨无石桥梁。"直至明代,海州知州王同的六言诗中,孔望山以东,仍是"潺潺朐海东流。"明监察御史李鉴《登海州孔望山》诗:"孔望山边是海州,登山闲看海波流。"今天登山所见,眼前早已是绿野一片,新城巍峨。

云台山

云台山又称郁洲,原在海中,称为"海上仙山",云台山分为前云台、中云台、后云台三部分。孔望山与后云台之间古为第一道鹰游门海峡,后云台与中云台之间是第二道鹰游门海峡,前云台与连岛之间是第三道鹰游门海峡。新莽始建国四年(12年),东西连岛为东海郡朐与琅琊郡柜的分水岭,连岛向西北有陆地与云台山相连。桑田变沧海,而今东西连岛(鹰游山)成为江苏第一大岛,吞吐于波浪之中。

同样,云台山在北宋苏轼诗中是"郁郁苍梧海上山,蓬莱方丈有无间。"清康熙年间进士孙在丰的笔下仍是"苍梧飞落碧云流,天畔神山古郁洲。花竹千家双去棹，烟波万里一浮鸥。"在沧海桑田变化中，自康熙五十年（1711年）海涨沙淤，南云台山与海州城间忽成陆地，直抵山下，第一道海峡成陆，就如梁章钜在《次韵陶云汀登东海云台山》中描述的那样："剑履平跻鸟道开，真看策马上云台。"乾隆年间，南云台山南北两侧的海岸线分别向东淤进了5—10公里，据《嘉庆海州直隶州志》所载海州疆境图，南、中云台山已经相连成陆，今日新浦

孔望山顶孔子望海雕塑（张晓晖 摄）

地区与此时脱离海境，由滩涂而成陆地。1812年兵部尚书、漕运总督阮元看到的是"田已为桑原是海，营惟种柳半成村。"南云台与中云台之间的"五羊湖"，原来"湖内烟波浩荡，山水、海水汇于其间"，道光十二年（1832年）开"半边河"运盐，湖水由大板艞入海，湖水尽泄。至1860年前后，原来需要"南城到北城，全靠水上行"的海路，已然成为一片平陆。

东海旧县

　　东海旧县指东海县最早的治所所在，东海旧县作为特指的名词最早出现在《江南通志》上："相传云台有东海旧县、东海新县。旧县相传已沉入海中，新县即新县村也。"《云台山志》中有东海旧县方位的具体表述："搭山，在孝妇祠西北二里……东海县治昔立于此。"在清道光年间的《云台新志》中，又进一步明确了东海旧县、东海新县作为县治所的具体时间："郁洲南北朝时为郁县、都昌、安流、广饶县治……《通志》所载，新县、旧县当为郁县、都昌治所耳。"《云台补遗》为这一"沉入海中"的东海旧县的存在提供了具体的物证："光绪八年，里人张克敏在虎山前凿海塘，至五尺深，见街道，宽丈宰，皆条石所铺。虎山在搭山东，其为旧县沉没无

古新县图（连云港市图书馆提供）

疑。"新县治位于新县村地，然而，好景不长，没几年时间，这里同样面临海侵危险，不得不抛下土城，另觅新县址。于是，在距新县南约20公里的凤凰城（南城）另建新城。元徽年间（473—476年），东海县治正式迁至凤凰城。直到清咸丰年间，这一带还是连云港海峡五羊湖西岸，就如清人张百川《五羊湖归帆》描述的那样："茫茫烟水泊芦滩，红蓼花疏两岸残。蓬矮打头脱帽入，舱微促膝解衣宽。浪催船动山疑走，风起帆遮树影阑。可似浮家怜泛宅，鱼虾早饭作盘餐。"民国年间，当地人曾在这里挖出石碑、船用锚链、旗杆斗等物。1976年，南京博物院曾专程在该镇打沟观察，挖出1000多片陶片，进一步证实了这里曾有过海侵史实。

城市临海而建

连云港城市的形成和发展与海岸线的变迁息息相关。苏州建城2530年，城址基本未动。连云港从公元前221年秦代首设朐县到东魏武定七年（549年）建置海州，再到2019年的连云港市，已经有2240年的建置史，作为政治中心的城址，屡有迁徙，凸现了一个迁徙性很强的海滨城市的特点。

州县治迁徙

州县治的迁徙，是一个地区城市核心区迁徙的缩影。州治、县治随城市核心区而定，从古到今，莫不如此。

朐县、朐山郡治所的迁徙

秦统一六国后，废分封，行郡县，朐县是秦始皇实行郡县制的初设之县，是古海州地区首设的三个县——朐县、赣榆县和祝其县之一。初设之朐县，治朐山（孔望山），在《水经注》中有明确的记载："朐山西山侧，有朐县故城。"即朐县初设县治在朐山。

秦汉时期的朐县位于朐山西，先属薛郡，后隶东海郡，具体区划为：北以云台山北麓为界，2006年在苏马湾发现新莽始建国四年（12年）的东海郡与琅琊郡的界域刻石，其中有"朐与柜（县）分高顶为界。"连岛为柜界属地，云台山属朐。南以灌云县的伊芦山为界，"朐县有伊芦乡。"东至海，西隔游水与利城、祝其为界。郡治在郯。

三国至两晋仍设朐县，魏属东海国，国治郯。晋朐县属东海郡。南朝刘宋时期，设南东海郡，有朐县，并非实土，此时朐县侨置丹徒。

《元和郡县图志》记载"高齐文宣帝移海州理琅琊郡，以琅琊郡为朐山郡。"州治所在地原为琅琊郡属，改为朐山郡，海州徙置朐山郡。据清《嘉庆海州直隶州志》的记载："琅琊山在朐山东北"，朐山郡治即今天海州鼓楼以东、小礁山西的山麓台地上，其时州领五郡，但县的建置已大大缩减。

公元557年，宇文觉篡西魏自立，史称北周。同年灭北齐，统一北方。北周元年，海州改为"朐山郡"，朐县改为朐山县为其直属县，州治驻朐山县，其治所在今孔望山。朐县延续的历史比较长，历经两汉、三国、南北朝至北周，历时778年。《隋书·地理志》载："海州朐山县，旧曰朐。后周改曰朐山，郡曰朐山。"

海州州治的迁徙

龙苴、海州、南城、朐山都曾作为海州治所的所往，在连云港的发展史上有"四个海州城"的说法。

龙苴治所。

连云港市历史上第一次设立州级海州建置的时间是东魏武定七年（549年），是海属地区被东魏正式占领的时期。南朝梁太清三年（549年），明少遐在青、冀二州任上"举州附于魏"。魏收复郁洲岛时，淮北地区已全部归服东魏，州治再设于郁洲已远远不能适应形势发展与统治的需要，于是将海州州治从郁洲徙至龙苴，此事在《太平寰宇记卷二十二》的记载是"武定七年，改青、冀二州为海州，移理于旧城南龙苴故城。"《元和郡县图志》也载："魏改青州为海州。"此青州即南朝时侨置于郁洲岛的"青冀二州"，这是海州州治第一次迁徙。龙苴成为东南半壁的政治、经济和文化中心。

首设于龙苴的海州领六个郡、十九个县，隶属海州的六个郡分别是：东彭城郡（下辖龙苴、安乐、渤海三县）、琅琊郡（下辖朐、海安、山宁三县）、海西郡（下辖襄贲、海西、陵海三县）、武陵郡（下辖洛要、上鲜两

龙苴古城遗址

县)、东海郡(下辖安流、广饶、赣榆、下密四县)、沭阳郡(下辖下城、临渣、怀文、服武四县)。其范围广及今鲁南、徐淮以及今连云港市区,这是历史上海州辖境最为广阔的时期,开州大于郡的先例。

东魏之所以将统辖六郡十九县的海州移往龙苴,是由龙苴的特殊区位决定的。当时龙苴位于沭河入海口,扼淮北而望山东,"北拒齐鲁,南蔽江淮",郁洲岛成为其天然屏障。由胶莱南下淮海,此为必经之地,龙苴成为东南半壁江山的军事要地。出于军事和行政统治的需要,建置海州,置重镇于龙苴,一方面掣肘南方政权的北上,又可防御齐鲁北方政权力量的南下,进退自如,为南下夺取南朝政权作战略准备。龙且扼守淮河入海口,已成为一个军事重镇,具有重要的战略地位。

龙苴城的始筑历史要上溯到公元472年,即南朝刘宋时期。龙苴故城遗址位于现灌云县龙苴镇驻地东北1.5公里处,相传为楚将龙且始筑二垒以抵御汉将韩信进攻而得名。

据文献记载,龙苴古城是南北朝时期南朝梁萧衍时始建的"龙苴县城",萧衍置龙苴县时,在原有城防基础上加以修筑,现在的古城遗址就是该时期的历史遗存。海州初设于龙苴，也是利用南朝刘宋时期所筑城垣作为州治驻地。城为方形，目前残垣犹存，周长约3600米，残高1—5米不等。城墙断面可明显看到逐层版筑夯土的痕迹，夯层中发现有汉代绳纹灰陶片。城内有一高台遗址，在城北部，尚残存高约3米，台基周长720米，应是一处古建筑的遗址。城内地表多有汉代陶片，城址内还出土过汉陶罐、南北朝时期的箭镞等物，特别珍贵的是一件"都督府"公牌，为南北朝时期遗物。

海州治所。

然而仅仅一年之后，在龙苴城建置的海州就离开龙苴而迁至"朐山之阳"，今海州。

东魏改青州为海州仅仅一年，公元550年，高洋废掉魏孝静帝，自立为齐文宣帝，改国号为齐，史称北齐。到北齐时，由于国力衰微，已无力窥视江南南朝政权，而南朝梁萧氏的军事力量大有再度北上、重夺海上重镇云台山的可能，于是，齐政权决定放弃龙苴，将海州州治又迁到原西汉时期的朐城故址——今日海州古城。据《淮安府志》记载，海州北齐年间由龙苴城迁至"朐山之阳"，即今天的二涧水库一线，由锦屏山东山根到陶湾（原陶湾村）。

从北齐到北周，作为州一级建置所在的海州又第二次徙至孔望山，"海州治朐山"。其时，海州无论其所辖郡县和地理范围都已大大地缩水，北齐、北周时领有五郡，即东海郡，领县广饶、东海；朐山郡，领县朐山；武陵郡，领县上鲜、洛要；沭阳郡，领县沭阳；海安郡，领县襄贲。实际上已经大多郡县合一。

南城治所。

隋代，随着北方的统一，积极地推行南下平陈的战略，海州的军事地位又凸现，成为隋朝通过海路南下建康、夺取南朝陈的政权的重要通道。开皇初年，废朐山郡又改为海州，领五县，委派了"使持节上仪同""开国侯"王谟为海州刺史并领海州诸军事。此时州城主要在海州鼓楼以东。

唐朝立国不久，武德六年（623年）海州升为总管府，领沿海四州，即涟州、海州、环州、东楚州,地域扩大到今淮安以东,海州自领龙苴、曲阳、利成、厚丘、新乐五县。这一区划变动,再次提升了海州的地位。

历经北宋 100 多年的比较稳定的发展,到南宋绍兴十一年(1141 年),南宋政府割海、泗二州于金。南宋端平二年,李瑄占据朐山(孔望山),为了与金对抗,将海州治迁往东海县(南城),史称"东海州"。"淳祐十二年(1252 年),全子瑄又据之治朐山。景定二年(1261 年)瑄降,置西海州。是时海州仍治东海县,寻复以西海州。"从端平二年到景定二年 26 年间,海州两迁治所。

元、明时期海州在行政区划上不断降格、裁并、省合,元代至元十五年(1278 年),由海宁州升为总管府,复又改为海宁府,未几又降为州,下辖仅有朐山、沭阳、赣榆三县,反映了海州地位的衰落。由于区行政建置上不断下缩、裁并,元代海州,大量农田成为牧场。明代海州更是衰蔽,虽称州却仅领赣榆一县,属于淮安府管辖。

清雍正二年(1724 年),海州升为直隶州,这是海州建置史上又一次重要的转折。海州位置的提升,主要是淮北经济的发展和淮盐中心北移板浦的原因。民国初年废州设县,将海州析置东海和灌云两县,加上沭阳、赣榆,时称海属四县。海州建置取消后,海州仅作为东海县的治所。

海州濒海筑城

"盛世修志,乱世筑城"。州治的迁徙随之而来的是城池的建设,海州虽有历史上的四次迁徙,但作为州城的建设,能够代表海州而且长期作为州城形象的只有今日的古城海州。人们经常说的海州城,通常指的是今天的古城海州。

海州古城是一座建在海边山前高岭地上的城市,就如宋代诗人冉琇笔下的"波涛起天末,舟楫满城隅。"张耒笔下的"城外沧溟日夜流,城南山直对城楼。"远望,特别是从城北瞭望,古城就如一头昂首雄狮,据守在东海之滨,其势十分雄伟、险要。

海州筑城的历史要溯源到两汉。

秦代实行郡县制，由于立国较短，其早期国都或郡县治所是相沿于战国城邑，秦汉早期新筑城邑较少。朐县虽是首设之县，也未见秦代筑城的文献记载，直至汉高祖六年（前201年）才"令天下县邑城"。专家们据此推断，朐县城池首建最早也不会超过西汉早期。郦道元在《水经注》中说游水"迳朐山西，山侧有朐县故城"，这里的"朐县故城"是指孔望山的朐山县城，而不是今天的海州古城。

据古海州志记载，海州古城始为土城，建于梁天监十一年（512年）。起初规模较小，现在的海州钟鼓楼为其西门。宋绍兴三十一年（1162年），魏胜抗金来到海州，次年在城西部又以土围城，将白虎山包在城内。元末，西城毁于兵火。明洪武二十三年（1390年），千户魏玉等基本上沿着西城遗址筑土城，将东西二城连为一城。到明永乐十六年（1418年），千户殷轼以砖石加固土城，海州古城基本定型。

海州古城的规模，城周长九里一百三十步，高二丈五尺，城墙顶部筑有通称"城垛子"的女墙2496个、敌台9座，城之四角上筑有谯楼。有东、西、南、北四个城门，城东门因面临浩瀚的黄海，面对云台山，主城门内侧一面嵌"镇海"二字碑额，外侧一面嵌"云台耸翠"四字碑额。西门主城门内侧一面嵌"通淮门"三字碑额，外侧一面嵌"沂沭朝宗"四字碑额。南门主城门内侧一面嵌"朐阳门"三字碑额，外侧一面嵌"锦屏如画"四字碑额。北门主城门内侧一面嵌"临洪门"三字碑额，外侧一面嵌"蔷薇环带"四字碑额。

新浦因水而兴

中华人民共和国成立以来至新浦区、海州区合并为海州区为止，新浦地区一直是连云港市的行政中心，即传统的"州治"。新浦作为城镇形成的时间仅有200多年，是一个因水而兴的河滨城市。

《两淮盐法志》卷五《图说·下》关于临兴场的图说中，有关于新浦形成的记载："临兴旧为临洪（今临洪滩）、兴庄（赣榆）二场。雍正六年并此，故名……运盐河由各海口出场，旧皆运至板浦洪河堰。乾隆八年，开浚河道于洪河堰北卞家浦，筑坝堵水，名三岔口（今新坝乡三岔子）。海运至口，异盐七里，贮于洪河堰。捆重后，即于卞家浦配捆。亦以海潮不至，艰于发运，嘉庆三年，于卞家浦东北，改立新浦，堆贮垣盐……"这个河海交接、交通便利的新淤滩地，遂名"新浦"，成为又一处临兴场的盐坨。清嘉庆九年（1804年）五月，知州唐仲冕开挖"甲子河"，该河"东自新浦口，西达城东门"。那个时候新浦的位置在现孔望山东北角的今玉带河桥一带。

20世纪80年代文物普查中，在新浦公园发现刻于民国六年（1917年）由东海县临洪市新浦商会公立的一块《创建新浦天后宫纪》碑，该碑也对新浦的开发和崛起作了历史的记述。这块碑记中的"新浦"不是前述位于玉带河桥附近的"新浦口"，而是今日的新浦。

新浦由盐而生，因水而兴。由于泥沙淤积，各个河口滩涂日长，继卞家口淤塞后新浦口也相继淤塞，海潮不通。为了盐斤运输需要，西盐河于光绪初年又继续向北开挖伸延至今新浦与后河相接，成为海州漕运及临洪、兴庄两盐场重要的盐斤运输的航道。

新浦在成镇以前是一个水乡泽国，其境内北有蔷薇河、临洪河，东有龙尾河，西有西盐河。市区内有两条河流，北有后河（又称后潮河），南有前河（今市化路），都呈东西流向，前河从今市区化路东行和龙尾河相接，西接西盐河，北通临洪河入海。后来在纱厂附近向西开挖一条扁担河，一根扁担挑两河，将西盐河与龙尾河又连通起来，形成了"六河穿城"的发达水系。由于前河贯串南北、沟通东西，是商业贸易集散水道的重要联结点，因此新浦开埠后，商业网点、店铺建筑都顺着前河西从西艞东至东艞外，在前河底和后河底东西约3里长的地段上一字排开，后河底中间位置就是过去的老大街，今天的民主路，行栈林立，商业兴旺。

可以这样说，它能由百余年前沿海滩涂变成新的原盐集散地（盐坨），继而发展为鲁南、苏北的粮油贸易中心，成长为一座新兴的现代化城市，经济层面，因盐而荣；地理层面，则是河流的贡献：河流洗去了这块新淤滩地的盐碱，焕发了勃勃生机；河流带来了人流、物流、信息流、资金流；是河流使之成为渤海商船翔集、土货泛而至焉的航运要道，成为对外开放的水路口岸。

新浦虽然从清光绪十八年（1892年）以前已经开发，但"新浦之兴自有天后宫始。"天后宫兴，是海运发达的标志，物流带动了人流的汇集，新浦由一个渔村成为一个集散原盐、小麦和杂粮等货物的集镇。"渤海商舶因是翔集"，到清光绪三十一年（1905年），新浦已成为"商业日兴"的集镇。至此，天后宫碑纪中所描述的"荒冢累累，于蒿莱一望间"的景象早已为马路两边现代化的高楼大厦和兴旺的商业街区所代替。

港口随海而迁

蜿蜒曲折的海岸线塑造出众多海湾和港口，岸线变迁、地理环境演变牵动港口的更替变化。

古朐港

海州古港史可溯源到 2000 年前。秦汉至唐宋时，海州湾海岸线岚山头—获水—柘汪—海州—锦屏山南侧—灌云大伊山一线。在一个较长的时期里，海面平稳，岸线稳定，一直保持到南宋。海州湾沿线由于海岸地质多变，古游水、古淮水等诸河由此入海，造就了许多濒临河口的自然港，如获水口、柘汪口、青口、朐山口、岗嘴、大伊山等处都有可供停泊船只的天然海口。在这诸多自然港中，真正能代表古朐港的港口位于刘志洲山至夹山口一线的岗嘴地区。

秦汉之际从朐山头、刘志洲山至夹山一线，是一处腹地宽广的海湾。海湾以北，锦屏山、凤凰山、孔望山横亘东西，海湾的东南是汪洋大海，郁洲山恍若海中仙岛，构成一个天然的避风港，《宋史》里称为"隔湖港"。古游水、古沭河（后称涟河）由古朐港西入海，海河相连。古朐城（即今二涧之上的"后城"）在朐山之阳，逼近朐港，距离不足十里。从夹山口西行有古道不足二十里可到达后建的朐城（今海州城）。从朐港北上沿岸线航行可达秦汉时古纪鄣城、计斤城，进入柘汪、获水和岚山头诸口。溯游水北上可达东海郡治郯城及临沂一带，西南穿过海峡经新坝至古淮浦浦口

(淮阴)。

朐港北麓的孔望山,秦汉时是一个紧邻朐城、朐港的山头。早在1800多年前就有了东海庙的建筑和宏大的祭海活动,这些祭海活动真实地反映了古朐港的兴旺发达。

秦始皇统一中国,由于朐港的位置优良,秦朝把它看成是通达海外的交通商贸门户。它又地处东方,适应了秦始皇由内陆向海洋开发的治国思想,因此把朐县作为秦帝国的东大门,并在朐山立石为阙——东门阙,派方士徐福东渡日本,朐县成为丝绸之路的海陆枢纽,为沟通中国同相关海外国家的经济贸易、文化交流、友好往来作出了重要贡献。

唐代,海外交往十分频繁,中日间的文化交流达到了一个鼎盛时期,同时也是海陆丝绸之路最为繁荣的时代,海州港在丝绸之路中的地位十分重要。由于碎片化的缘故,唐代海州港的规模目前还没有发现确切的史料记载,但从《太平广记·贪卷243·李邕》所记可以发现唐代海州港口的规模之大,泊位之多,水手之众,造船工场的规模很大,效率也很高,同时也充分说明了隋唐时期海州沿海的港口已经成为中国经由朝鲜半岛和倭国交往的一个重要的停泊、避风等中继站。

五代时,海州属南唐,仍然是海外交通的重要门户,作用与唐朝时无异。

龙苴港

刘宋太清三年(549年)海州州治迁徙龙苴,是因为龙苴重要的地理位置。南北朝时古海岸在板浦—新坝—龙苴—伊山—杨集—三舍一线,形成一个弧形海湾。海中大伊山、伊芦山、郁洲山等诸山遥相对视,板浦、新坝、龙苴成为鼎立之势。龙苴以南,百里平川,无险可守。古泊河(涟河)从古城西南向东北穿过入海,由古泊河上溯经淮河可达山东各县,由龙苴到新坝越外海沿岸航行经淮浦可达建康。从新坝过海北上可至山东半岛沿海港口,再北上经朝鲜半岛可至日本。龙苴确是东南咽喉,海道要津。

政治中心的南移,带来了港口的兴起,龙苴港应运而生。1984年龙苴镇文物普查时，在古城村北距今地表 1 米以下发现了以大块乱石堆砌的石坝由南向北伸延，群众称为"石头塘"。残长约 100 余米，宽约 4—5 米，堆叠虽然错乱，但显系人工筑砌，当为南北朝时龙苴港的挡浪堤。在古城周围的孙港（西）、纸巷、范庄（南）、祝墩（东）、林桑场（北）都发现过沉船的遗迹。这条石坝是 1400 多年前龙苴古港的遗存，与无数沉船一道还原了南北朝时期这处外海和内河的交汇要冲上首次开筑的人工港的历史原貌，见证了历史上古港优良的口岸、繁荣的市场、繁忙的贸易的盛况。

新坝港

明代，海州岸线在临洪口、海州、新坝、板浦、东辛一线。由于地处东南沿海，地理位置日渐重要，海上贸易、运输已有一定的发展。这时，处于海河交汇、地扼南北的新坝港应运而生。

新坝的地理位置，元、明时期不仅是海州南部的屏障，而且是整个东部沿海海陆运输的中继站。明初在此先设巡检司，嘉靖年间，新坝、板浦发展成为近海与内河航运枢纽的口岸。

明隆庆五年（1571 年）明王朝试行海运，新坝港是明王朝海运航线中重要的一站。隆庆六年（1572 年），王宗沐督漕，请行海运，诏令运粮十二万石自淮入海。其运道由云梯关历新坝过鹰游山、安东卫、石臼所经胶州，东北转成山卫、刘公岛、威海卫，入直沽，抵天津卫，共 3390 里。此时新坝、鹰游山成为粮道所经，地位十分重要。

根据《明史》卷 79《漕运》中的记载，隆庆中畅行海运时，新坝港在明漕运航道上占有突出的位置："隆庆中，运道艰阻，议者欲开胶莱河，复海运。由淮安，历新坝、马家壕至海口，径抵直沽，止循海套，不泛大洋。"以后虽"以水多沙碛而止"，但这条航线一直存在。明时漕粮改海的航线是：从云梯关的古淮河口经水河港、板浦、新坝、朐山东、青口、斜石界至安东卫。此时在海州的一段漕运航线则经由响水口、板浦、新坝、南城过五羊湖、墟沟（或经南城、大村、小村海峡入墟沟），历竹岛去安东卫。新坝、板浦、南城已成为一定规模的漕运码头。

嘉靖年间，朝廷在此改设榷关。清初开禁以后，康熙二十四年（1685年），作为全国四榷关之一——江海关子关之一，征收往来船税并进行商业贸易。由于清前期朝廷为防止郑成功父子对东南沿海的"侵扰"，把"片帆无许入海"的"裁海""迁民"作为国策，加之黄河夺淮后海岸位置的变迁，海州境内众多口岸逐渐衰败，新坝港也由于海水东徙，河道淤塞，关隘遂于康熙五十四年（1716年）裁撤，港口遂废，海州地区的贸易进入了以淮安榷税的常关时期。

从明嘉靖年间起到清康熙五十四年放弃，新坝港经历了100余年的兴衰。

青口港

新坝港的衰落，代之而起的是赣榆青口港的兴起。清乾隆十八年（1763年）设淮安关，海关设于阜宁新河，并在海州之永丰口设子口，征收海船梁头税。江苏沿海仍实行海禁，在170余公里的海岸线上，作为通商口岸，明令开放的只有青口。青口享受了清政府给予的特殊开放政策，旨准赣榆一县之豆饼由青口运往上海之浏河口枭卖，松动了沿海经济的发展，使青口成为苏北鲁南地区的交通口岸与粮油的集散中心。因而青口一时成为商业繁荣、行栈甚多的海口港。

清代，淮盐以河运为主，但临兴场所属的唐生、兴庄、柘汪等盐屯由于僻在海隅，距场不下百里，三屯之间又相距各有三十里，陆路既艰，水道隔绝。按明代盐场规定，每年官商收盐须沿海运至临浦入盐河。但往往在青口集中后即由海路销出或由海上走私，官方估计每年由青口海运约三十万担，据资料显示，仅青口程允升食盐店即多销三百单引。各海船赴盐店购盐，或偷上海船绕奶奶山后至响水口，或转运至黄河口，不仅浸灌邳、宿，而且过湖达淮，蔓延皖豫。清末海州地区集散的粮油、豆饼，经由海道出口，主要依赖于青口港、临洪口以及灌河口各港。青口港居青口河下游，紧濒海口。清初虽然禁海，早在乾隆五年（1740年）就题准开放青口港，装豆入浏河。道光中叶五口通商以后，青口港更一跃而成苏北沿海有名的商埠。

同治年间，捻军在宿迁、海州、沭阳一带活动，直接限遏了运河及盐河的运输，北粮南运，南北货物由青口海运者越来越多。山东、山西、河南各地商船汇聚于此，山东沂州、郯城等地的大宗花生、花生油、棉花、豆饼、杂粮，山西的粮油，以及临近的沭阳、东海各地的米麦、豆类、油饼等，主要由此出海到达青岛、上海、苏杭等地贸易。由于这种水陆便捷的交通条件，因而临近口岸地带就逐渐形成集镇，成了物资集散的中心。而作为赣榆县城所在地的赣马反而日渐冷落，让位于青口。

青口港从乾隆迄至清末，大约兴盛了170余年，从一个河口小港发展成为商业城镇、著名港口。由于青口河下游逐渐淤塞，航运阻塞，光绪三十一年（1905年）大浦港作为商埠正式对外开放，青口港终结了其历史使命，退出大港行列。

大浦港

清嘉道以后青口港又衰落。清同治年间，地处蔷薇河下游的入海口临洪口自行海州三县出产的黄豆、豆饼、黄花菜、豆油等土货，都由此出海到达浏河。这时，临洪口已成为苏北沿海一处重要的通商口岸。临洪口岸属淮安关管辖，漏税现象严重，由于距离较远，淮安关也鞭长莫及，只能数次向上申奏。清光绪二十六年（1900年）临洪口作为商埠自行对外开放，同时开始了海港建设。清光绪三十一年（1905年），临洪河口的大浦港得到朝廷的应准而自行开放，胶海关海州分关即设于此。1926年陇海铁路东端修到大浦，由国民政府陇海铁路局、盐商、地方绅商相继建造9座简易木制栈桥码头，港航出现了短时期的繁荣。大浦港的兴起，首先促进了盐业运输与销售。1932年春，大浦火车站设立港务段，专门负责码头管理、使用及组织疏浚，更加促进了大浦港的发展。

建港初期的大浦港（连云港市档案馆提供）

临洪口也是海州粮油出口的一个海运始发港。早在光绪十八年（1892年）以前，上沿沭河，居蔷薇河下游、运河尾闾的新浦，早已得到了开发，"土货泛而至焉""渤海商舶因是翔集"。并于光绪十八年建天后宫。光绪三十一年大浦港自行开放后，除了盐业运输以外，粮油出口仍是其主要的输出物资。淮安关在给光绪帝的奏折中指出"其余南北杂货大率绕由赣榆之青口海州之临洪口出海"。"临洪口开埠，商务渐胜，土产大小麦、大豆、秋黍、苞米、山芋、落花生，运销上海、山东等地。尤以豆饼为商货之大宗。"

连云港

大浦港从开放到弃置只有30年。特别是1927年以后的四五年间，淤塞开始严重。1933年，经过中外专家勘探，认为大浦港已不值得全力疏浚，必须另觅新港址。中外有识之士把目光转移到原定建立海州二等港的老窑。1934年以后，随着老窑新港的部分使用，大浦港和大浦铁路段又宣告废

20世纪30年代末连云港港口概貌（连云港档案馆提供）

弃。清末，新淤滩涂陆地新浦由于位于临洪口上游，五河穿城，交通便捷，逐渐由渔村发展为近代航运中心，古海州也由一个封闭的农业县向开放的港口城市发展。

清后期，朝廷再倡海运，撤海禁，准渔樵，迁民复业，海州地区的河口口岸相继缓慢恢复。康熙十六年宣布"复海"后，海州生产逐步复苏，经济日益旺盛。到乾隆初，板浦已成为一个经济、文化中心，成为淮北盐业的集散地。安徽、山东、山西、河南来此定居和从事商业活动的人日渐增多。

20世纪30年代初，由于临洪河淤积愈益严重，航运受阻，铁路局筹借资金，急谋开辟西连岛的老窑港，并将铁路终端提前一年修到了老窑，连云港横空出世。

海州湾地区自秦汉以降，直至清，虽有得天独厚的港湾环境，较多的海事活动和海外交往，但在长达2000余年的历史进程中，在连云港没有形成国际枢纽港以前，没有确立海港的地位，没有发展成为一个真正的港口城市，战火迭起、土地荒芜、人口流失是一个重要的原因，而海岸变迁则是另一个更为重要的原因。

The
biography
of
LianYunGang

连云港传

海上丝绸之路

第二章

连云港与海上丝绸之路始于东夷文明，东夷是华夏文化的东部源地，东夷文明是中国主流文明的三大板块，在整个中华文明中具有特殊地位。连云港是东夷文明的源头之一，对于文明起源和形成的研究，连云港也是一个十分重要的地区。徐福东渡拉开了东亚海上丝路的序幕，云台山成为海上丝路"第一程"。

东夷文明的丝路密码

东夷文明蕴含着早期海、陆丝绸之路的密码,如冰川时代连云港与日本九州、秘鲁的联系,将军崖岩画中的文化内涵对日本岛乃至美洲大陆的影响等。东夷文明密码的解读在海陆丝绸之路发展史中有着独特的意义。

东夷文明发祥地

东夷文明

东夷,又称夷,在不同时期指不同群体,早期东夷与之后的东夷所指的群体之间有所区别,早期东夷是华夏族的一个重要组成部分,而周朝时的东夷则变成古汉族对东方非华夏民族的泛称,据《礼记·王制》载:"东曰夷、西曰戎、南曰蛮、北曰狄。"

鲁东南——连云港地区是东夷文明的重要发祥地之一。

西周时代,云台山脉被称作郁洲岛,是海中岛,为古代山东、江苏境内第一大岛,处于当时东夷核心区域的地理位置,与海州隔小海相望,称"方国东夷"。在郁洲、海州地区,留下众多呈规律性特征分布的东夷历史文化遗迹。

北辛文化(包括更早期的细石器文化)遗迹。马陵山是一座近南北向的条带状低山,分布于山东省的临沭,郯城和江苏省的东海、新沂、宿迁等县境内,整个山体连绵起伏,长达百余公里。北辛文化遗址主要分布在马陵山南麓的台地上,主要代表性遗址有东海县大贤庄、爪墩细石器文化遗址，后期的青湖遗址和钓鱼台遗址。时间向后史前遗址由山麓台地向平原扩散，这一现象告诉我们，马陵山地区是连云港市先民最早的居住地，此时的经济主要以狩猎和采集为主。随着时间的推移，沂沭河下游三角洲地带得到了初期的开发，先民们从山麓台地走向平原，在沂沭河三角洲冲积平原，聚落而居，开始了早期的农耕生产，饲养家畜。

龙山文化、岳石文化遗址。自龙山文化时期起，龙山文化、岳石文化遗址在与山东日照一河之隔的赣榆（赣榆最早的县治就在郁洲岛）有着密集的分布，聚落分布的地理特点更加突出。这些文化遗址与日照著名的龙山文化遗址两城镇遗址、东海峪遗址直线距离仅百里之远，说明从龙山文化开始先民的迁徙从平原向海滨进发，并由此向南顺着海岸移动。尤其岳石文化的分布更凸现了这一地理特征，从江苏整体的运行轨迹来看，岳石文化从赣榆下庙墩、青墩庙南下，经藤花落、大伊山、沭阳万北、里下河的高邮龙奔、周墩并跳过长江到达南岸的马迹山，迁徙轨迹非常清晰。孙光圻在《中国古代海运史》一书中做了如此表述：大汶口——龙山文化在沿海南下途中，与河姆渡文化系的浙江嘉兴马家浜新石器文化交汇于江苏连云港附近，形成了长江两岸各具特色的青莲岗文化。

历史地位

连云港地区上述旧石器时代晚期的细石器文化形态反映了从晚期智人进化为新人的阶段，虽然还没有形成真正的东夷族，但已经为新石器时代开始的东夷民族的形成奠定了基础，创造了条件。李伯谦教授指出：连云港的文物古迹"历史连贯，从旧石器时代晚期直到唐宋以后，各个时期都有很重要的发现。作为一个城市，一个地区级城市，这是了不起的。"一个几千年历史连贯性的城市，很难得、也很少有。随着桃花涧细石器遗址的出世，将军崖岩画的发现，藤花落遗址的发掘，连云港向世界展示了其古代文明的多姿多彩，而且显示了在整个中华文明中具有特殊地位：中华文明并非单一起源于中原的黄河流域，当浙江河姆渡遗址、江苏将军崖岩画公之于世，东夷文明是中国黄河文明、长江文明、海洋文明三大主流文明板块构成之一——海洋文明的重要组成部分，海洋文明和黄河文明、长江

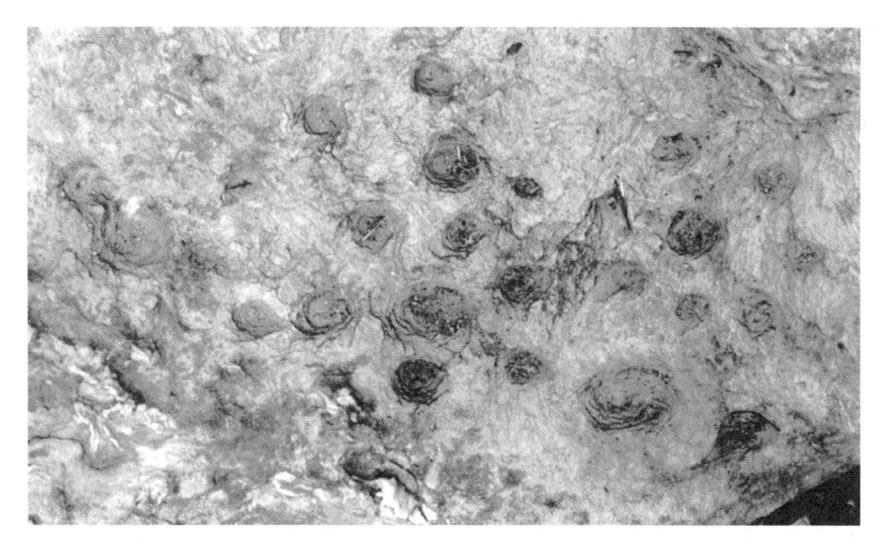

大伊山星相石

文明一齐成为中国主流文明的三大板块。包含连云港地区在内的海岱文化是华夏文明起源"一主多元"中的重要一元。

丝路密码

东夷文明似一部"天书",记录着连云港文明进程的步伐,蕴含着连云港人早期外向开拓的丝路密码。

桃花涧遗址丝路密码

在锦屏山南麓,有一道峻岭夹岸、九曲回折的桃花涧。桃花涧是云台山脉的一条大涧,三十六景遍布其间,云雾缭绕、流泉飞瀑、石壁陡峭、步移景换、沿涧茂林、修竹吐翠,满山野花、闲草秀发,宛如一幅画中仙境。桃花涧还是中国现知离海岸最近的细石器地点,它和锦屏镇酒店村在湖相沉积中发现的野牛、野猪、野象的动物骨化石同属于旧石器晚期的历史遗存,明显具有旧石器晚期向新石器早期过渡的特点。

1979 年,桃花涧汉墓的发掘中,在地层和地表中发现了细石器时代先人们曾加工和使用过的石核、船底形石核、刮削器、切割器、雕刻器等,

今日桃花涧（马兴来 摄）

以后相继在海州的小姐洞、将军崖、哑巴山、马腰岭、孔望山等处发现、采集到细石器标本400余件。2005年、2006年，南京博物院旧石器考古专家前后两次主持了桃花涧探坑发掘，不仅获得了大量细石器的标本，而且找到了细石器制作的原生土层。锦屏山、桃花涧、酒店村是富有诗意的地名，当它们联系在一起的时候，在一幅山花烂漫、潺潺流水、牧童笛声、杏花酒家的画面下，却是专家确认的连云港地区的文化根系，在华夏文明发展进程中占有相当重要的地位。

"丝绸之路"指全部从中国向西经过中亚到达叙利亚甚至更远地区的陆路道路，美国人芮乐伟·韩森的研究对此又做了进一步拓展："这些路线的年代可以追溯至人类起源的时期：人类只要能够行走就可以通过陆路穿行中亚。在遥远的史前时代，人们沿此路迁徙。"在西向人类通过陆路穿行中亚的时候，东部的东夷人向东远行的年代也可以一直追溯到人类的起源时期，这是丝绸之路的东延。"黄海陆地纪时代"冰川时期黄海陆地化的理论早已为研究古脊椎动物、古人类的学者们所提出，中国科学院学部委员裴文中先生曾指出：将东亚大陆和日本列岛上第四纪动物群相比较，可以看出两地陆生脊椎动物化石具有许多共同特征，并因此推断"两地曾经相连""两地的动物群必有往返迁徙的道路。"

在连云港市发现的细石器遗址填补了东海之滨旧石器遗址的一个空白：连云港是中日古交通的历史源头，先人们在涛涛黄海成为"平原"的冰川时代，不仅到达了日本九州，而且把石器的打制技术带到了扶桑之国。

早在20世纪80年代就有专家认为，今日本福冈附近发现的旧石器时代晚期的旧石器材料，在器型、石质原料和加工技术等方面与中国大陆沂沭河流域的旧石器非常一致，乃是玉木冰期极盛期——大理冰期末期，从干涸的黄海盆地一路上追逐野兽而到达日本福冈一带的沂沭河旧石器时代晚期人类所携带的细石器工具制品。后来陆续在日本九州东北部的早水台、鹿儿岛的上场、栃木县的星野以及尻湖遗址等处，都发现了与连云港桃花涧打制技术十分相同的细石器，工艺水平有着惊人的相似。裴文中先生曾以《中日古交通》为题东渡扶桑讲学，就是以连云港出土的细石器以及酒店村的全新世的动物骨化石为例，以及中国东部海滨和日本列岛两地相同的动物群落与植物群落的分布，将中日古交通的历史上推到两万年以前。

大贤庄遗址丝路密码

大贤庄位于山东省延伸到江苏的马陵山山脉的余脉，是东海县山左口乡西部一个人口不足3000的小村庄。1978年，江苏省考古工作队在一个多星期的考古调查中获得了200余件古人类打制的旧石器，这是江苏省旧石器时代考古工作第一次重大发现，在整个华东地区考古界引起了轰动，大贤庄村的西山因此被学术界命名为大贤庄遗址。

大贤庄遗址蕴含丰富的对朝鲜、日本半岛有重大影响的丝路密码。

大贤庄遗址发现的石器均为旧石器时代晚期细石器，主要器形有细小石器、石片石器和中型石器。其中的楔状石核、船底状石核、漏斗状石核及拇指盖状刮削器、长身圆头刮削器等，与中国著名的山西下川遗址出土的细石器十分相似，属于典型的细石器工艺传统。其中有一件为船底形石核，因其为亚洲东部、日本和北美大陆细石器所特有，故有"楔状洲际石

大贤庄遗址出土旧石器（连云港市博物馆提供）

核"之称。因此，大贤庄遗址也被日本、韩国的许多考古学者所重视，他们认为，在中国黄海陆地化时期，中国古人类将细石器可能经由连云港地区带往日本、朝鲜半岛，并把此传统工艺传授给那里的古人类，对研究与朝鲜半岛、日本列岛细石器工业的关系具有重要价值。

日本著名的旧石器考古专家芹泽常介在对比了连云港和日本两国出土的细石器标本之后，做出了如此论断："日本旧石器的渊源确在中国。"这也说明"沂源人"在从"山东大岛"到达连云港地区后，并没有在大贤庄、桃花涧止步，而是在大理冰川后期，跨越黄海，到达日本。

将军崖岩画丝路密码

将军崖岩画是中国新石器时代中晚期刻画在崖壁上的图画，发现于1979年冬，位于连云港市区西南9公里锦屏山南西小山的西崖上，内容反映了原始先民对土地、造物神以及天体的崇拜意识，这是中国迄今发现的最古老的岩画，是东南沿海地区首次发现的岩画，也是唯一反映农业部落社会生活、原始崇拜内容的岩画，是细石器时代原始宗教意识在岩画上的

将军崖岩画（张晓晖 摄）

反映，为全国重点文物保护单位。苏秉琦先生称之为"中国最早的一部天书。"将军崖岩画中的丝路密码对东方海外日本岛乃至美洲大陆都有不可估量的影响。

日崇拜意识传入日本。

将军崖岩画中的三个太阳图案——三日图，是迄今所发现的中国最早的石刻太阳图，反映了连云港地区先民的太阳崇拜意识。1984年，考古专家在连云港云台山东磊附近发现了太阳石。郁夷的初民们在这里祭日、祭天，并用石刻记录太阳的形象以及"寅宾日出"，云台山、朐山地区的先民与太阳崇拜间有着不解之缘。

日本传说神话时代对于日神渲染非常著名，此与中国大陆尤其是苏北鲁南沿海地区原始先民的日崇拜意识有着十分明显的承启关联。李洪甫认为，这种日崇拜意识的传播，是早期少昊之虚与日本岛之间交往的一个最主要的方面。卫挺生是一位在民国时就知名的经济学家、历史学家，参加筹办过国立东南大学，他不仅担任过20多年的立法委员，对日本研究、徐福研究也有极深造诣，早在20世纪50年代初就出版过有关专著，如《日本神武开国考：徐福入日本建国考》《日本神武开国新考》《徐福与日本》等。他认为"日本神话中对于日主神的特别铺张，似由于齐东人之地方观念。尚书尧典：'分命羲仲，宅嵎夷，曰旸谷，寅宾日出，平秩东作。'"可以推断，日本神话中日崇拜是渊源于中国大陆的少昊氏族的原始宗教意识。

日崇拜传入美洲印第安人部落。

少昊氏族的日崇拜意识不仅传入日本，也传入美洲的印第安人部落。美洲西海岸曾出土类似甲骨文的23个"亚"文陶片以及有20余个"月"字的陶简。宋宣志、王大有根据中国古文化中的"亚"形祭坛推测"是东迁美洲的东夷人的血盟盟书"，并联系连云港东磊的太阳

渔湾和东磊接壤山头上的太阳石

石发现，在"阿斯特克太阳石（历）及其文明"一文中明确指出："新石器时代，少昊族发祥地江苏省云台山。东磊渔湾山顶上的太阳石的太阳芒为21根，证明当时少昊族有21个子氏族，连宗族即中心的太阳，共22族。当他们与其他族人向美洲迁徙时，因长途跋涉，条件差，到达美洲的可能只剩下20个族的人了。当他们定居下来后，就沿用了中国故土的习俗，以其氏族图腾形象或该族的重大发明作为纪日的名称，便有了阿斯特克的20日。从阿斯特克20日与东夷集团的族图腾、重大发明的形象的众多相同之处，得出这一结论，也许并不为过吧。"

此外，美国格林诺拉印第安人部落地区发现的圆盘石上，还刻有与将军崖岩画画面相似的刻画，这说明东夷族首领少昊氏的日崇拜意识传播的广远，它不仅传播到了日本列岛，也到了美洲西岸的墨西哥。对此，宋宣志、王大有认为"大约六七千年至五千年前，中国东夷集团和炎帝集团的文化特征，明显地反映在阿斯克特文明中。中国远古时期的炎黄子孙夸族父人、少昊族人和颛顼族人等、在六千年至五千年之间，相继到达美洲，并立国定居。他们所带去的当时发展程度很高的中华文明，与美洲的土著文化互相渗透与融合，形成新形态。"

藤花落遗址丝路密码

在连云港的城市发展史中，藤花落遗址即是发展的高度，拉开了连云

藤花落遗址，2000年中国十大考古发现（张晓晖 摄）

港城市文明的篇章，以藤花落龙山文化城址为代表，进入连云港历史上最为辉煌的时期。考古发现在揭开藤花落遗址的层层面纱、人们在大开眼界的同时，也发现其中蕴藏的海上丝路密码。

炭化米的故乡。

藤花落遗址的挖掘中，专家们在藤花落城壕发现数百颗碳化了的粳稻粒，对稻作农业的东传日本和朝鲜具有重大的学术价值。掌握了稻作技术的东夷先民在向外地迁徙的时候，把稻作技术带到新的居住地，进而在新的家园种植水稻。考古资料显示，3300—3100年间，日本北九州的稻作农业与同时代中国东部地区的稻作农业存在密切关系，日本史家也认为稻作文化是日本历史上"渡来人"引进种植的。弥生时代的日本人和春秋时代的苏北人在体质人类学的高度一致，加之"徐福东渡"等历史事件，林留根认为"我们有充分的理由认为连云港藤花落遗址为代表的黄淮东部稻作文化曾对东邻日本产生过深刻影响"。早在1980年，在日本佐贺县出土的弥生时代的稻田遗迹中发现了粳稻的痕迹。日本学者对在中国连云港发现的粳稻和在日本佐贺发现的粳稻进行了比较，得出了一个惊人结论：二者成分样态一致，作为徐福东渡起航点的连云港地区是日本徐福登陆地佐贺平原的炭化米的故乡。

稻作文化在连云港地区有悠久的历史，连云港二涧村新石器时代遗址下层采集到夹有稻壳的红烧土块，连云港市赣榆盐仓遗址属于龙山文化期的下层里曾采集到炭化的稻谷。1959年，江苏省文物工作队在东海县焦庄遗址下层也采集到新石器时代的炭化稻粒。1982年以来，江苏省农业科学院连云港市农业科学研究所在连云港地区陆续发现了29处野生粳稻（又称穞稻）的生长地点，

藤花落出土文物（连云港市博物馆提供）

仅云台山区就有18处，这说明连云港云台山区是栽培粳稻的发源地之一。同时也为"早期野生稻—粳型野生稻—粳型栽培稻"的栽培稻起源说提供了证据，也理顺了与日本稻作文化之间的传承关系。

云台山间的早期稻作文化的规模在稻作工具、早期水利工程以及气候条件方面也有所反映。海州白鸽涧遗址出土过稻作工具中纺锤形石刀，形制与日本出土的绳文式文化石刀相近，云台山新华村出土的有肩石铲，与日本出土的有肩石刀形制相似。日本弥生式土器上绕器一周的复线三角形纹饰，与连云港二涧村新石器时代遗址出土的陶鼎口沿上一圈纹饰完全相同，作为早期稻作文化起源地之一的连云港地区当是日本稻作的传播源。

盐文化密码。

择盐而居是人类生存发展的重要条件。盐和水、谷物一样是人类生命的必需品，生命的维系和繁衍离不开盐，盐对大自然中的一切生灵都有着不可抗拒的吸引力。水和谷物是可以选择的，原始人类能够在较大范围内选择有水和谷物生长的地方休养生息，繁衍发展。盐却是不可选择的，因

锦屏山九龙口出土的青铜编钟（连云港市博物馆提供）

为盐是有限的物质，只蕴藏在某些地区，或蕴藏在海水，或蕴藏在地下，或储纳在盐湖，或藏匿于山岩。在生产力发展极其低下，交通十分不便的古代，人们为了生活、生存、发展，必须向产盐之地靠拢、聚集，建立自己的生活基地。在发掘藤花落遗址的过程中，并没有发现盐类文物出土，未直接证实古城的形成与盐有依附关系。事实上，因为盐是遇潮易溶解的一种物质，不能长期保存，它没有可能像石器、陶、骨器等一类文物被出土，但藤花落遗址2003—2004年最后一次挖掘，发现有圆形的房子，林留根认为"对考古研究具有比较大的意义"。圆形房屋很可能是盐仓，用来储备海盐供城内居民食用和用来对外交换。另外，还发现内外城之间有宽达3.5米的道路和深达数米的河道，可能是各聚落点向城内运盐之路、之河。因为藤花落作为都城，与周边地区各聚落点有组织结构上的关联，给了我们一把打开盐与藤花落古城关系的钥匙。

商周遗存丝路密码

用商周时期的文化遗存与日本绳文文化晚期乃至弥生时代的出土文物相比较，其相同之处更多而且更明显地反映出两者的传承关系。

九龙口商周遗存。连云港九龙口出土的商周时期的陶鬲，宽肩、袋足较瘦的特点与日本东北的青森县东津轻郡今津遗址发现的"鬲形绳纹土器"近似。另外，连云港中云华盖山西周末春秋初遗址中出土的陶豆之形制，也与日本福岗县小郡市小郡所出土的高杯（弥生时代中期）也十分相像。

石制工具的共性鲜明地体现在石斧上，日本弥生时代的石斧与连云港地区出土的石斧形制完全相同。此外，连云港地区出土的铜矛、铜剑的一些形制特点也在日本弥生式文化的石剑中充分体现出来，日本弥生式文化中的铜矢镞与连云港市九龙口遗址出土的铜镞颇近似。在山东诸国燕、赵、齐、鲁出土特别多的"明刀"货币，也在日本的琉球之那坝市外城岳、备后国之御调郡三原町、备前国之邑久郡山乎村附近等处都曾经出土过。

日本发掘到的类似中国大陆先秦时期之编钟的铜铎，也是一项实证。1984 年，日本岛根县簸川郡斐川町荒神谷发现了埋在一起的 358 柄铜剑；1985 年又在附近 6 米的地方发现了 16 个铜矛和 6 个铜铎。这种将礼器、兵器一齐埋藏，显然与中国大陆关于"国之大事，在祀与戎"的宗旨一致。连云港在九龙口及东海县都已出土过整套编钟，铜矛在连云港华盖山也多有出土。

刘志洲山船画石刻丝路密码

在连云港的石质文物中，有许多与海上丝绸之路研究有关、具有较高史学价值的岩画，是先民们走向海洋的历史见证，如刘志洲山船形岩画。

该岩画在将军崖岩画东 1000 米，宽达 8.5 米的船画，船体线条刻画虽然简略，比独木舟的形制有了明显的进步。船尾的舵刻得很大，显示出先民们在长期的航海实践中体会到舵的重要性。大船的左上方刻有一只小船，与大船的形制基本相同，不同的是，在船中央竖起了一根桅杆，挂起了目字形图案的风帆，标志着史前航海活动中的一个重大进步。在洞南 100 米处的三处岩石上，共刻船 10 艘，第一处刻船 5 艘，表现扬帆航行的场面；第二处刻船 4 艘；第三处刻船 1 艘，表现锚泊海面的场面。这组画面体现了出海人开拓进取、同舟共济的精神，也为研究海上丝绸之路发展史提供了重要资料。

徐福东渡与东亚丝路

历代海上丝绸之路，可分三大航线：中国沿海港口至朝鲜、日本的东洋（东亚）丝路航线；中国沿海港至东南亚诸国的南洋丝路航线；中国沿海港至南亚、阿拉伯和东非沿海诸国的西洋丝路航线。徐福东渡不仅是中国最早的一次涉洋远航，也拉开了东洋丝路航线的帷幕，连云港成为海上丝绸之路东洋航线的重要港口，而且早郑和下西洋1600年，比哥伦布发现新大陆、麦哲伦环地球航行早1700年。周绍良先生曾说过："海上丝绸之路开辟可能早于张骞开辟陆上丝绸之路……徐福为海上丝绸之路的开拓者……经多方考证，海州湾是当时海上丝绸之路东方航线的起始点。"

徐福东渡

东渡成功的徐福，根据史料和出土文物考证，其故里在现连云港市赣榆区金山乡徐福村。赣榆县在秦时隶属琅琊郡，县治位于郁洲，这一带是海岛集中、方士会集的地方。他的上书打开了中国人的航海梦想，秦始皇至死也未能寻到不死之药，但是在客观上开辟了东亚丝路航线，奠定了海上丝路文脉传承的基础，影响深远。

秦始皇一生频繁远行，跋涉山川，其中数次东巡，作为一个统治者，一位帝王，一方面，必然带有宣扬为政恩德的"政治巡游"色彩，体现出他事必躬亲、朝夕不懈、视听不息、体察民风民情的勤政风格；另一方面，也与秦代普遍盛行多神崇拜的思想有关。秦始皇在各地巡游期间，必祭祀天地、山川、鬼神,"遂东游海上,行礼祠名山大川及八神,求仙人羡门之属。"祈祷诸神护佑其帝王基业。

在当时的时代背景下,面对浩瀚无边的海洋,滋生出海寻访缥缈的仙山、寻找长生不老药的欲望,意欲以此永固帝业,也是无可厚非的。在客观上,秦始皇的东巡唤醒了秦人的海洋意识,激发了人们探索海洋的热情。因此,沿海一带许多知名的方士闻风而动,献计献策,其中"齐人徐市(即徐福)等上书,言海中有三神

赣榆徐福雕像

山,名曰蓬莱、方丈、瀛洲,仙人居之。请斋戒,与童男女求之。"这就是徐福研究中著名的"琅琊上书。"徐福之奏正中秦始皇的下怀。《史记·秦始皇本纪》记载,秦始皇"于是遣徐市发童男女数千人,入海求仙人"。

徐福东渡的记载,不仅见于司马迁的《史记》,汉代东方朔在《海内十洲记》中也同样记载了徐福带童男童女坐楼船去"三神山"寻求长生不老之药的故事。在中国古代文献中第一次把徐福东渡与日本联系起来的是五代后周时高僧、开元寺和尚义楚据日人口述的记载:"日本国亦名倭国。东海中。秦时,徐福将五百童男、五百童女止此国也今人物一如长安。……又东北千余里有名富士,亦名蓬莱,其山峻,三面是海。……徐福止此,谓蓬莱至今,子孙皆曰秦氏。"

弥生文化时代,支石墓在日本岛上有了广泛的分布,这种与埋葬制度有关的石结构在中国大陆的辽东、山东、江苏、浙江沿海有着较多的分布,称作"石棚文化""石室文化"或"大石文化"。连云港云台山区是分布最

为密集的地点之一。南云台、中云台、北云台以及锦屏山等,有山就有此类支撑起来的石室。日本学者如都出比吕志等多认为这种文化来源于中国大陆。

居住日本的徐福后裔,在秦至汉光武帝期间的100多年里,没有中断与祖国大陆之间的联络和往来。到光武帝时,日本还曾正式派官吏抵汉,被光武帝授以"汉倭奴国王"金印带回,并宣布日本国王为"汉倭奴国王。"金印印面正方形,边长2.3厘米,印台高约0.9厘米,台上附蛇形纽,通体高约2.2厘米,上面刻有"汉倭奴国王"字样。天明四年(1784年),由名叫秀治和喜平的二位佃农,在耕作挖沟时偶然发现。金印出土以后辗转百年,直至1979年,一个家族的后人把它捐献给了日本福冈市博物馆。

日本人之所以能接受这个金印,说明他们当时是完全愿意接受该国为汉朝政府所辖的附属国或诸侯国地位的。显然,这个诸侯国的国民们具有"秦人后裔"的心理和民族基础,不然不可能不动兵戈就能承认本国是为"汉"之"倭奴国"。

1995年,日本前首相羽田孜表示:"我是徐福的后代,我家有个祠叫秦阳馆。"2002年6月在徐福国际研讨会上,羽田孜表示:"我们的身上有徐福的遗传因子,在我的老家还有'秦阳馆',作为徐福的后代,我们感到骄傲!"日本裕仁天皇的御弟三笠宫在给"香港徐福会"的贺词中称"徐福是我们日本人的国父。"

1996年,中国及日本的一些学者们组成了"江南人骨中日共同调查团",对江苏省发掘出来的春秋至西汉时代的人骨,以及同时期日本北九州及山口县绳文至弥生时代的人骨,进行为期3年的对比研究。经过DNA检验分析,两者的部分排列次序竟然完全一致,证明两者源自相同的祖先。

徐福浮海东渡成功,开辟了中国与日本的水上交通航线。徐福也因此成为2000多年前中国第一个到达日本的友好使者。日本佐贺是徐福东渡在日本流传较为集中的地区之一,当地的徐福墓、徐福井、徐福庙、徐福宫等有关徐福的建筑、遗址众多。明治八年(1875年)日本政府宣布《苗字必称令》，要求每个人都要有自己的姓，顿时举国上下兴起了取姓热，日本的姓一下子就达到了10多万，而其中，与徐福相关的竟然有1100多个，如：秦、波多、羽田、福山、福田、福冈、齐藤、服部等。徐福东渡带去的中国先进的文化及先进的农业、渔业等生产技术，对促进当时日本社会的发展、对加速从落后的渔猎经济（绳文文化的时代）过渡到先进的农业经济（弥生文化时代）起了重要作用。徐福在日本经济社会发展过程中，作出了不可磨灭的贡献。日本民间把徐福尊为司农耕、医药之神，在日本九州岛的佐贺县建有"徐福上陆地"纪念碑，以及徐福的石冢和祠堂，至今仍有祭礼活动。

徐福东渡的历史地位

徐福东渡不是一般的海上旅行，而是带去了古代中国的"百工之事"，如汉字、稻作文明和科学技术。自秦徐福率众落居日本之后，仅用短短百余年的时间，就使日本由落后的石器文化发展到相当高的"弥生文化"，推进了东亚文明发展的进程，永载史册，源远流长。

徐福东渡为日本带去了稻作文明

徐福为日本带去的稻作文明，推进了日本从绳文文化到弥生文化的进化。在日本绳文时代、弥生时代的考古发现对比中，发现文明进阶发展规律不同，从绳文文化到弥生文化，从采集野果以捕鱼为生的绳文时代进化到稻作文明的弥生时代，中间却有一段消失了400年的历史没有文字记载，但这段时间却是日本文明的巨大飞跃。发生了什么样的事情让日本绳文时代的原始文明突变至弥生时代的稻作文明？1884年，在东京发现了一种与绳文陶器不同的陶器样式，该样式的陶器有三种基本器形，即瓮、壶和高杯。其陶器的形态与当时日本本土的陶器完全不同，是食用、贡献稻米才会用到的陶器。陶器是不是来自带来弥生文明的外来文化？这是个谜，日本许多专家在努力寻找"消失的四百年"。

2000年，在连云港东海县出土了一块石碑，石碑上面有着大量的巴形铜器图案，这个图案与日本弥生时代的巴形铜器非常类似。2010年，连云港锦屏山在修建风景区的时候出土了一具瓮棺，这个瓮棺的形制与日本福冈县太宰府町吉尔浦出土的瓮棺非常相似，而中国出土的瓮棺被鉴定是秦汉时期的产物。文明的沟通特性是追逐可以流动的环境，连云港优越的地理位置也造就了它作为东西方文化交流中心的地位，就是说在秦汉时期连云港地区与日本地方已经在文化方面有过一些交流，由徐福从古朐港带到日本的中原文明填补了日本文明从原始向成熟农耕文明的飞跃，解读了"消失的四百年"。

日本考古发现，绳文文化晚期，日本列岛上已有了水稻种植，唐津市菜畑、系岛郡曲田、福冈市板付三处绳文晚期水田遗址，都有中国技法的磨制石器出土，并有炭化米、稻谷压痕发现，可见水稻种植是由中国大陆传过去的。徐福东渡与日本列岛水稻偶然的大发展，不但在时间上相吻合，而此次渡海是徐福规模庞大的海外移民，所带"五谷"除有充饥之粮食外，还有再生产的种子。日本学者认为，九州地区水稻大发展的最大原因，得益于徐福移民集团带来的优良的稻种和先进的耕作技术，这就解释了为什么日本人突然开始食用水稻。而且水稻直接成为日本人主要的主食，改变了他们的膳食结构。

徐福为日本带去了蚕桑技术

在日本的很多神社都有祭祀徐福的习惯，而在佐贺的金立神社，徐福是作为主神——掌管农耕养蚕医药的神来被祭祀的。

金立神社有三神，为掌管食物的保食神、掌管灌溉用水的冈象卖女命和掌管农耕养蚕医药的秦人徐福。徐福是主神，祭祀除每年的春、秋两次外，每50年还有一次大的祭祀活动。从祭祀内容可以看出，日本人认为徐福将中国南方古代的农耕具带到了日本。而中国古代的农耕具和日本弥生时代的农耕具虽在名称上有差异，但其种类和功能基本相同。中国的绳系石刀和日本称之为石庖丁的是史前名称不同而同为用于摘穗的收获工具。日本弥生期加工谷物的工具都属竖臼系统的水碓，这些谷物加工工具与中国长江流域的谷物加工工具同属一个系统，它们之间具有显著的传承关系。

徐福抵达日本后，迅速带动了日本社会的发展。后代人一直尊称徐福为日本始祖中的"蚕桑之神"，这蚕桑肯定是从中国带去的，因为饲桑养蚕是中国古代的独家传统，战国时苏北鲁南一带又是中国的主要桑蚕产地，这里的桑矮易饲，被称之为"鲁桑"。徐福从鲁之东海出渡，所带之桑很可能就是这一带的鲁桑。

徐福为日本带去了建筑技术

1986年，显示弥生时代大量遗存的吉野里大环濠遗址在日本佐贺县被发现。这一发现佐证了徐福为日本带去了建筑技术等，这既是与徐福东渡紧密相关的遗址，更是日本考古史迄今为止最重要的发现之一，震动了整个日本半岛。吉野里是公元前2世纪至公元前3世纪（弥生文化黎明时刻）拥有日本列岛最大的环濠以及环濠集落，而且建有日本最古老坟丘墓的遗迹。考古发现，在坟丘的建设中使用了江南土墩墓的夯筑技术，这个丘墓是一个需要6万人两年时间才能建成的大型土木工程。从吉野里遗迹中的巨大环濠、南北内城的瞭望楼等可以看出，吉野里是以中国都市为参照蓝本进行建设的。作为祖先灵魂安眠的圣地，在北边设置了坟丘墓，以此为起点的"圣线"上排列着祠堂、牌楼和瓮棺葬的行列。这样祭祀的"圣线"有着浓厚的中国祭祀思想的色彩，而这个环濠也与徐福的到来密切相关。

徐福为日本带去了航海技术和造船技术

如前所述，在今天赣榆区的拓汪镇还有个传说就是徐福造船时招集来的捻船工——"圬工"在此居住的村庄，叫圬工村，秦朝时这个村就叫"圬工村"，而且都姓徐，是徐福的后裔。现在该村还有30余家祖辈就是捻船工匠（捻匠）。捻船工匠（捻匠）是专为新造的船壁进行捻缝、抹灰、涂饰、粉刷作业，虽然也就是用油麻絮将船缝圬塞，然后用油灰等敷盖，但它的质量关系到船的质量和行船的安全，不是谁都可以从事的职业。所以，这个村庄祖辈传下来的捻匠手艺都很精巧。

"圬工"也是专门制作打鱼用的独木舟的工匠。位于灌云县伊山镇大伊山主峰南侧有一处大伊山海船岩画，船画刻在一块10米长的竖石面上，俗称"海船梢"。而同样的独木舟也被发现在日本，也出土了一些不同时期的独木舟，千叶县加茂遗址出土了独木舟和几把桨，其桨柄做工精美，此外还有千叶县烟町遗址出土的绳文时代后期的独木舟，都同赣榆捻匠制作的独木舟非常相像。由此可以推测，徐福也将造船技术带到了日本。

徐福东渡随船带去了古籍和汉字

在中国北宋欧阳修《日本刀歌》和日本南朝重臣北自亲房撰《神皇正统记》、江户时代林罗山著《罗山文集》、松下见林撰《异称日本传》、山梨县富士吉田市宫下义孝先生家藏（宫下族镇宅之宝）《富士古文书》（又名《徐福古问场》）等中国、日本两国古书上，有类似中国古籍由徐福传入日本的有关记载。

如欧阳修在《日本刀歌》中曰："徐福行时书未焚，逸书百篇今尚存。"林罗山《罗山文集》中记载："徐福之来日本，在于焚书坑儒之前六七年，想蝌蚪篆籀韦漆竹牒，时人知之鲜矣。"松下见林申明"日本之学始于徐福"等。

至于为什么日本至今未发现当时的竹简古籍，《罗山文集》称："世世兵燹，纷失乱坠，未闻其传，鸣呼惜哉！"《富士古文书》称："在延续19年的富士山大喷火中，书籍大半毁于山火"。

日本文字形成的较晚。汉字初传入日本后，在一个相当漫长的时期中，迄至8世纪，至早在奈良时期以前，日本官方仍直接使用汉字汉文。公元9世纪初，日本在汉字的基础上才构成了自己民族的文字体系。徐福将汉字传入日本，不仅为日本民族文字的形成提供了启示和"假借"，而且还由此对日本历史的发展，社会的进步起着重要的推动作用。

徐福在日本诸岛传播先秦文明之影响，《弥生的日轮》中这样概括：徐福一行通过与当地居民通婚，延续子孙，为日本发展作出了巨大贡献。而且汉字和水稻技术、诸子百家的智慧，其中任何一项都未与日本文化相抵触。这一切有如水往低处流之势，对日本进行了渗透，促进了日本走向农耕弥生文化，并把我们推上了亚洲先进文明之国的地位。

海上丝路"第一程"

在云台山与大陆连接之前,郁洲与海州在地理概念上,是两个相互依存、密切相连的独立主体。在海陆丝路发展进程中,郁洲有其独特的地位。

鹰游门

在古代,无论是中国还是世界其他国家,航海中水手主要使用岛屿导航法,以岛屿为地理坐标,确定航线。无论岛屿经济是否发达,在古代的航海中都具有特殊功能。

在靠近东亚大陆的海洋中分布着数以千计的岛屿,如今的日本、菲律宾、印度尼西亚等东亚、东南亚诸岛国的诸多岛屿,直到中世纪以前,都还一直被国人视为"蛮荒"之地。但无论荒蛮与否,这些岛屿却是古代西太平洋、北印度洋人类航海活动的天然落脚点。在当时的生产力发展、航海技术发展的情况下,没有这些岛屿,人类要远航几乎是不可能的。即使航海技术发展起来后,这些岛屿又成为航海家导航、识途的重要标志物和取得补给的中继站。正是这些可能还是十分蛮荒的众多岛屿,使人类在技术不发达的古代远航由不可能变为可能。

古代的航海技术比较有限是客观的,直航距离与区域只是航海活动中的少数。大多数商船在初期主要的形式是接力棒式的接替航行,这样的航行都需要贴着海岸前进,因为需要随时增加补给品或进行频繁的转手生意。郁洲是中国东部"海上大州",位于郁洲山脉最北端的鹰游山,是今日东方

鹰游山（连岛）远眺（来自网络）

大港连云港港口的屏障，在海上丝绸之路的发展历史中，理所当然成为中国沿海地区间交往及中国经由朝鲜半岛和日本交往的一个重要的停泊、避风、增加补给品的中继站。

鹰游门位于琅琊郡的赣榆县境内，与朐县隔海相对，从鹰游门沿海向北，有许多横渡东土的海口，如因徐福入海求药而名的徐山、徐福岛、斋堂岛、登瀛村以及密州、登州、济州等，因而鹰游门处于"海上第一程"的特殊位置。据李洪甫教授的研究，"海上第一程"的称呼来源于《山东通志》："海道第一程也，东为鹰游山，西为孙家岛，两山对峙为门，船所必由。谓之'应由'门。"

"第一程由鹰游门起"，大珠山不宜泊船候风。因此，经由鹰游门的海上航行是一条经过数次实践优化的成熟海路。

对外交往通道

中国经由朝鲜半岛、日本交往的中继站。无论是东晋时期的建邺（南京），还是西晋时期的洛阳，在中国与朝鲜间的交通贸易往来通道中，海路最为便捷。东晋时期由建邺至朝鲜半岛的航行线路,是由建邺出发,经广陵浮海北上,经过郁洲鹰游门出海,横渡入汉江,至南汉山城。特别是魏晋至南朝时期,郁洲作为中国经由朝鲜半岛和倭国交往的停泊、避风、增加补给品的中继站充分显现出来。

魏晋至南朝时期,中国的海外交通存在着陆上、海洋两条路线。陆路,即倭人从海北道中到达弁韩,沿马韩的海岸,顺各岛屿海湾北上,到达乐浪郡,取道陆路辽东至建康。这条交通线也是汉文化输入日本的主要通道。海路,经由百济跨渡黄海到山东半岛,然后沿江苏海岸南下,过长江口以达建康,这是沿大陆近海航行的路线。自晋安帝时倭王赞遣使朝贡到齐高帝建元元年(479年),有史记载的倭国朝贡来往即达10次之多,这些来往大多是通过朝鲜半岛经由山东半岛进行的。

考古材料证明,在这条航线中,郁洲是中国经由朝鲜半岛和日本交往的一个重要的停泊、避风的中继站。建康以及长江流域到山东半岛魏晋之际的墓葬中曾发现大量的三角缘神兽镜,这种形制的铜镜在朐县、朝鲜半岛、日本列岛的古坟墓中都有发现。海州南门砖厂二号墓为东汉晚期遗存,其出土文物的风格下限到魏晋。这座墓中发现的铜饰件、漆器和朝鲜半岛乐浪郡古坟中完整的铜质砚盒,造型几乎完全一致。从建康经朐县至山东半岛再到朝鲜半岛迄日本岛屿,如果把这些轨迹联结起来,就形成了一条由建康经朐县北上山东半岛→朝鲜半岛→日本的沿海岸航行的"东海路线"。秦汉以迄魏晋,中国文化包括农耕、蚕桑、稻作、建筑、漆器、玉器的制作等对日韩传播,这条"东海路线"是一条重要的海上之路。

东晋时期,北方战事频繁,东晋王朝与朝鲜半岛的交往主要依靠由鹰游门出海的水路。太元八年(383年),前秦世祖宣昭皇帝苻坚(338—385年)曾发兵90万南下攻打东晋。鹰游门作为东晋与东夷诸国交通的"海上第一程"发挥重要作用。

在南北政权的对峙时期,鹰游也始终是南北交通的要塞。尤其是北方处于战乱而交通中断之时,位于"东海隅"的鹰游实际上成了南北交通的咽喉。南北对峙时期,江南政权与朝鲜半岛的交往则充分依靠鹰游岛。南

苏马湾东海郡琅琊郡界域刻石。

北政权之间的使节交往也通过鹰游这个门户。如宋明帝时，高丽使节被北魏太守鞠延僧扣留，刘宋王朝派驻鹰游地区的地方官和军事将领刘怀珍、明庆符、王广之击退了北魏军队，护送高丽使节至南京。统一王朝至朝鲜半岛的路线也多经鹰游横渡。

盛唐时，圆仁在他的《入唐求法巡礼行记》中详尽地记载了遣密使船经过鹰游的航路：入唐朝时，从鹰游岛开始，船即离海而入内河航行，循淮河至涟水、楚州、扬州……回归日本的去路，则也从鹰游开始进入"海上第一程"。

南北海上航路

吴国伐齐海上通道

战国时期，郁洲是吴国从海上征伐齐国必经的交通要道。吴王夫差在西破楚国、南降越国后，经过数年精心准备，于公元前485年春联合鲁、邾、郯等国，正式出兵北伐齐国。夫差将吴军兵分两路，自己亲率主力搭乘内河战船由邗沟入淮河北上，直逼齐国南部边境。同时，为确保侧翼安全并夹击齐国，分散齐国兵力，夫差派大夫徐承率海上主力舰队从海路绕道齐国后方，实行远航奔袭进攻山东半岛。由于之前内河接连的胜利，使得吴国海军过度自信，忽视了齐国这个老牌的临海国家的军事力量，最终黄海海战以齐国的胜利告终。

这次吴、齐黄海海战说明，当时中国海洋作战力量在武器装备、船舶建造、战略战术以及航海科学技术等方面已经成熟，并进入大规模运用时期，在中国乃至世界海战史上都具有极其重要的历史意义。

大村贵族墓青铜器（连云港市博物馆提供）

据《史记·越王勾践世家》记载，越国灭掉吴国后即北渡淮河，沿着吴国曾经走过的线路挥师北上，通过北上，越国与齐、鲁、郑、陈、蔡、宋、卫、晋、楚等国或战或盟，成一时霸主。

1977年，连云港市发掘西周末春秋初墓葬群计40余座，其中既有等级较高的贵族墓，也有一般的平民墓。墓葬出土器物约200多件，除了一件已残破的青铜鼎属西周晚期外，其他物件都具有明显的吴文化风格，而青铜剑、戈、矛等器物的吴文化特色更为明显。随葬的陶器组合一般为鬲、豆、罐；随葬青铜器有鼎、斧、戈、矛；随葬的石器主要有石镰、砺石等。此外还发现用于熔炼浇制铜斧的属西周晚期的陶范。

清理的墓葬依出土器物可分为三期，一期为西周晚期，三期为春秋晚期，墓葬群跨越年代300多年。西周晚期的青铜鼎为第一期，第二期鼎有3式，1式鼎为敛口、折沿、立耳、柱足，下腹外胀，腹间饰一周云雷纹和乳丁纹；2式鼎与1式鼎较为相近，不同的是口为卷沿和有一对附耳。3式鼎，敞口、浅腹、立耳、蹄足，腹间多饰以回纹、窃曲纹、环带纹、条带直线纹，明显晚于1式鼎。三两期均为吴文化遗存，但1、2、3式鼎之间有发展和过渡的特征。出土的青铜剑、戈、矛属第三期，最具吴文化特色。其中有一件矛头两侧叶硕大，近似树叶状，与溧水洪兰凤凰井所出几为一体。另一件无筒，中脊起棱，而形似柳叶的矛，更是典型的吴文化器物。另有农具青铜斧和斧的铸范，是吴族先民在云台山一带定居开发农业的地下物证，也是连云港地区早期对外交通往来的有力佐证。

这一史料结合出土文物说明，吴从海上伐齐时云台山一带交通区位的重要，既是征伐齐国必经的交通要道，同时也是吴所要并已经夺取的战略要地，处在战争的前沿，与齐国相对峙。从春秋后期的海战活动中可以归结出一条以郁洲为基点，南起浙江、北至辽东，长达数千里的沿海海上航线。

孙恩浮海北伐战场

东晋时，封建王朝内部矛盾尖锐，公元339年，会稽（今绍兴）等地民众因不堪苛政，推举孙恩为首，起义反晋，这是东晋南朝时期规模最大、历时最长的一次农民起义，时间长达12年之久，转战长江中下游以南的广大地区，连云港一带也曾为孙恩与东晋官兵交战的重要战场。

孙恩祖籍琅琊，是五斗米教教主孙泰之子。东晋隆安初，孙泰被晋宗室司马道子诱杀，孙恩逃亡海岛为盗，举兵造反。

无论是孙恩占领郁洲还是东晋军队攻打郁洲，都是为了控制这个海上门户和南北交通枢纽。在南北政权对峙的形势下，鹰游门的地位尤其重要。攻打郁洲之前，东晋王朝将领祖逖、桓温都曾把苏北作为北伐的前沿。

联系建康海上通途

郁洲四周环卫沧海，"苍梧飞落碧云流，天畔神山古郁洲。花竹千家双去棹，烟波万里一浮鸥。"（孙在丰·送张毅文归郁洲）南北朝时，隔20里海峡以南就是魏政权的领域。岛上集结的大量军队和给养，各级政权公文的传递，郁洲和建康的贸易交往，全靠海上航线。

这时的南城港是郁洲的一个重要口岸，供船舶停靠的码头及上水和生活供应设施一应俱全，由南城港启碇南下经淮河口入楚州，可经运河入洪泽湖至建康。在连云港的出土文物中，郁洲的朝阳砖厂等地时有六朝青瓷天鸡壶、青瓷圆砚和青铜鐎斗等文物出土，而海州地区迄今还未见六朝青瓷出土，这从另一个侧面证明了郁洲和建康有着紧密联系，两地之间有一条稳定的海上运输线。

海漕必经之地

唐代海漕航线中继站

唐代南北海漕航线的起航点在江浙沿海，主要是位于长江口附近的扬州。在安禄山任范阳节度使时，一方面进行江淮挽输，千里不绝的河漕；另一方面又于扬州置仓，以备海运。唐代大诗人杜甫也曾有诗句说："幽燕盛用武，供给亦劳哉。吴门转粟帛，泛海凌蓬莱"。海船出长江口后转橹沿岸北驶，经现在的江苏省与山东省沿海水域，绕过山东半岛西行，再"泛海凌蓬莱"，历渤海的莱州湾和渤海湾，经沧州沿岸（现河北省黄骅、盐山一线），入今海河，至军粮城卸漕装仓，待继续转运。其中，郁洲是重要中继站。

元代北洋漕运航路必经之地

南元朝时，全国海上漕运发达，淮口在当时为全国主要起运点之一。宋绍熙五年（1194年），黄河在河南省阳武县大决口，黄河水改道南徙，夺泗、淮，致使泗河、淮河的下游河道受阻。元统一中国后，由于黄河夺泗、淮的影响，从江南征收的漕粮运输十分困难。元初，漕粮仍从长江经扬州运河到淮安城北入黄河（黄河夺淮前为淮河）逆流而上，再经陆运后，又改御河船运大都。但这个运输路线既不方便，运输时间又长，且费用巨大。因此，从元世祖至元二十六年（1289年）起至泰定二年（1325年），用了36年的时间修通了从杭州直达大都的大运河，把过去由今河南地区的航线改作经由山东，以便漕粮运输。

虽然元时重视运河漕运，但由于北方连年旱情严重，新开河道水源不足，岸狭水浅；而徐州以南的泗河、淮河下游河道又被黄河所夺，水流湍急，航行多险，所以运河漕运仍然不能顺利发展。鉴于这种情况，元朝从至元二十年（1283年），开辟了海上航道运输漕粮，以弥补河漕运量的不足，"胶莱河与海运相表里，昔从淮口起运至麻湾，而经渡海仓口，则免开洋转登、莱、长山一千五六百里。"

海州为元代海上漕粮运输的必经之地。

北洋漕运航路自朱清、张瑄首航开辟后，在元代航海者的长期实践与艰辛探索中，进行了多次重大改进而渐臻成熟。其航路是："自平江刘家港（今江苏省大仓县浏河镇）入海，经扬州路通州海门县黄连沙头、万里长滩开洋，沿山澳而行，抵淮安路盐城县，历西海州、海宁府东海县、密州、胶州，放灵山洋，投东北路，多浅沙，行月余才抵成山"；"转过成山，西望行使（驶），到九皋岛、刘公岛、诸高山、刘家洼、登州沙门岛，开放莱州大洋，收进界河（今海河）"。至直沽杨村（今天津市武清县）码头泊定。

由于海州为漕运所经的中继站，经常有船舶避风，上下增补供给，因而有力地刺激了海口集镇商业经济的发展。南城和板浦在当时已成为商船帆集，商旅熙攘的海口集镇。

明清海漕航路重要口岸

由于明代对民间实行海禁政策，较大规模的国内海运都是由政府组织的承运官方的漕粮与军需物资。明代海漕航线比较错综复杂，航向与航程变化甚多，孙光圻教授据资料分析归纳出如下8条航线：刘家港—天津航线；刘家港—辽东航线；广州—交趾航线；淮南—天津航线；登莱—金州航线；天津—蓟州航线；天津—辽东航线；永平—天津航线。其中第四条航线，即淮南—天津航线，明确指出历经鹰游山：这条航线是自淮河入海，沿岸北上。白寿彝版的《中国交通史》记载："其道，由云梯关东北历鹰游山、安东卫、石白所、夏河所、斋堂岛、灵山卫、古镇、胶州、鳌山卫、大嵩卫、行村寨，皆海面……这条路线首尾约三千三百九十里。"

清取代明朝后，出于海禁之考虑，大量的南粮北调主要取南北大运河进行。但在某些特定的时期，也组织过一些在政府严格掌管下的海上漕运。

据《清史稿》载，嘉庆年间，因"洪泽湖泄水过多，运河浅涸"，清廷曾拟"令江、浙大吏兼筹海运"。然因运河历来是沿线各地关卡巧取豪夺、盘剥民财的摇钱树，故受到统治集团内部的强烈抵制，嘉庆帝只得以"海运既多窒碍"为由，做出"断不可轻议更张"弃海治河决策。到道光四年（1824年），"南河黄水骤涨，高堰漫口，自高邮、宝应至清江浦，河道浅阻，输挽维艰"。于是时任协办大学士、户部尚书加太子太保衔的英和上奏："河道既阻，重运中停，河漕不能兼顾。唯有暂停河运以治河，雇募海船以利运，虽一时之权宜，实目前之急务。盖滞漕全行盘坝利运，则民力劳而帑费不省；暂雇海船分运，则民力逸而生气益舒。国家承平日久，航东吴至辽海者，往来无异内地。今以商运决海运，则风飓不足疑，盗贼不足虑，霉湿侵耗不足患。以商运代官运，则舟不待造，丁不待募，价不待筹。"然而唯恐有违"祖宗之法"及触犯统治阶级利益的清宣宗仍不敢决断，只是诏令"有漕各省大吏议"。

当时安徽巡抚陶澍"请以苏、松、常、镇、太仓四府一州之粟全由海运"，并附上一份非常详尽的航路指南，"恭呈御览"。这份航路指南是古代航海者长期北洋航行的实践总结，具有极高的文献价值，其中对于云台山鹰游门有确切的记载："又北至安东县灌河口对出之洋面，约九十里，系佃湖营所辖。又北至海州赣榆县鹰游门对出之洋面，约一百八十里，系东海营所辖。计自余山大洋以北至鹰游门对出之洋面止，约共一千五六百里，统归狼山镇汛地。……行过鹰游门对出之洋面，往北即山东日照县界，山东水师南洋汛所辖。"

清代末期，海州是北洋航路的重要口岸，在白寿彝版的《中国交通史》中有明确记载："中国沿海航路，以上海为全国航路的枢纽。上海之北，为北洋航路。上海之南，为南华航路。北洋航路，以海州、青岛、威海、烟台、天津、秦皇岛、营口、大连、安东为主要口岸。它的航线，可分为：上海烟台天津线，上海海州线、海州青岛线……"

The
biography
of
LianYunGang

连云港 传

陆上丝绸之路

第三章

今天的中国沿海,是国内最发达地区,在世界上也是发达地区之一。但在秦汉时期,从海州到明州(宁波)的海岸线上,响水、滨海、射阳、大丰、南通、上海等地区,连土地都还在海洋里,只有如东是一个露出海面的岛屿,杭州、会稽位置紧抵杭州湾。而这时的郁洲,已经是明州、会稽、健康沿海北上导航、识途、取得补给的重要标志和中继站。陆上,秦始皇已经在三川并海道与东海道的交汇点——海州立"秦东门",通过三川东海道过咸阳连接丝绸之路。连云港地区已然是中国海、陆丝路"第一程"。

陆上丝路"第一程"

郁洲是海上丝路第一程,海州可谓陆上丝路第一程。设置秦东门后,海州成为整条东西向大道的最东端,古朐港成为交通网络的重要交汇点,由此就形成了东西连接的交通网络。康居国高僧沿此路来法起寺挂锡,尹湾汉简记载了与丝绸之路有关的重要信息,陆上"第一程"演绎了多彩的丝路故事。

驰道奠定古朐县重要地位

公元前221年,秦始皇统一中国,结束了战国以来长期的战争分裂局面,建立了强大的中央集权制的封建王朝。为了便于控制广阔的疆域,秦始皇二十七年开始修筑以咸阳为中心通往全国各地的驰道。通俗地讲,"驰"就是快速行进,"驰道"就是过去的高速道路。由于驰道所采用的路线,都是按最近的距离取舍,没有什么迂回曲折的地方,所以又叫作直道。驰道以咸阳为中心向西(陇西方向)、东北(蓬莱方向)、东南(九江方向)呈扇形展开,联络黄淮长江中下游地区,通达区域"东穷燕宋,南极吴楚"。从咸阳直通朐县的三川东海道是唯一一条从秦朝首都直通东方出海口的大路,一条由西往东经洛阳、汴梁、商丘、彭城、经下邳抵朐县的驰道。驰道奠定了古海州在秦汉时代的重要区位。

驰道的形成

秦帝国驰道的形成,可以追溯到"半坡人"时期的东方干道。商末周

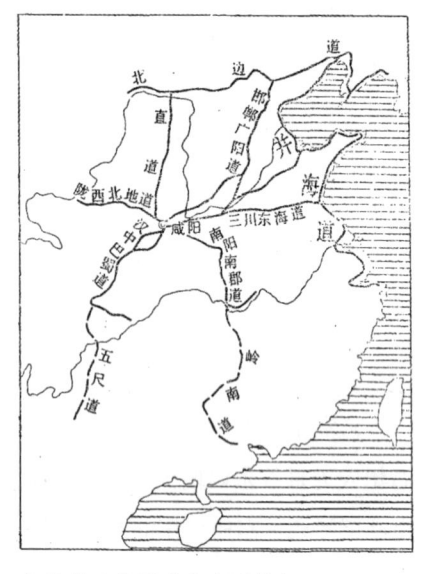

初，周武王伐纣，周公东征，都利用了东方干道。到春秋战国时期，几百年战争连绵不断，由于军事活动需要，已修建了许多道路，运送兵员、粮食、武器、装备，陆上交通网已具规模。当时韩国国都在临汾，后先迁到河南禹县，再迁到河南新郑；魏国国都在大梁；赵国国都在邯郸；齐国国都在临淄；楚国国都在郢、陈，后来迁到寿春；燕国国都在蓟。这些重要城市之间，交通网已较发达，为军事活动、生产运

秦驰道示意图（来自网络）

输、官员出巡提供方便，尤其在大梁、新郑、邯郸周围，一夜之间可以集结和输送几万部队。兵贵神速，战车、战马飞驰，没有平坦的道路是不行的，只有发达的交通网，才能迅速调动大部队作战。这些已经形成的道路，为驰道的修建奠定了基础。

驰道规模宏大。根据《秦始皇帝传》中统计的资料，当时的驰道有"秦山车道""长安至九原直道""扬越新道""韦城至长垣道""昆山至吴越道""丹徒至会稽道""丹阳道""海盐道"等。白寿彝先生称赞："路线之长，宽度之阔，取道之近，建筑之坚实侈丽，真是一个前古无匹的大工程。"这是一个以咸阳为中心的呈巨大弧形的向北面、东面、东北面和东南面辐射的帝国公路网，实行"车同轨"的制度，使得全国各地都纳入到主要服务于政治军事的交通体系之中。秦代陆路交通网的形成，不仅对于行政管理和军事控制有重要的作用，而且为后世交通道路的规划和建设，确定了大致的格局。

驰道的具体规模，据《汉书·贾山传》记载："秦为驰道于天下，东穷燕齐，南极吴楚，江湖之上，滨海之观毕至。道广五十步，三丈而树，厚

筑其外，隐以金椎，树以青松。"就是说，当时的驰道是有50步宽，王子今在《古代帝国的血脉》一文中，根据贾山的上述记述，考证秦驰道路面宽度如果为50步的具体长度，根据秦国当时的制度，1步为6尺，当时的1尺相当于今天的23.1厘米，50步就是69.3米。50步宽的路在现在也是相当宽的道路。

驰道在秦时，一般人不可以使用。司马迁在《史记·秦始皇本纪》中有这样的记载："谓于驰道外筑墙，天子于中行，外人不见。""天子道也，道若今之中道然。"汉时更成为皇帝的御道，不准别人随便行走。江充和陈庆正是按照律令办事，对行驰道中的馆陶长公主才敢"充呵问之"。当然，驰道虽具有封闭性，但不可能是全封闭式。英国剑桥大学的汉学家研究认为，驰道只是在京城附近为专用道，离京城远的地方，是可以共同使用的，如为官方邮递及运输物资使用。

对于驰道的评价，应该辩证地看。

一方面，驰道的建成，改善了交通条件，对国家的统一，郡县制的巩固，各地经济、文化的交流繁荣，起到了不可替代的作用。秦孝公时秦国实行商鞅变法，削弱封建贵族特权，奖励耕战，国力日增。到秦始皇时，得以统一六国，后来又统一文字、车轨、度量衡，设立郡县制，搞中央集权等，其历史功绩世所公认。尤其是其大一统的国家观念，是在中华文化上的重大贡献，使中华民族绵延至今，凝聚不散。其中驰道发挥特殊作用，特别是在军事方面的功能，无可替代。即使后来汉朝又恢复分封制，有些诸侯国叛乱，因交通方便，中央政府易于调兵遣将，平乱制服，没有造成新的战围分列格局，这也是得益于驰道。《史记》记周勃事，说他"从高帝击反者燕王臧荼，破之易下。所将卒，当驰道为多"。这大概就是从"当驰道"一点上，企图说明周勃在这次战役中地位之重要。这也可以反映出驰道所经，必定都是紧要之所，而驰道在交通上的意义可以想见。

另一方面，无可置疑，驰道徭役之重也是世所罕见。如"长安至九原直道"长达1800多千米，经过陇西地区，地形条件复杂，沿路有许多荒漠地带，秦始皇在位时没有完成，秦二世时继续修建。秦始皇时，全国约有

秦东门雕塑

2000余万人，而每年征召徭役200余万人，占全国人口十分之一。青壮年外出服劳役，九死一生，故造成生产凋敝，民不聊生。

海州连接海陆丝路

从朐县秦东门可以连接陆、海丝路。朐县通过东海道西至咸阳可接陆上丝路；由朐县起航，向东、向北航行连接日本、朝鲜的东洋航线，向南沿海航行至广州可接南洋航线。在这条航线上的徐闻、广州、合浦等地，已发现有多处秦汉造船遗迹以及传自西域的文物。苏北沿海地区出土的航行用的铜圭表，以及受西域影响的单峰骆驼画像石等，也是这条海上丝路的物证。三川东海道成为古代陆路丝绸之路的终点和海上丝绸之路的起点，秦始皇五次出巡，就曾通过驰道和水路三次到琅琊，两次行经今赣榆地界。驰道沟通了海陆丝绸之路的联系，也成为连云港联系陆上丝绸之路的通道，古海州成为陆上丝绸之路的起点。

秦朝驰道到了汉代，在连接关中、内陆、沿海，西出咸阳交通西域，在中外丝绸贸易中发挥着越来越大的作用。成为中外文化交流和友好交往的一条重要通道。古朐县在参与这场世界级产业贸易和文化交往中，留下了足以彪炳千古的文化遗迹。

张百川"楼连山势南徐庄,库满金钱北府雄"的诗句描述了"东海朐人"糜竺的家室之富,也从侧面证实了当时西安、咸阳与海州之间的这条通道的存在。一直到目前,这条大道在连云港市境内仍然还有许多与秦始皇有关的遗迹可寻,如"秦东门""秦帝桥""秦山岛""马趟子""下驾沟""歇马台""住驾庄""接驾庄"等。

这不仅是一条官道,还应该是一条人流、物流畅通的商业大道。多年来,在连云港市东海县浦南乡九女墩汉墓中、海州小礁山西汉霍贺墓中,以及赣榆、灌云等地的许多汉墓中出土过大批的玉器。有滑若油脂的黄玉猪,绿似菜叶的青玉璧,雕刻精美的玉剑燧、玉带勾、玉蝉、玉塞以及组合有序的漆面罩。无论是黄玉、青玉和白玉,玉质之晶润,雕造之精美,用原故宫博物院副院长、玉器专家杨伯达先生的话说,"世所罕见"。这些玉的出产地多为处在丝绸之路要冲的新疆和田。云台新华村高高顶西汉墓中发现的精美的织锦,东海温泉镇新莽时的墓葬中发现的汉代帛绣,织造之匀细,花纹之规整,刺绣之精美,染色之均匀,与发现于甘肃武威和新疆民丰两地汉墓中的平纹经锦、杯纹罗相比,毫不逊色,充分反映了汉代海州地区丝纺技术的高超水平,而且也是古朐地区和丝绸之路中商业交往的物证。

康居国高僧法起寺挂锡

从古朐港出发的徐福为日本和朝鲜带去了丰富的中原文化遗产,而他的故乡也以兼容并蓄的姿态吸收着来自中亚的文明。在孔望山上摩崖石刻中,不但有佛教、道教与世俗生活的三种画面,且有西域胡人纵马弹筝的形象,经大多数专家、学者的考察鉴定,确认这是东汉末年的艺术珍品,据说这是从西域传来,再按洛阳—彭城—朐县这条线路传播到连云港海滨,这里当然已存在着一条从中原通达沿海的陆道。

康居国是汉时西域的一个古国,位于中国阿尔泰山以西,大概位置在

宿城发现大月氏古钱币　　　　　　　　尹湾汉简，是中国最早的
　　　　　　　　　　　　　　　　　　郡级行政档案资料

　　中亚的乌兹别克斯坦、哈萨克斯坦、吉尔吉斯斯坦及土库曼斯坦等国接壤一带。这一带也是古代丝绸之路的北线西出主道之一，在该地区的肯科尔、撒马尔罕等地均已发现中国的出土丝绸，说明这里与中国内地的关系甚为密切。

　　法起寺见证了古海州与古代丝绸之路的密切关系。法起寺创建之初，西域康居国僧人在此翻译经典、弘法布道。公元前32年，一场歌舞盛宴在古朐县上演，那是康居国国王派来的献礼团，团长是康居国的王子。那些日子乐音袅袅，响彻夜空。和献礼团一起来访的还有一些安静的僧人，他们就住在宿城的法起寺，并且在法起寺翻译经典、弘法布道。在孔望山佛教摩崖造像中，有两座侍立在佛像旁的西域人的形象，应是东汉时西域人来沿海传教的标志。

　　康居国，古西域国名，位于中国阿尔泰山以西，在巴尔喀什湖和咸海之间，即古代的撒马尔罕一带。2000年前，康居国的僧侣，千里跋涉来到东海之滨传经授法，开辟了中国东南沿海最早的一块佛教净土，死后埋葬于宿城山。虽然从古代文献中查到足以证明丝绸之路与海州之间有什么直接的、明确的中西交通资料甚少，但从海州发现西域康居僧人墓来看，丝绸之路到长安后并非就停滞不前了，西方文明，包括佛教文化从长安关中地区继续向东延伸，直至到达东海岸的古城海州。

宿城虎口岭南山坡有民国宿城法起寺主持振亚的"留仙泉"的隶书补刻，右侧有两行跋："汉康僧会尊者留仙饮泉处，旧有题额，数千年字迹模糊。民国十三年甲子振亚补刻，许产芬书。"康僧会是康居国人，世居天竺，是康居国丞相的大儿子，不恋富贵，看破红尘，立志出家，当了和尚，秉承佛旨，来到中华弘传佛法，广结善缘。他不仅精通佛典，而且天文图纬，多有涉及。吴赤乌四年（241年）到中国，译有《六度集》等多部经书。他的主要活动以建康为主，但也曾在淮河一带活动，来宿城的法起寺，在此挂锡，并留下了"饮泉留仙"石刻为记，成为法起寺历史上第一位过化高僧，与云台山早期的佛教传播结下一段佛缘。

康居僧从西域到东海之滨的宿城，所走的路线可能有两条：一条是从康居出发，直接翻越阿尔泰山（或阿拉山口）进入中国的新疆，然后经河西走廊到达兰州和西安，再沿秦始皇直道向东到达古海州的云台山宿城落居。再一条是从康居出发，沿阿尔泰山北麓，经贝加尔湖南侧、翻越大兴安岭和长白山到达朝鲜，然后再由朝鲜乘船渡海来到云台山宿城。这两条路线康居僧无论走哪一条都有可能，也都证明古代海州与古代丝绸之路有着密切的关系。如走国内西线，证明海州与西部陆上的丝绸之路往来密切，而走海上东线，则海州与东部的海上丝绸之路往来密切。

西汉时期，这条交通大道接上直达地中海东岸、全长7000公里的传统的丝绸之路，从长安到朐县，途经洛阳、郑州、开封、彭城等古代重镇，沿途驿站设施齐全，是古代京都到东部海湾的最佳、最短捷径。康居国僧人灭度于此，可能是沿着这条古代陆桥往返的最早的佛教徒。

古钱币的"身世"

2015年2月，宿城当地村民在北云台山道帽顶原法起寺旧址周边采集中草药的时候，发现十余枚青铜材质的古钱币。原以为这只是年代久远的一般古钱币，经辨识考证后，发现其身世高贵，传递的信息惊人，该钱币是西域贵霜影响最大的君主迦腻色伽王时期的铜币，是古丝绸之路的重要物证。

钱币在历史研究中有特殊地位。因为钱币的制作与发行没有统治者的同意，是不可能发行的，体现的是统治者的意识，所以它提供的信息具有主体意识。年代越久，它所体现的信息价值越大。对贵霜帝国来说，尤其如此。

迦腻色伽在位期间贵霜帝国势力鼎盛，称霸中亚、南亚，国势达到了顶点，此时的钱币也体现了这个时代的特色。在铭文中，他不再使用佉卢文字，不论正面还是反面，都统一使用希腊文字，后来则以希腊字母书写的巴克特里亚语代替；在他的钱币上，迦腻色伽一世戴着贵霜皇室传统的皇冠，左手持矛，右手向身边的一个小祭坛贡献，钱币广泛地包容了其他宗教的众神：太阳神——赫里俄斯、火神——赫斐斯塔司、月亮神——塞勒涅、伊朗众神：幸运女神——阿道克狩、火神——阿施狩、动物健康守护神——鲁斯泼、智慧之神——玛诺巴格、月亮神——瑁、太阳神——弥若、繁殖之神——娜娜、主神——玛兹达、战神——奥拉诺、风神——欧多、幸运之神——发罗，等等。

贵霜帝国位置处于丝绸之路的要冲，其兴盛之时也正是丝绸之路繁荣之时。迦腻色伽在位期间贵霜帝国国内生产发展，经济繁荣，一批新的城镇和宗教中心兴起。为与安息争夺丝绸贸易之利，除大力发展通中国的海路和经大夏、大宛入中国的陆路外，又经营经康居、花拉子模，渡里海西行的新商路，使当时的贵霜不仅垄断几乎全部香料贸易，而且在丝绸贸易中也占据重要地位。因此，贵霜国和康居国之间具有紧密联系，以丝绸之路为纽带，贵霜国、康居国与中国之间也有紧密联系，他们或为贸易或为传教或为进贡示好等缘由派使者来到中国是很正常的事。但古代丝绸之路的中心是在西安，这些西域各国的使者还要继续远行来到东海之滨的海州进行传教活动，说明这种文化传播活动和连云港作为便利出海口的位置之间具有紧密联系，说明当时西安与海州之间的这条陆上通道是便捷的。

东传日本的红花

红花古称红蓝花,色泽艳红,赛过群芳,古代把它作为染料使用,也是名贵的中药,有活血化瘀的功效。红花是由中亚地区传入连云港的舶来品。李时珍《本草纲目》曾引用《博物志》云:张骞得种子于西域,今魏地亦种之。魏地即为淮河以北的黄河流域,理所当然包括海州一带。不难推测,海属地区种植红花的历史,即是海州海上丝绸之路的通达史,其间达2000多年的历史。文献记载,东晋时,生活在郁洲岛的居民曾将红花、海货、海盐作为一种远销的商品,进行边境贸易。

《南史·循吏传·王洪范》载:齐民帝建武元年(494年),王洪范被派往郁洲为侨青冀二州刺史,"先是青州资鱼盐之货,或强借百姓麦地以种红花,多与部下交易,以祈利益"。就是说海州地区种植红花始于南北朝,在1500年前海州与西域经济、文化交往频繁。红花传入日本的时间一般定在四或五世纪,在日本的飞鸟平安时代达到极盛,而这个时期也是海州种植红花的最鼎盛时期,日本《延喜式》中载有用红花染色的各种配方,民间用红花染色也极盛行,延喜年间达"红花二十斤染绢一匹",这必然要有大量的红花栽培作保证。

古海州与丝绸之路的联系远不止这些。《尹湾汉墓简牍》是国家一级文物,目前收藏于连云港市博物馆。其中木牍《兵器簿》中记载了与丝绸之路有关的重要内容:"乌孙公主诸侯使节九十三。"大意是乌孙公主作为使节带了93件兵器到乌孙。当时,汉朝使者经乌孙之南到大宛、月氏的,不绝于路。乌孙派使者献马给汉朝,并愿娶汉朝公主,两国结为兄弟。乌孙公主(公元前121—101年)是汉武帝侄子江都王刘建之女。汉武帝为联合乌孙,抗击匈奴,派她出使乌孙国。这实际上是记载古丝绸之路活动的宝贵档案。

羊窝头刻石拓片（连云港市博物馆提供）

界域刻石

  1987年，在连云港市连云区东连岛（鹰游山）东山嘴灯塔山下有一处叫羊窝头的地方，发现两块上面刻有字的大石头，被称为"羊窝头刻石"。刻面由于长期遭海水侵蚀风化，残损严重，有的字已模糊不清。两块石头上的文字风格一致，均为汉隶，且略带篆意，字径大小不一，内容连贯，为一整篇，文末无款。两石原为一体，因风化、地质等原因与母体分离后下滑并断为两块。刻石文字为竖书，总计8行40余字。释读后内容为："东海郡朐[与]琅琊郡柜口界。[朐]北界尽。因诸山山[坡]以北口柜。西直况口，口与柜分高口[为]界，东各分口无极。"1995年，羊窝头刻石公布为第四批江苏省文物保护单位。

  1998年年底，在连岛苏马湾海滨浴场沙滩南缘一块巨石上，又发现一块界域刻石，称为"苏马湾刻石"。这块刻石与1987年发现的羊窝头刻石相比，少"[朐]北界尽"一行4字，多了"始建国四年""四月朔乙卯以""使者徐州牧""治所书造"4行20字。两石除内容基本一致，书法都为带有浓郁篆意的汉隶字体，文为："东海郡朐与琅琊郡柜为界，因诸山以南属朐，水以北属柜。西直况其，朐与柜分高顶为界。东各承无极。始建国四年二月朔乙卯，以使者徐州牧治所书造。"释义为：这里是东海郡朐县

苏马湾刻石拓片（连云港市博物馆提供）

与琅琊郡柜县的交界地方，大山以南属朐县，海水以北属柜县，西边直到况其县。具体的分界点在山的最高处，东面到无限远。时间为王莽始建国四年，即公元12年。由于苏马湾刻石镌刻有明确年款和名款，解决了断代和书造者身份问题。实际上，苏马湾刻石可以看成是羊窝头刻石在年代和书造者身份方面的补充。

这一政区分界类的刻石在中国是首次发现，是中国迄今发现的较为完整的、有确切纪年的西汉晚期界域刻石，也是中国目前发现的年代最早的界域刻石。谭其骧先生在现场考察后认为，刻石的发现对研究两汉历史、地理及书法发展史有着重要的价值和意义。一方面，由于鹰游山北部当时是一片面积较大的产盐陆地，因东海郡与琅琊郡居民都来采盐，常常为争夺地盘发生械斗，故而在王莽时期，徐州牧制定了界域。说明连岛在2000多年前就是边陲重镇，历史文化底蕴深厚。另一方面，东连岛界域刻石明确地划定了东海郡和琅琊郡的海域权属，从胶州湾至柜县以东是琅琊郡的海域，从柜县以南至今灌河口以东是东海郡管辖的海域，海洋权属十分清楚，是中国最早的以石质为载体的郡级海洋权益法的蓝本。

2013年，苏马湾刻石被确定为第七批国家级重点文物保护单位。

海中大洲

云台山古名郁洲,"围亘三百里",为《山海经》中的十洲之一,郦道元《水经注·淮水》载"东北海中有大洲,谓之郁洲,《山海经》所谓'郁山在海中'者也。言是山自苍梧徙此,云山上犹有南方草木。"这个发达的"海中大洲"不仅是"海上第一程",也为"陆上第一程"提供了强有力的支撑。

经济发展

秦汉之际的郁洲已经得到了充分的开发,经济富庶,人烟稠密,是一个经济发达、贸易繁荣的海上集市。海、陆丝绸之路开通之后,郁洲的商贸经济得到了进一步的发展,据《魏书》载述,鹰游岛是南北通商的大集市,"鱼盐之货"、"红花"草药、"羽毛齿革",应有尽有。作为岛屿,郁洲繁荣的一个重要原因,是由于"无远不至"的国际贸易,包括外来的客商、朝贡的使者各色人等。

1979年,在花果山出土了西汉简牍,该简牍明确地记载了大村一带基层行政机构设置的形式,是郁洲岛组织机构设置的一个缩影。这里已经有乡、里的区划,如荣成里、西长里、宣梁里、永昌里、利成里等。在汉代,一个"里"的概念是百户,即"百户为里"。简牍中还有因私卖刀剑致死人命、触犯法律的记载。从简牍的文字中还可得知,这里市井繁荣,铺面作坊相连,酒、铁的经营也有了相当的规模,一次窖藏近2万枚的西汉初半两钱也足以说明当时的财物积余。从云台砖厂、当路及新华村附近发现的汉墓情况来看，其分布的密集程度是除海州之外汉墓最多的地方。花果山新华村半山坡上曾经出土过有龟纽印章、食俸2000石的官吏墓葬，据此测算，郁洲的人口密度已不是一般的乡里可以相比，也不是一般的经济发达区域，极有可能是一个人口高度集聚的政治中心。

海州历史上著名的富商糜竺故里就在花果山关里村，其财产大多也集中于此。糜竺"货财如山，不可算计"，"祖世货殖，资产巨亿，僮客万人"。刘备兵败，他能一次资助"二千"名"奴客"及"金银货币"。据史书记载，糜竺被徐州牧陶谦辟为别驾从事，陶谦病逝后，糜竺奉陶谦遗命，率州人去迎接刘备入徐州。后袁术来攻，刘备拒之于淮阴、盱眙等地。汉建安元年（196年），吕布乘刘备出征袁术，偷袭下邳，掳走甘夫人。刘备兵败收散卒转战广陵海西一带，军队饥饿困顿，吏士大小自相啖食。糜竺见状，迎刘备至海州。为了安慰刘备，主动提出将自己年已及笄、美艳动人的妹妹嫁给刘备做夫人。清代陈文述有诗曰："当年糜子仲，富过卓王孙。能动神明鉴，因明天地恩。西川留雅望，东海溯高门。一代君臣际，婵娟小妹婚。"

当时糜家不惜工本，大兴土木，筑院、建楼、凿井，迎刘备于糜家大院。其院楼连山势，宏伟宽大，气势森严，古树参天，令人叹为观止。并献上奴客二千及大量金银，帮助刘备招兵买马，刘备从而得以重振军威，东山再起。糜竺后随刘备入川。汉建安十九年（214年），刘备夺得益州，自称益州牧。糜竺拜为安汉将军，待之以上宾之礼，未尝有所统御，然赏赐优宠，无与为比。糜竺患病而卒后，迁葬于海州石棚山西麓，坟茔前有一块圜首碑石，此石虽为明代遗物，却是典型的汉碑风格。清康熙十四年任海州知州的陈鹏年赋诗赞曰："雍容群识上宾贤，惨淡乘时盖罕焉。奴客二千仍助国，姓名应并卧龙传。"

2008年8月，云台乡发现的丹霞汉墓是近年来连云港市发掘的规格较高的一座汉墓，而且是位于云台山地区的又一座规模较大的汉墓。该墓葬年代约相当于临沂金雀山汉墓的年代，它的发掘为研究汉代郁洲地区社会经济发展状况提供了有力证据。丹霞汉墓不仅为研究连云港地区汉墓的葬制、葬俗和文物制度，提供了十分珍贵的实物资料，而且这座墓葬所在的丹霞村西距糜竺故里只有数里之遥，从而也佐证了史书描述的糜竺"资产巨亿，僮客万人"的可能。

显然，在与大陆隔绝的郁洲岛上进行这样祖辈袭传、长期大规模的商业经营，没有海上丝绸之路的畅通是不可能的。只有包括与西域、朝鲜半岛等地的商贸活动在内的贸易交往，才能有"如山"的"货财"。人流的汇合，使南北两地的货物皆可在此集散："郁洲接边陲，民俗多与魏交市"，郁洲山的"海利盐物"常与南北双方"交阙常贡"。徙来豪强还在地方官支持下，"货鱼盐之货"，并"强借百姓麦地以种红花，多与部下交易，以祈利益"。红花是南方常用而急需的药物，郁洲山本不产红花，强令种植就是为了南北交易。官方商家还在郁洲"南陲立互市，以致南货、羽毛齿革之属，无远不至"。

历史文化

中国东部"海上大州"的郁洲，不仅经济繁荣，历史文化也十分丰厚。

历史遗存

20世纪60年代起在这里陆续发现大量的史前文化遗存，其中以朝阳遗址最为典型。

1976年至1995年间，南京博物院、连云港市博物馆的考古专家，联合对朝阳遗址进行了四次发掘。该遗址面积约1万平方米，由于被现代耕土层和各个历史时期堆积物自身的叠压，形成了6个不同历史年代的文化层。在其中的第6层（自上而下，六层下为生土）发现灰坑两处、石器5件和大量陶片。其中有石斧、石锛、砺石等，以及可辨器形的夹砂红陶釜2件、夹砂褐陶双耳罐1件、夹砂褐陶钵1件。这些文物经专家鉴定，均属于距今7400—6400年的北辛文化。北辛文化遗址展现的场景告诉我们，在中国原始社会母系氏族时期，朝阳境内，南云台山的北麓，先民们已经在这里采集狩猎、刀耕火种,创造和推动原始农业的发展。

在朝阳遗址第2个至第5个文化层,发现多处灰坑、灰堆和灰沟的遗迹,并出土大量的石器和陶器。经专家鉴定,上述文物属于龙山文化时期的历史遗存。龙山文化告诉人们,朝阳遗址的先民们,经历了两千多年的母系氏族社会,随着沿海山地早期开发的原始农业、原始畜牧业及手工业的进一步发展,男子在生产实践中已上升到主导地位,原先的母系氏族社会逐步转变为父系氏族社会。

与此同时,朝阳遗址还发现属于岳石文化年代的历史遗存,大约在夏、商期间。发现两灰坑中夹砂褐陶片、夹砂灰陶片居多,可辨器形有鬲、罐等,在公元前11世纪—公元前771年,属西周文化遗存。遗址中出土了大量文物,其中有鼎、豆、盒、壶、耳环等组成的一套陶礼品和由釜、罐、瓮、盒、勺、铲组成的一套实用陶器。经鉴定,这些器物为战国时代,其中有的是战国晚期楚式制品,说明当时郁洲属楚国控制的地区。

朝阳遗址发掘的面积虽然仅有1万平方米,却集几千年的文化遗存于一处,据此可以推测,这里应该是一个原始部落的核心区域。遗址记录了当时的郁洲居民临海而居,以捕食野兽和捞取鱼虾为生的史前生存文明轨迹。

商代,这个"人方"的部落,承受了"东渐于海"的文明影响,开发得很早,有了较为发达的原始农业。由于受商周文化的影响,东海之滨有了较早的青铜文化。

西周至春秋初,周人对降而复叛的东夷进行讨伐,几次对郁洲用兵。在郁洲岛上,不仅大村发现了西周贵族的墓葬,而且中云华盖山还发现了春秋初具有吴越文化特征的墓葬群。华盖山位于中云乡西诸曹村南,在中云诸峰中是一座不高的山,1977年年底在华盖山10—30米的山麓地带,发掘几十座春秋时期吴国墓葬,出土了一批精美的具有吴文化特征的青铜器,有鼎、盆、匜、豆等,对连云港地区先秦文化以及文献记载的吴文化北上的研究具有重要的参考价值。

云台山的大村、赣榆青墩庙及历史上属古海州的沭阳万北等处均曾发现西周早期的遗址或墓葬,但西周中期至春秋时期只有零星发现,华盖山西周末春秋初墓葬群的发掘丰富了这一历史时段的考古成果。周人对徐夷、淮夷的不断讨伐，给徐淮地区的政治、经济、文化都带来了深刻的影响。其中尤以西麓大村水库一带的龙山文化最引人注目，大村遗址不仅出土了西周时期的鬲足、豆柄，还出土了新石器时代的陶片，是一处新石器时代的遗址，说明云台山早在新石器时代就有人类定居。

文化交融

发达的交通、繁荣的经济给郁洲文化注入了多元的特点。以吴、越文化为例，如前所述，春秋时期吴、越文化相继北上，当时走的线路也是两条。一条是陆地上的水路，如吴王夫差十四年（前481年）掘邗沟，通齐鲁，"北属沂，西属齐。"是见诸文献记载的吴文化北上的信号，实际上吴文化的北上一定会比有文字记载的时间更早。越国取代吴国后，开始统治苏北、鲁南一带，吴越文化继续北上。另一条线路是习于水战的越族人，乘船过长江，沿近海海路北上移民。其后，越王勾践二十五年（前475年），"从琅琊，起观台，周七里，以望东海。"文献记载越国的势力已达包括今连云港地区云台山在内的苏北、鲁东南地区。吴、越在文化上本为一体，华盖山春秋墓葬的发现，说明古越族人带着吴文化的传统，沿近海海路到达今云台山地区后便定居下来。

吴越文化在春秋时代并不落后于中原各国，其青铜兵器制造技术更是独树一帜。史传著名的铸剑人莫邪、干将就曾为吴王阖闾造剑而史上留名，且经考古发掘的越王勾践剑保存至今，依然削铁如泥，寒光逼人。华盖山春秋青铜器为吴文化的北上保存了非常珍贵的历史记忆。到目前为止，吴文化的"遗传基因"仍存活在古海州湾人群之中，如婚俗、信仰崇拜俗、宅居俗、方言语音等方面，在今灌云、灌南、响水、滨海、沭阳等地表现尤为明显。

文化遗存

孝妇祠。位于朝阳新县的孝妇祠，又名娘娘庙，为纪念汉东海孝妇窦娥而建。关于孝妇的故事，西汉文学家刘向在其著述《说苑·贵德篇》中有较为详细记载，东汉班固在其编撰《汉书》时据此将孝妇事迹，作为正

东海孝妇祠(张晓晖 摄)

史,收录在《汉书·于定国传》中。起初,史册并未载明孝妇姓氏,至东晋时期,文学家干宝,在其著述《搜神记·东海孝妇》中,首次指明东海孝妇姓周名青,并详细叙述,渲染孝妇将死情节,以辩其冤。元代杂剧家关汉卿依据东海孝妇为原形创作了杂剧《窦娥冤》,将孝妇称为"窦娥",一时惊天动地,震撼人心。由于戏剧有着广泛的社会基础和社会影响力,孝妇窦娥逐渐成为东海孝妇的代名,后来民众把汉东海孝妇祠也称为窦娥。

兴国禅寺。在朝阳街道的狮子山下,与孝妇祠同一院内,有一座1995年移址重建的兴国禅寺。兴国禅寺的原址在今朝阳镇政府西南300米处,曾是新县小学旧址。兴国禅寺历史久远,据乾隆三十七年(1772年)问世的《云台山志》记载:"兴国寺在新县中,相传为东海县治。"道光十一年(1831年)问世的《云台新志》引《大清一统志》称兴国寺"在海州东北,巨平山北,唐元和中建。"唐朝时,日本高僧圆仁法师也曾来过这里。圆仁是日本佛教天台宗第三代座主,838年3月经高邮、山阳、涟水,月底向海州,船于高公岛登岸,祀天神地祇。后至宿城新罗人宅休息,遂与新罗僧庆元、惠益同见村长老王良。4月6日到新县城里兴国禅寺。寺里僧众见外国僧人拜访,人人高兴,忙着煎茶招待。大家在兴国寺休息,饮茶,喂驴，前后参观，膜拜诸神。后在新县城里又雇三头毛驴，离兴国寺往西去大村。日本高僧圆仁来兴国禅寺，时间虽短，但这是圆仁本人在《入唐求法巡礼记》中的亲自记载，也是中日间的一次国际宗教文化交流活动，在国际佛教活动史上也应有一席之地。

政治变迁

赣榆县治所在

秦统一中国后，推行郡县制，郁洲属琅琊郡辖下的赣榆县，郁洲为赣榆县治。《水经注》载："朐县东北海中有洲，谓之郁洲，《山海经》所谓在海中者也。"顾祖舆《读史方舆纪要》记载："汉赣榆县即郁洲也。"宋代沈括在其《梦溪笔谈》中指出："今东海县乃汉之赣榆，自属琅琊郡，非古之东海也。"国学大师钱穆也指出："赣榆为海道要港，秦末之田横，东汉之吕母避居海上皆在此邑。越王徙都琅琊也在此。"

从尹湾汉墓简牍中可以推断，赣榆县治最晚在汉成帝元延三年（前10年）搬至盐仓城，汉代崔季珪在《述初赋》中曾写道："吾夕济于郁洲，朝发兮楼台，回盼兮句榆。"这个"句榆"就是指的盐仓城的赣榆县。此时"郁洲"属朐，为盐官的驻地。

王莽始建国四年（12年）"开新莽职方之始"，分界郡国所属，苏马湾界域刻石明确昭示，郁洲岛为朐县属地，鹰游（连岛）为柜县属地。直到东汉光武帝六年（30年），并省400余县，赣榆县建置于此时裁撤，其属地划入祝其县。东汉时，赣榆县改属东海郡。东汉建初五年（80年），又恢复赣榆县建置。《后汉书·郡国志》载："赣榆条下注：本属琅琊，建初五年复"。这是赣榆归属东海郡的准确时间。这时东海郡的祝其、利成二县编制仍在，赣榆县治仍在盐仓城，此时赣榆县属境西至游水和祝其为界，南至沭河与朐县为邻。黄初六年（225年）置利成、祝其二县，复归东海郡。西晋太康元年（280年），复置赣榆县，县治又移至郁洲，在艾不城筑城，仍隶于东海郡。

《晋书·地理志》记载，晋代郁洲仍为赣榆县治，属东海郡。据《太平寰宇记》记载：（艾不城）在东海（今云台山）北二十里。相传田横避难，使艾不追横所筑。后晋移赣榆于此。北齐天宝初省，张才甫《云台补遗》载："此城在新县东山六里，石观音崖顶，垒石为城，城址尚存，土人称为土城。前有烟墩，马道相连接，向东至田横岗而止。"

李唐王朝建立，于武德四年（621年）恢复赣榆、祝其、利城等县建制，建海州总管府，领海、涟、环和东楚四州。海州领九县，今赣榆县境为怀仁、利城和祝其三县。赣榆县仍治郁洲山，由环州管辖。环州领东海、赣榆、青山、石城四县。后废环州，郁洲成立东海县，以石城、赣榆、青山三县并入。

宋代赣榆仍称怀仁县，县治移至赣马，这是第三次迁徙。建炎二年，怀仁县入于金。绍兴十一年（1141年）宋、金议和，以淮水中流为界，海、泗二州皆入于金。金大定七年，怀仁县又改称赣榆县，南宋末端平二年（1235年）复归宋。元代赣榆属海宁州，治赣马。赣马旧城即为元代所建。

东海县治所在

东海，也曾作为县名，作为县级名称始于刘宋泰始七年（471年）。《宋书·地理志》记载："侨立青冀二州于赣榆，又立东海县，属东海郡。"初设东海县的县治在今云台山的南城，这里第一次成为东海县县治所在。北齐分广饶置东海县，隋仁寿元年（601年）又改广饶为东海县，属海州。

隋唐宋时期的东海县仍设置于云台山，属海州管辖。唐初，郁洲岛置环州，设四县：东海、青山、石城、赣榆。后废环州，撤青山、石城、赣榆三县之建置，保留东海县，从此开始，东海县才有整个郁洲岛的辖境。

萧齐时，侨置的北海、海西二郡郡治也设于郁洲，并在岛上建都昌、广饶、赣榆诸县，和东魏占领后的朐县隔海相峙。延昌二年（513年）二月，郁洲民徐玄风等斩青、冀二州刺史张稷之首，举岛内附。魏敕命刘子业置青州，东魏武定七年（549年）改青州为海州。

隋炀帝二年（606年），海州改为东海郡，治朐山。郁洲设东海县。

唐武德元年（618年）又改东海郡为海州，属河南道。武德四年（621

年）又置海州总管府，领海、涟、环、东楚四州，郁洲改为环州，并为东海县治所在。

宋金时期、郁洲仍设东海县，属海州。

元统一全国后，设省。元世祖忽必烈十五年（1278年）海州升为海州路总管府，后又改为海宁州，郁洲归朐山县管辖。

明代，改海宁州为海州，属淮安府。郁洲改称云台山，归属海州。明初洪武年间，为防止倭寇骚扰和实行屯田政策，施行海禁"片帆不许下海"，迁岛上居民于临沂、费县、莒南诸县。

清顺治十八年（1662年）"裁海"，云台山弃置，康熙十六年（1678年）"复海"，并于康熙二十二年（1684年）设榷关于云台山。关栅处处，地理位置十分重要。雍正二年（1724年）升直隶州。康熙五十年（1712年）后，由于海涨沙淤，云台山始和陆地相连。1912年，归属江苏省徐海道。民国元年，裁海州，析为东海、灌云二地，云台山划归灌云。

北方州郡在南朝侨置中心所在

南北朝是中国一个分裂的朝代，分为南朝和北朝。南朝依次是刘宋、萧齐、萧梁、南陈；北朝是北魏、东魏、西魏、北齐、北周。南北朝时期的郁洲岛，建置十分复杂。

刘宋泰始三年（467年），北魏拓跋氏的军队南侵，徐淮守将张永、沈攸兵败退走，薛安都被逼降魏。而北方的青、冀二州也相继失守，尽为拓跋氏所有。自宋明帝失淮北，南北政权对立，世家大族纷纷举族南迁，青、冀等州郡遗民南下，高级吏僚避难建康，因为郁洲与朐山县隔海相望，为南朝的海外乐土，名门望族多在郁洲亡命安身，郁洲岛成为北方豪强士家大族的避难之地。南朝政权为了安置流民，鼓励豪强武装抗击北朝，收复失土，因而郁洲岛上侨置政权，一时间成为侨置政府的密集地区。

立赣榆县于郁洲，从泰始六年（470年）在郁洲始设青、冀二州侨置政府，成为郁洲岛流亡政权机关的"龙头老大"，治赣榆。"太宗初，索虏南侵，青、冀、徐、兖及豫州淮西，并皆不宁。于是青、冀二州治赣榆之县。"赣榆县原属东海郡，归属侨置的青、冀二州辖制。冀州实际是虚设，并无侨立郡县。青州虽是侨立，80年间，宋、齐，梁三朝青州治下先后就有东海郡、海西郡、齐郡、北海郡、东莞郡、琅琊郡、东彭城郡、南彭城郡之设，以及郡下再侨立十余个县。这在中国政区史上可以说是创造了连云港历史上的一个"中国之最"。虽然郡县十无八九，但却有名称存在。

宋明帝曾将徐州侨立于钟离，泰豫元年（472年）移治于朐山，元徽元年（473年）还治于钟离。又从赣榆县属地中分割出一块土地新建一个郁县，同时建立一个北海郡，郡治就设在郁县。郁洲之地成了南朝青、冀二州的侨置郡县所在，成了北方州郡在南朝的侨置中心之一。

为了便于统治，开青、冀二州共一刺史的先河。刺史刘善明驻守郁洲，垒石为城，带兵十万，把郁洲建成海上城堡。泰始七年（471年），又首设东海县，州治南城，归属东海郡，这是本土的政权机构。南城作为一个重要的海港得到了开发建设，成为郁洲和建康交往的枢纽，并开辟了定期来往于郁洲和建康的航线。海峡以南的朐山县，先属北魏后隶东魏，再属北齐。东魏武定七年（549年）郁洲和朐县终于统一，归属东魏政权，结束了长期的南北分裂的局面。

从公元470年到公元549年的近80年时间里，郁洲岛经历了南朝宋、齐、梁和北魏四个中央政权的更迭，虽建置无常，却形成了和朐山北魏政权隔海而"一国两制"的政治局面。恬风渡海峡成为两个政权鼎立的分界线，也是海上屏障，使宋，齐、梁、陈四朝得以偏安一隅。

政权频繁更迭80年，郁洲岛也进入了历史上一个短暂的而又辉煌的发展时期，成为人文荟萃之地。

东海郡郡治所在

东海郡郡治有过5次迁徙，郁洲曾经为东海郡郡治所在，时间长达137年。

公元前221年设薛郡，后改为郯，秦始皇三十五年（前212年）分郯郡东部为东海郡，设郡治于郯。东汉赣榆由琅琊郡划属东海郡，东晋东海郡侨置在曲阿（今丹徒），为东海郡首次迁徙。东晋穆帝永和中期（350年）东海郡又移驻于京口（镇江）；文帝元嘉七年（430年），立南徐州，东海郡降为下州，归属南徐州，郡治又移驻丹徒；泰始六年（470年），侨置青、冀二州于云台山，在镇江侨置的东海郡迁回郁洲，仍是侨置政府。这是东海郡治第四次迁徙，也是首次迁住郁洲。

南齐建元四年（482年），侨置郁洲的青州移治朐山，不久因战争形势紧张又移回郁洲南城。青州领三郡：东海、琅郡、北海郡。一州虽然有三郡，但只领四个县。

东魏武定七年（549年），首设海州，领六郡十九县。东海郡治仍设在郁洲，领安流、广饶、下密、赣榆四县。四县实地都在郁洲岛上。

隋朝建国之后，改朐山郡为海州。大业三年（607年）又改海州为东海郡，郡治从郁洲移到海州。领东海、朐山、涟水、沭阳、怀仁五县，这是东海郡第五次迁徙。

唐武德元年（618年）改东海郡为海州，到天宝元年（742年）又改海州为东海郡，乾元元年（758年）又复称海州。

五代十国时期，海州先入后唐后入吴。海州先为东海郡。后唐（907—936年）改东海郡为海州。五代后晋后汉（937—950年）时海州又属十国中的南唐。

从宋代开始到清末再也未有郡一级建置。从西汉到唐，东海郡这一建置延续约千年之久。由始治于郯城到侨立于镇江、丹徒，又移治于郁洲，再移置于海州，五易郡治。由实土建郡到侨置再回到实土，今日为郡，明日为州，沿革复杂，迁徙无常。特别是从东晋开始到东魏，由于南北纷争，政权常易。侨置表面看起来是为了疆土完整，政权有固，然而这种沿革有序，建置无常的变迁，成为千年间海州、郁洲历史风云变幻的缩影。

徐福东渡与海陆丝路

研究徐福东渡必然要涉及徐福如何渡海到达日本的一系列问题。长期以来人们更多的是关注海上交通问题,对当时的海上交通研究较多,而对徐福东渡与陆上丝绸之路、与驰道的联系关注不够。实际上,陆上交通对于徐福东渡也极为重要。徐福东渡前大量准备工作是在陆上进行的:秦始皇先后五次出巡,三次到琅琊,徐福在琅琊上书,大都是在陆地上进行的;征集童男童女、百工和弓箭手,准备物资,制造船只,也离不开陆上交通。徐福东渡成功是海陆丝绸之路融合的一个典范。

海陆丝路融合的典范

秦始皇利用驰道乘车出巡到齐,在琅琊居住了3个月,相传此时徐福在琅琊。后来,秦始皇车驾南巡到浙江会稽山,祭大禹陵,"还过吴",经过现在的苏州返回,当时的会稽郡首府在吴(今苏州)。"从江乘渡",从丹阳渡江北上。徐福东渡的计划得到秦始皇批准后,需要几年的具体准备工作,包括造船或调集船只,征集和培训童男童女,征召百工、弓箭手,聚集各种航海、生活物资等。

按秦时的生产力水平,不可能在某一个地方全部解决所需大量的人员和物资,必定要从各地调集,所以陆上交通中一定不会离开驰道。如培训童男童女的千童城在河北盐山,造船、集船起航地在江苏、山东、浙江一些港口,从北到南长达数千里。这些地方至今还留下许多与此有关的民间传说，就是说，这些地方或多或少为徐福东渡出过人、出过物、出过力，这些地方，也都曾经是驰道所经之地，或者是紧靠驰道之地。徐福东渡不是一次成功，驰道在徐福东渡中起了南北沟通的作用。

秦代已通行的结成全国交通道路网大纲的交通干线，有由关中东至连云港海滨的三川东海道、关中经武关东南通往汉江流域的南阳南郡道、联系华北平原的邯郸广阳道、关中通向西北的陇西北地道、南逾秦岭通向西南的汉中巴蜀道、咸阳向正北连接九原的直道、与长城并行的北边道以及南北贯通沿海地区的三川并海道等。

三川东海道上的函谷关是进出关中的门户，荥阳是控制关东的要塞，彭城是连接魏、楚、齐间的要冲。朐县是秦东门，是连接三川东海道与并海道的节点。田横"与其徒属五百余人入海居岛中"，《史记正义》载"海州东海县有岛山，去岸八十里"，其后"乘传诣雒阳"，至尸乡厩置自刭，当由这条道路西行。经这条道路的最东段，联彭城、朐县，使并海道与内地交通网得以沟通。

秦汉时代的并海道沿海岸贯通南北，与咸阳、长安并不直接连通，不可以强行归入自关中向外辐射或向东作折扇形展开的格局之中，然而朐县作为连接三川东海道与并海道的节点，通过朐县的联结，使并海道成为一条与咸阳、长安紧密相连，具有重要作用的交通大道，对于当时大一统帝国各地区经济往来和文化交流的效能尤其显著，而对于保证政令通达，实现专制统治的意义亦不可忽视。

东亚海上丝路航线

徐福东渡并不是一个偶然事件，在秦汉时期亚洲的地图上，如果以东海郡朐县（连云港）为原点，已经可以标出一条从印度、缅甸、越南、中国南部沿海至连云港的海上丝路，并可基于徐福东渡成功的线路和连云港地区到日本、韩国的古代海上交往，把这条海上丝路的终点从连云港伸向朝鲜和日本列岛。

参阅李洪甫教授的研究，可以清晰地勾画出公元3世纪前后三条从西域到朝鲜、日本的"丝绸之路"。

第一条：斯里兰卡（已不程国）→印度（黄支）→巴基斯坦→撒马尔罕（康居）→敦煌→长安→洛阳→莞城→彭城→朐县→鹰游门→大珠山→韩国→日本。这条路与传统的陆上丝绸之路相连接，向西一直可达地中海的东岸。它就是今天新亚欧大陆桥的前身。

第二条：斯里兰卡（已不程国）→印度（黄支）→缅甸（夫甘卢国、堪离国、邑卢没国）→新加坡→越南（象林、九真郡、交趾那）→合浦（合浦郡）→广州→长沙→南阳→洛阳，从洛阳接前述的第一条路到达鹰游门东渡朝鲜和日本。这条线路《汉书·地理志》已经明载。

第三条：由印度、缅甸经广川（南海郡）沿中国东南沿海北上（有时从长江口入内河，经扬州、楚州、涟水）至东海郡朐县，达鹰游门经大珠山等渡海口去朝鲜和日本。这条线路，是佛教海上传入的线路；海州西汉墓中发现的以玳瑁的背壳精制的角质梳篦明显是南海的产物，为这条线路提供了实物佐证。

The
biography
of
LianYunGang

连云港 传

第四章 海陆丝路发展的鼎盛时期

当世界最好的产品——丝、瓷、茶从作为财富、权力和品位的象征进入市场后，以锐不可当之势激发了海外市场对之的追求。唐天宝十载（751年）时的上海还刚刚是吴郡太守奏准设立的华亭县的时候，海州已经成为大唐帝国与新罗、日本间交往的重要口岸，成为当时繁忙的海上运输线中陶瓷之路、茶叶之路不可或缺的重要一环。"丝绸茶叶陶瓷翠，商贾僧人行旅偕"，也是作为海上丝绸之路多条航线中的"黄海北路"的海州唐宋时丝路发展达于鼎盛时期的真实写照。

陶瓷之路

唐宋以来，中国出口商品有丝织品、陶瓷，还有铁制品、宝剑、马鞍、貂皮、麝香、沉香、肉桂、高良姜等。其中，中国瓷器在海外广受欢迎，销售量巨大，宋代以后一直都是中国主要外销产品。所以，日本著名金史女真史学家、陶瓷学家三上次男因而将海上航线称为"陶瓷之路"。

陶瓷走向世界

海上丝绸之路是古代旧大陆各国人民物质交流的友好通途。唐以前，丝绸和黄金是中国对海外的主要出口产品，即所谓"赍黄金杂缯而往"。中国丝绸的精美质量和昂贵价格使西方许多人求而不易得。经过多年的努力，东罗马帝国才终于弄明白丝绸生产的过程，使丝织业在其境内发展起来。唐代丝织品是政府物产税收的主要来源之一，为保证国库收入，唐德宗建中元年，曾禁以诸锦绸（丝织品和毛织品）、绫罗、口绣、织成细绸、丝布与"诸番互市"。这里的诸番，主要是指当时的新罗、渤海、契丹。

陶瓷是唐代新崛起的出口产品，从8世纪末开始，中国陶瓷开始向外输出。瓷器是中华文明的一个耀眼符号，在英文中，"china"代表瓷器，也代表中国。在欧洲，瓷器散发出来的光泽代表东方的优雅，欧洲人拥有瓷器则是财富与身份的象征。

瓷器与丝绸不同，笨重易碎，适宜于船运，很快成为中国的主要出口商品。当时河北邢台邢州窑、浙江绍兴越州窑、浙江金华婺州窑、安徽寿县寿州窑、湖南岳阳岳州窑、湖南常德鼎州窑等出产的瓷器都非常出名。1985年，广东渔民在珠江口珠海荷包岛海域打捞到瓷器21件，经考证确认是唐代广东所产瓷器。在海南岛东部陵水县海滩，也曾发现不少广东青瓷碗，多为10个一捆堆放。在西沙群岛附近海域，发现过唐代广东青釉罐。这些瓷器都是大小相套，显然是为了方便装船运输。经晚唐五代到宋初，陶瓷对外输出达到了一个高潮。输出的地区与国别有：东北亚的朝鲜与日本，东南亚的新加坡、泰国、马来西亚、印度尼西亚、菲律宾，南亚的斯里兰卡、巴基斯坦和印度，西亚的伊朗、伊拉克、沙特阿拉伯、阿曼，北非的埃及，东非的肯尼亚和坦桑尼亚等国。

在唐代中外海路所及的许多地方，都有唐瓷出土。在埃及开罗南郊的福斯塔特，发现大量陶瓷碎片，种类有唐三彩、邢州白瓷、越州黄褐釉瓷、长沙窑瓷器等；在伊朗内沙布尔遗址，发掘出9世纪后半叶至10世纪前半叶唐朝邢窑、长沙窑、越州窑产品；在巴基斯坦卡拉奇斑波尔遗址，发掘出晚唐越窑瓷器和长沙窑黄褐釉带绿彩花草纹碗残片；在伊拉克萨马腊遗址，出土过唐代瓷器残片；在加里曼丹岛北部，也有9—10世纪的越窑产品出土。

黄海北路

"黄海北路"又被称为"陶瓷之路"，这条线路是将陶瓷从扬州经运河运至淮安，再经过海州等地中转，最后到达日本列岛和朝鲜半岛。扬州是当时中国最大的陶瓷集散中心，是这条"陶瓷之路"的源头，来自全国不同窑口的陶瓷产品在此集散，运往他地（或直销海外），而海州则是丝绸之路"黄海北路"的一个重要枢纽。

由于文献资料碎片化的缘故，到目前为止还未见到开元前唐朝把海州作为远行商船或使臣官出海口的记录，但事实上海州已具有开放口岸的客观条件。一方面，郁洲自身就是海中大岛，海州濒临大海，知水性、会驾船的水手、舵师是这里的天然人才优势；另一方面，由于当时航海的技术条件的限制，新罗、日本等海东诸国入唐的船只，常常不能如愿到达事先选定的目的地，海州在地理位置上也自然成为外来番船的停靠港。

海州港的规模具体有多大？到目前为止还未见到直接的文字记载，但唐朝李邕任海州刺史时，《太平广记》卷243李邕条引牛肃撰《纪闻》中有相关的记载："唐江夏李邕之为海州也，日本国使至海州，凡五百人，载国信，有十船，珍货数百万……敕下邕，令造船十艘，善水者五百人，送日本使至其国。邕既具舟及水工，使者未发。水工辞邕，邕曰：'日本路遥，海中风浪，安能却返，前路任汝便宜从事。'送人喜。"

文中提供了两条与海州港有关、并对海州港的定性有重大影响的史实：一是关于海州口岸。在开元年间，海州已经是海外诸国入华番船的接待口岸，有停靠十船以上的港口，有接待数百人的客馆，可见这是一个设施配套、规模宏大的对外开放口岸，是海上丝路的重要港口。二是关于海州港口功能。在唐朝鼎盛的开元年间，海州不仅是一个开放口岸，还是一个造船基地，可以制造供外国正式使臣乘坐的大船，并可派出数百名水手，将外国使团从海州送出中国。

天下名瓷集海州

1987年，在连云港海州电厂的扩建工地下出土大量墓葬瓷器，地下的磁片堆积丰厚，俯首可拾，这些瓷片包括长沙窑、越窑、景德镇瓷器、邢窑、白窑等瓷器。

在上述出土的瓷器中，还出土了长沙窑，这个发现有重大意义。

长沙窑址在长沙郊外瓦渣坪，故又称瓦渣坪窑，其窑系的产品有釉下彩绘和釉下彩饰、褐斑花、白釉绿彩三大特点。长沙窑的典型器物在唐代属于"出口产品"，是外销瓷，不内销，因而即使在长沙窑产地瓦渣坪及湖南本省也很少出土，较少发现。1960年以前，湖南省博物馆在长沙市发掘了唐墓500余座，五代墓300余座，很少见到有长沙窑的典型器物。1960年以后湖南已公开发表的86座唐、五代墓中，出土器物425件，其中属于

唐、宋、元陶瓷（连云港市博物馆提供）

或相似于长沙窑系瓷器116件，仍不见长沙窑的典型器物。1979年以来，长沙市文物工作队在长沙市发掘了约300座唐、五代墓，没有出土一件长沙窑典型器。而海州出土的长沙窑器，如釉下彩绘壶、褐斑贴花壶、釉下蓝褐点彩双耳缸、白釉绿彩壶和釉下点彩水盂等和长沙窑外销瓷属于同类产品。研究长沙窑瓷外销的许多专家断言：长沙窑器"除开窑址，扬州、宁波有较多出土外，其他各地均少见。"而海州长沙窑器的发现正弥补了海上陶瓷之路的空白点，从而论证了故宫博物院陶瓷专家李知宴在其《论越窑和铜官窑瓷器的开展与外销》文中所提出的论点："登州、海州、扬州、明州等成为沟通日本和新罗的重要港口。"

浙江越窑青瓷的出口，许多研究文章认为起销于中唐晚期，大量行销应在晚唐、五代和北宋时期，并认为抵达朝鲜、日本的越窑青瓷，"东亚航线"即从明州直通朝鲜和日本。而根据已知的材料，越窑青瓷外销的历史可上溯至两晋。在朝鲜已知有六件越窑青瓷，这些越窑青瓷是1969年从韩国忠清南道天原郡出土的青瓷天鸡壶等。而连云港市在云台山也出土了越窑青瓷，包括天鸡壶、黑釉天鸡壶等瓷器，这说明早在六朝两晋时期即已存在着一条从建康至云台山的海上运输线。海州越窑瓷的发现还说明唐代青瓷外销贸易口岸不仅是明州一地，海州亦是。

浙江龙泉青瓷出口的情况亦如此。北宋后期，金兵南下，原朝廷的经济中心中原地区遭到很大破坏，北方名窑相继停产。宋金对峙时期，浙江成为全国的政治、经济中心。随着瓯、越、婺三大窑的日渐衰落，龙泉窑成为南方瓷器的生产中心，也是出口瓷器中的重要类别，至元代达到高峰。在上述海州电厂采集的宋代龙泉三足炉是龙泉瓷中的上乘佳品，俗称"梅子青"，釉色厚润。在海州宋代墓葬中出土较多的龙泉瓷为莲瓣纹碗、洗和高足杯，这些器物是宋代主要出口产品的同类。叶文程、芮国耀先生对输出龙泉青瓷的港口和航路作了如下结论："中日之间的航道是从宁波出发，经中国东海岸，然后北至山东，横过渤海，沿着朝鲜西海岸，最后抵达长州。"这里的"东海岸"即指江苏海岸的海州和楚州。

唐宋时期输入日本的越窑器，不仅发现了许多完整器和大量的碎片，而且有相对的年代可考。如福冈县筑紫郡太宰府发现的晚唐青瓷盂、奈良平城京出土的青瓷器耳壶，京都市后京区御室仁和寺园堂遗址出土的青瓷盒，宁治市大番御藏山西麓发现的青瓷壶等，经考证为北宋初年输入。在日本发现的长沙铜官窑器，主要是在福冈县太宰府遗址、筑紫野市大门遗址、奈良县平城宫遗址及药师寺出土。其中的水注和海州电厂采集的形制完全一样。日本出土的龙泉青瓷，从出土的器型和釉色、花纹分析，以北宋和南宋为多，器型以盘碗为多。福冈今津古墓和镰仓大町衣张古墓出土的莲瓣纹碗、广岛等地出土的篦纹划花碗、"金玉满堂"铭款及双鱼洗，在连云港市时有发现。

北宋景德镇窑烧制的"青如天、明如镜、薄如纸、声如磬"青白瓷（亦称影青瓷）也是远销朝鲜、日本的瓷类。海州大量出土的北宋墓中影青瓷、高足盏、葵瓣碗、瓷盒等器物，其瓷质的精美，造型的别致，即使在景德镇也较少发现。

宋代陶瓷输入海州的品种十分丰富，中国陶瓷在海州地区的大量发现，从另一个方面也说明海州是"陶瓷之路"中重要的输出口岸之一。据朝鲜金庠基《丽宋贸易小考》一书中的统计，高丽遣宋使57次，来板桥镇的高丽商贾、僧侣、水手等不下10万人，是继唐代与新罗商贸文化交流之后的又一次高潮。国内主要是海州、莱州、登州沿海地区的从事商业贸易的船只。

在日本三上次男所著《陶瓷之道》一书中，以及中国著名陶瓷鉴定专家冯先铭教授所著《中国古陶瓷论文集》《中国古陶瓷文献集释》等论著中，都提出浙江越窑青瓷和湖南长沙铜官窑瓷器的外销主要是海路。从国内考古材料看，北方陆路交通线上几乎没有发现铜官窑器，说明输入的路线主要从扬州通过运河至海州口岸，从海路出口。中华人民共和国成立后，海州地区曾出土大量的越窑器和铜官窑三耳水注、瓜体形贴花水注、釉下绿彩水盂，与日本奈良、福冈、太宰府及朝庆州发现的三耳水注形制完全一样，从而进一步证实了专家们所提出的越窑和铜官窑瓷器外销的海上路线。

可见，唐宋元时期中国对外交往海路基本上有三条：各地瓷器汇集明州（宁波）东渡日本、朝鲜半岛；陶瓷商品集泉州、广州出海西南行经南海达越南、柬埔寨、泰国、马来半岛、印度尼西亚再经马六甲海峡至缅甸、孟加拉、印度；瓷器汇集扬州通过运河经楚州（淮安）由海州入海北上，经密州、交州、登州（烟台）、莱州沿海岸航行至高丽与日本，此条线路称东海北路（黄海）。如果说隋唐以前海州还只是分别在陆、海丝绸之路中充当一般角色发挥作用，那么到了隋唐、唐宋时期，"天下名瓷集海州"，海州地区成为东西交流、辐射南北的枢纽、"交汇点"。

茶叶丝路

中国是茶的故乡，是世界上最早发现、栽培、利用茶叶的国家。现在茶已经在全世界 50 多个国家扎根，茶叶已经成为风靡世界的三大无酒精饮料之一。茶叶是古丝绸之路三大主体交易商品之一，甚至比丝绸更有生命力。古海州在茶叶丝绸之路中，占有重要一席。

全国最大茶叶市场之一

海州物产丰富，其中"山海之利，以盐茶为大宗。"唐宋时期，海州是重要的茶叶集散地，是全国最大的茶叶市场之一，即当时茶叶的六榷货务之一："总为岁课，江南千二十七万余斤，两浙、福建三十九万三千余斤，皆转输要会之地，曰江陵府，曰真州，曰海州，曰汉阳军，曰无为军，曰蕲口，为六榷货务。"

榷，本义为独木桥，引申为专利、专卖、垄断。《史记·五宗世家》："韦昭曰……榷者，禁他家，独王家得为之。"榷茶始于唐代，实际成制于宋代，是中国唐代以后各代所实行的一种茶叶专卖制度。

唐王朝时，茶叶生产大发展，物资丰富，商人经营茶叶可以致富，而这时国家又出现了财政危机，因而宰相赵赞建议效法禁榷制度，税天下茶，十取其一。《旧唐书·穆宗本纪》载，长庆元年（821 年），"加茶榷，旧额百文，更加五十文"。表明此时中国某些地区或已开始榷茶。文宗太和九年（835 年）十月，王涯为相，极言"榷茶之利"，乃置榷茶使，征购民间茶园，规定茶的生产贸易，全部由官府经营。《旧唐书·穆宗本纪》记载："(太和九年十月乙亥)，王涯献榷茶之利，乃以涯为榷茶使，茶之有榷，自涯始也。"

根据《文献通考·征榷考》提供的资料，榷茶作为一种比较固定的制度，始行于宋代初年。宋王朝曾专门为茶叶生产管理发布过诏书："广南茶听民自卖买，禁其出境，余悉榷，犯者有刑。在淮南，则蕲、黄、庐、舒、寿、光六州，官自为场，置吏总之。"茶叶的官营完全垄断了茶叶的生产和销售。

乾德二年（964年）"令京师、建安、汉阳、蕲口并置场榷茶，"开宋代榷茶之始。榷制规定，园户生产茶叶，先向山场领取"本钱"，采制以后，除交纳租税和本钱的茶叶外，余额也全部交售给山场。商人买茶，先向榷货务交付金帛，然后凭证到榷货务或指定的山场兑取茶叶。

乾德三年，又以苏晓为淮南转运使，"榷蕲、黄、舒、庐、寿五州茶，置十四场，笼其利，岁入百余万缗。"宋朝开始设立的这些榷货务和山场，经不断调整变化，至太平兴国年间，形成相对稳定的六务十三场。海州成为这六个榷货务之一。

宋代海州既是六大榷场之一，也是全国生产茶叶的十三场之一。全国每年总税课茶叶865万余斤，取其平均值，海州场一年茶叶的集散数量即达66万余斤。"茶之利甚博，商贾转致于西北，利尝至数倍，"为宋王朝茶马交易和海外交往提供了丰厚的物资来源。《金史·食货志》有金章宗承安四年（1199年）三月于海州"置一坊造新茶"的记载。

著名的贡品

茶叶也是当时海州最著名的贡品，海州茶以其优异的品质享誉朝野，作为贡茶，"海州茶一两不能少"。从《宋史·食货志》的记载中得知，许多达官贵人每得到一点海州茶都如获至宝，秘不示人，倍加珍惜，而且价格高于其他地方："海州为榷茶之所，景德二年诏：茶商须海州茶者入见缗五十、五千，后增至数万。时海州茶善而易售，商人愿之，故入钱之数厚于他州"。宋沈括《本朝茶法》载："海州祖额钱三十万八千七百三贯六百七十六文，受纳睦、湖、杭、越、衢、温、婺、台、常、饶、歙州片，散茶共四十二万四千五百九十斤"。"须海州茶者，纳实物直五十二千"，"河北次边，河东沿边次边，皆不得射海州茶"，对旧交引则在"差定分数，折纳入官"，商人在"京师纳钱八万，即支给价值十万的海州或江陵府茶，入七万四千，给十万价值的其他榷货务或十三山场茶"。

元明时期，海州茶、桑之类的经济作物与稻、麦等粮食作物都有很大的发展。明顾乾《云台山志》记载悟正庵"在宿城山顶，多茶树，东海茶以此地为最，风味不减武彝。"《云台新志》载："出宿城山，形味似武夷小品。性克削，以悟正庵者为最。"李心传《建炎以来朝野杂记》"天下分六榷，而海州居其一"，"海州产茶之山以云台为最"，明代海州茶"以云台为最"。由此可见，明朝海州产茶地不止云台一处，茶叶品种也不仅是云雾茶一种。一时间"洛阳纸贵"，海州茶贵，有文人将其影响与白居易《琵琶行》里"商人重利轻别离，前月浮梁买茶去"的浮梁景德镇媲美（1949年以前景德镇归浮梁县管辖）。清太子太保、两江总督陶澍在整肃海州盐政之余，曾坐在花果山三元宫的屏竹禅院中品评云雾名茶时即兴赋联："云水漫匆匆，半日闲谈僧院竹；海山还沥沥，一庵同吃赵州茶。"

茶叶外销重要口岸

海州作为重要的茶叶集散地，其辐射范围至少达到现在的长江以北，京广铁路以东，黄河以南的广大地区，仅从当时全国六个榷货务而海州就占其一来看，宋代海州茶的影响已经很大。海州茶叶的内销，主要通过官河，由新坝至淮浦转扬州，运销全国各地。

中国古代茶叶外销史虽源远流长，但至唐代中期才得到发展，海外贸易主要沿海去密州、胶州，进行海贩贸易。连云港茶叶在唐代就已经"从陶庵到风门口，十里茶山"，不仅生产规模大，而且在国际交往中发挥积极作用。

公元9世纪,日本高僧圆仁入唐求法经郁洲,从宿城登岸,经朝阳兴国寺,至南城,再到海州龙洞庵探访,后拜访府衙。所到之处,求法问佛,品茶听经。在《入唐求法巡礼行记》一书中,不仅记述了历尽劫波随日本第九次遣唐使团来大唐求法的过程,还多次记述在大唐学习茶礼的情景,其中,仅佛门茶事就达30多处,为后来日本茶道的兴盛奠定了良好的基础。

荣西是日本高僧,也非常热爱中国茶文化。宋乾道四年(1168年)、淳熙十四年(1178年)曾两次到中国学佛,日本禅宗虽早于奈良时代即开始流传,但并不兴盛,真正独立成宗,首推荣西所开创的临济宗,影响也最大。荣西自宋归国后即全力倡弘禅法,在他不断推展下,禅宗呈现朝气蓬勃的景象,其后又陆续有宋、元高僧来到日本,使临济宗愈发兴旺,故荣西禅师被尊为日本临济禅门祖师。荣西从中国回国时还带去了中国的茶籽和茶文化。日本虽早在奈良时期已将茶引入,但没有广泛推广。由于荣西由宋携回茶种,种植于筑前背振山及博多圣福寺,又赠送高辨三粒种子栽植于母尾,不久分植于宇治,为宇治茶园之始,渐渐地使茶更广泛种植,荣西因此又被尊为日本的"茶祖"。

荣西晚年撰写的最后一部著作《吃茶养身记》,也是日本的第一部茶书。"茶祖"荣西在书中提出:"茶也养生之仙药也,延龄之妙术也。山谷生之,则其地神灵也;人伦采之,其人长命也。天竺、唐土同贵重之,我朝日本曾嗜爱矣。古今奇特仙药也,不可不摘乎。"宋朝时期禅法已甚流行,而茶具有遣困、消食、快意等功效,故禅林逐渐有吃茶的风气。吃茶的礼仪、行法更成为禅门中重要的一环,于是有"茶禅一味"的说法。荣西不仅将宋朝禅院的茶风引进日本,著书立说,归国后还首度于镰仓寿福寺、博多圣福寺、京都建仁寺等寺院,设立每日修行中吃茶的风习。

新罗时代,朝鲜全面输入中国茶文化,饮茶由上层社会、僧侣、文士向民间传播、发展,并开始种茶制茶。步入高丽时代后,茶文化进入兴盛时期,茶礼形成,从中仍可窥见中国宋代茶文化的影响。

海州不仅是当时茶叶的六榷货务之一，也是六榷货务中唯一对海外贸易的出海口岸，与日本、朝鲜茶文化的发展息息相关。据汉史记载，公元前86年至前74年，茶叶便随着中国文化输入日本。北宋之所以把海州设为榷货务，与海州作为重要的茶叶、瓷器出海口岸有关，它极大地方便了茶叶和瓷器向海外尤其是日本、朝鲜及远东地区的输出。《宋史·食货志》载，新罗的饮茶风习兴起于7世纪初，海州当为新罗贩运茶叶的重要市场。前述考古中发现的大量的宋代越窑青瓷盏，邢窑白瓷盏，寿州窑的黄釉茶碗，长沙窑的茶瓶，景德镇的影青茶瓶、执壶、瓷盏等，不仅是宋代海州茶市繁荣的真实见证，也见证了与新罗茶文化的关系。

文化之路

海州北通山东半岛，南连楚扬运河，东临大海，西接古丝绸之路，与当时位于朝鲜半岛南部的新罗及日本隔海相望。优越的地理位置，决定了海州在唐与新罗、日本交往中的地位，在通过海上丝绸之路把唐朝文化输送到新罗、日本的过程中，扮演了十分重要的角色。

中日文化交流

日本遣唐使

唐代中日交往十分频繁，就如《宋书》所描述的那样："舟舶继路，商使交属。"海州在这条航线中占一定的地位。

日本自7世纪初就开始兴起一股向中国学习的"狂热"。日本皇朝曾先后派出15次遣唐使及许多学问僧和留学生来中国。炀帝大业三年（607年），圣德太子派遣小野妹子率领数十名僧侣前往隋朝，求取佛法，一般认为是遣隋使的开端。过去日本向中国派遣使节，是为了从中国皇帝那里获赐政权的正统性，此次小野妹子出使，第一次是以强调日本的独立性为目的。次年小野妹子回国，隋炀帝也派出文林郎、裴世清等13人回访日本。炀帝大业四年（608年），小野妹子再度使隋，开始让留学生、留学僧与入隋使节同行，此次从行的有留学生、学问僧8人同行。这些人在中国居留了二三十年，学习中国的典章制度、法制礼仪，唐朝初年才回日本，在随后的日本社会变革中发挥了巨大作用。

唐朝建立后，隋朝时就来到中国的留学生惠齐、惠日回到日本，向推古天皇介绍中国改朝换代后的新气象，盛赞唐朝是"法式备定，珍国也，"应"常须达。"推古天皇是日本最早的女帝，也是东亚最早的女性君主，在圣德太子的辅佐下，她推行了一系列改革措施：加强了对佛教的支持；建立了一种新的官制——冠位十二阶制；加强对中国的学习和联系；依据中国儒、佛、法各家思想指定了《十七条宪法》，成为日本最早的管理国家的道德守则。这些措施被称为"推古改革"，为后来进行的"大化改新"奠定了基础。通过"大化改新"，废除大贵族垄断政权的体制，向中国唐朝政治经济体制学习，成立古代中央集权国家，给日本历史上带来了巨大的变革。

从公元630年开始，日本继续往中国派遣使团和留学生，学习中国的制度文化，直至894年，正式的日本国使曾13次到达唐都长安。

使团任命后，天皇授予节刀，在宫中赐宴饯行。使团成员除大使、副使外，还有判官、录事，是遣唐使的四等官。此外还有知乘船事、造舶都匠、译语、主神、医师、阴阳师、画师、史生、射手、船师、音乐长、新罗译语、奄美译语、卜部、杂使、音声生、玉生、锻生、铸生、细工生、铎师、水手长、水手等。使团人员从240人到590余人不等，最多时达到651人。

使团到达中国后，当地州府按惯例予以接待，并报告朝廷。经礼部批复，官府护送使团主要官员及部分留学生、留学僧入京，其他人则在当地等候。使臣入京后，依例进献贡物，朝见唐朝皇帝，唐朝也优待并赏赐来使。使团在唐朝考察文化设施，学习典章制度、儒家经典及其他技艺，巡礼佛寺圣迹，还进行一些贸易活动。完成使命后要回到登陆的港口，随即踏上归途。

唐代中日交往十分频繁，日本皇朝曾先后派出15次遣唐使及许多学问僧和留学生来中国。其航路主要有北路和南路，北路即北海道经朝鲜渡海，海州在这条航线中占一定的地位，日本派遣大量僧侣到中国求佛法，多是通过海州登陆。

圆仁

圆仁是日本佛教天台宗第三代座主，北海道栃木县人，15岁出家，师从日本佛教天台宗创始人最澄学法。最澄是浙江天台山国清寺的道邃行满法师的得意门生,回日本后创日本天台宗。最澄圆寂,圆仁专修苦行,决心来中国精读《法华经》,精研佛理,深探禅意。日本承和五年,即唐文宗开成三年(838年),日本遣唐使藤原常嗣要来中国,圆仁申请随行,实现登天台山读《法华经》的愿望,成为隋唐时代日本人入唐求法"八大家"的名僧之一。在其所著的《入唐求法巡礼行记》中,详细记录了日本最后一次遣唐使的行踪。

日本遣唐使一行由四船组成,据《续日本后纪》卷七,承和五年(唐开成三年,838年)七月庚申(五日)条记:"太宰府奏:遣唐使第四舶进发。"同上七月甲申(二十八日)条记:"太宰府奏:遣唐使第二舶进发。"圆仁所乘的第一舶于开成三年六月十三日登船,七月一日进长江口,在海陵县的东梁丰村下船登岸。留学僧一行先后拜国清寺、开元寺,后去如皋,一路礼佛、参学,陆行到达扬州。据小野胜年的研究,八月十日"即闻第二舶着海州"。

圆仁等请往天台山求法未被批准,开成四年二月,只好沿运河到楚州,与从长安来的遣唐使会合。三月,遣唐使一行在楚州雇了九条船,以及谙海路的新罗人六十余人,沿淮水东行入海,傍岸北行到海州东海县东海山东边高公岛登岸,祀天神地祇。后至宿城新罗人宅休息,遂与新罗僧庆元、惠益同见村长老王良,前述茶道部分已叙述其在云台山的行踪。小野胜年在《入唐求法巡礼行记研究》中记述了离楚州时的状况:"中丞(楚州刺史)着军将,令送九只船。又有敕,转牒海州、登州路次州县支给。"经过几天的准备,四月五日,遣唐使一行九艘船从海州出发回国。圆仁等为向天台求法,到达鹰游门与回国的日本人分手,到东海县、海州拜谒地方官后又返回东海鹰游门,上述求法问佛、品茶听经就发生在这个过程中。

之后圆仁离开鹰游,到达登州赤山,入法华院。9个月后去长安,于会昌五年(845年)踏上回国的路,被当地官兵带到州中,却又被送到东海县西北不远的小海中停泊的遣唐使第二舶上,只好随船北航登州文登县,入赤山法华院,重新开始求法行程。由此可见,海州在唐代一直有着迎送

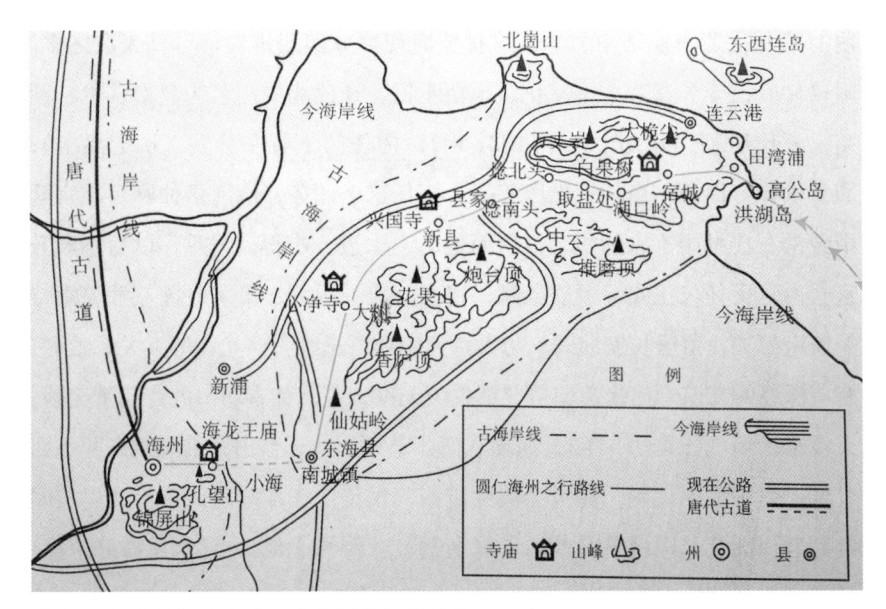

圆仁入海州路线图(连云港市博物馆提供)

日本遣唐使的任务,其中圆仁记载较少的遣唐使第二船,就一直是以海州为活动基地的。

唐宣宗大中元年(847年),圆仁学成回国,取北路航线,由长安经洛阳、郑州、汴州、泗州、扬州、楚州,又回到海州,经赣榆入山东,由登州回日本。圆仁至鹰游门所走的路,与秦始皇、孙恩所走的路,基本一致。回国后,他写的这本《入唐求法巡礼行记》在日本奉为"东洋之宝",翔实地记录了他入唐求法十年的经历,其中,初踏唐境滞留云台山的记载,是历史上一个外国人在云台山上,特别是连云港所留下的最早的明确记录。内中用了相当的篇幅写海州和云台山的风土人情,如圆仁第一次看到云台山的印象是"但见大海玄远,始自西北,山岛相连";船在东海的东边山澳里暂停候风,近岸有胡洪岛(即高公岛),那里"高山重迭,临海险峻,松树丽美,甚可爱怜";"自此山头有陆路到东海县(海州),百里之程"等。这是外国人最早写连云港并被保存下来的游记作品。

阿倍仲麻吕

阿倍仲麻吕是随着以多治比真人县守为押使、大伴宿祢山守为遣唐大使的第九次遣唐使来中国的，这批遣唐使共分四船进发，可见人数之多。阿倍仲麻吕十分喜欢中国文化，逗留不回，还改为中国名叫晁衡，也称朝衡，入仕唐朝。开元十九年（731年），擢任门下省左补阙（从七品上），职掌供奉、讽谏、扈从、乘舆等事。担任这个职务，使阿倍仲麻吕在宫廷中经常有接触唐玄宗的机会，因而他的学识进一步得到器重，以后不断升官晋爵，历任仪王友、卫尉少卿、秘书监兼卫尉卿，肃宗时擢左散骑常侍兼安南都护。留居长安期间，与大诗人李白、王维、储光羲等人关系很好，有着深厚的友谊。储光羲曾用"朝生美无度，高驾仕春坊"的诗句赞美他。天宝十二年（公元753年），晁衡从海州苍梧山（云台山）沿海乘舟起航回日本，途中遭遇风险，船只漂流到越南，误传他在琉球遇风殉难，李白闻讯后悲痛无比，写成著名的《哭晁衡卿》一诗悼念他："日本晁卿辞帝都，征帆一片绕蓬壶。明月不归沉碧海，白云愁色满苍梧"。成为中日传统友谊的一段佳话。

中韩文化交流

海州高丽馆

自唐朝以降，新罗人与中国大陆政治、经济、文化、贸易日渐频繁，规模日渐宏大。宋朝很重视与高丽的关系，厚待来使，北宋元丰前后，明州沿途亭传都叫"高丽亭"。1117年，于明州市舶司西边宝奎庙设高丽使行馆。

唐朝时连云港的宿城就出现"新罗人"居住的村落。宋时，由于先后与北方契丹、金朝对立，海州作为北方的重要港口，不同时期发挥着不同的作用。北宋时，因登州临近契丹，所以在与海州接壤的密州设市舶司，将海州作为与高丽等海外国家来往的重要口岸之一。宋神宗时期，基于海州湾与朝鲜沿海以及日本海回流路的自然条件，海州与朝鲜的航海路线距离比较短，高丽先后派出遣宋使节有五批，水手、商人达5000多人。为开拓与高丽经济商贸往来，方便接待高丽等海外商贾，与密州、扬州、明州一样，海州也按照朝廷命令建设了"高丽馆"，这是连云港历史上最早设立的外事机构。南宋时,与海东诸国的往来改在明州出航,海州在宋、金胶西海战中的地位,更为突出。

海州"高丽馆"位于原海州"景疏楼"旧址,建于宋神宗元丰八年(1085年)之前。宋代著名文学家、书法家、画家苏轼宋熙宁七年(1074)特地造访海州,与好友蔡景繁同游海州石棚山,凭吊北宋通判海州的文学家石曼卿,还在景疏楼与将离海州知州任的好友孙巨源作别,并作《永遇乐》词:"孙巨源以八月十五日离海州,坐别于景疏楼上。既而与余会于润州,至楚州乃别。余以十一月十五日至海州,与太守会于景疏楼上,作此词以寄巨源。长忆别时,景疏楼上,明月如水。美酒清歌,留连不住,月随人千里。别来三度,孤光又满,冷落共谁同醉?卷珠帘,凄然顾影,共伊到明无寐。今朝有客,来从濉上,能道使君深意。凭仗清淮,分明到海,中有相思泪。而今何在?西垣清禁,夜永露华侵被,此时看,回廊晓月,也应暗记。"那时,只字未提高丽馆。

十年后,苏轼在元丰八年(1085年)自常州调任登州途经海州时,景疏楼不知何处去,旧址已建成高丽亭,感慨万千,特地写了一首《高丽亭馆》抒发情感:"元丰七年(1084年),有诏京东、淮南筑高丽亭馆,密、海二州,骚然有逃亡者。明年(1085年),轼过之,叹其壮丽,留一绝云:檐楹飞舞垣墙外,桑柘萧条斤斧余。尽赐昆邪作奴婢,不知偿得此人无。"

在海州建设"高丽馆",说明朝廷对海州的重视,反映海州在对外贸易中的重要地位,反映海州是海上丝绸之路的重要门户,也反映了海州口岸在当时已经具有相当规模,是北方沿海主要港口。因为高丽馆是皇帝亲自下诏建设的,属于当时需要确保的国家级重点工程,且项目工程浩大,因而建设耗费不菲,建得十分豪华,尽管会一时增加地方负担,但对于地方长久发展,应是利大于弊。

宿城新罗村遗址

宿城新罗人宅、新罗所、新罗村遗址是古代中韩文化交流的又一重要历史见证。

宿城早在汉代就形成了人口稠密的集镇,由于佛教东传和法起寺的创立,至唐代已成为沿海地区重要的通商口岸,和新罗有密切的海上交往,是新罗商业船队必经的岸线,也是船队补充给养的重要场所。

7世纪末至9世纪中叶,朝鲜半岛的新罗国统一了高句丽和北济,建立了统一的新罗国。当时有大量的新罗人聚集在宿城,有的在这里经营海运,有的专门贩运木炭,靠地方官吏设在东海县为外国人办理粮食的机构供应口粮。有的入籍于海州,并携家来此做官供职、习禅敬佛。有的由于通婚以致定居农作。随着新罗人的密集聚居,逐渐形成了宿城"新罗村"和"新罗宅",云台山成为新罗人在中国的家。特别是聚集了大批的舵师、水手和翻译,在宿城建有新罗所,为来往船只办理签证、负责给养,并介绍舵师、水手、翻译上船工作。1990年7月,韩国首尔张保皋海洋经营史研究会、中央大学校、中国研究所四位教授从韩国专程来宿城对新罗村旧址进行考察,考察结束后,在保驾山北侧立一块"宿城村新罗人宅住居遗址"的石碑,以示纪念,成为中韩文化交流史上的又一见证。

地处"海上第一程"郁洲的职业水手中,也包括在云台山宿城等地定居的新罗水手。圆仁来中国求法时从扬州到鹰游后逃进云台山,考虑到云台山有新罗人最理想的定居之地,新罗人在这个地区有相当大的影响和实力,往返于海上的航船必须要有新罗水手做向导才能保证安全,可能是一个重要方面的原因。如《入唐求法巡礼行记》记载渡海起点时,圆仁说:"官人祭祀之后,共议渡海。新罗水手中云:'自此北行一日,于密州营东岸有大珠山,今得南风,更到彼山修理船,即从彼山渡海,甚可平善。'"这是日本船员在鹰游山海口祭祀神祇、天地、山川之后,商议渡海口时新罗水手所提出的。船上雇用的60名新罗水手全是职业水手,对海上航行的线路、横渡口十分熟悉。"甚可平善"正是他们实际渡海时的经验总结。显然,新罗水手为横渡日本所选择的大珠山也正是到达自己家乡新罗的最佳横渡起点。因此,新罗人对鹰游山附近的地形也十分了解,并有许多新罗人长期生活在这个地区。圆仁自己在东海山(即郁洲山)时就遇到去密州贩卖木炭的新罗人,并记述离鹰游山20余里的宿城村有新罗人的住宅,并在新罗人宅投宿。

宿城新罗村遗址

　　2005年在连云港的云台山、锦屏山、伊芦山等地区发现了大规模的封土石室的墓葬形式，这是朝鲜半岛百济时期墓葬的一种类型。唐高宗显庆五年（660年），因百济联合高句丽阻碍新罗和唐朝交通与进贡事宜。唐高宗屡次下诏威吓百济无果，在新罗的一再请求下，唐朝派左武卫大将军苏定方为神丘道行军大总管，率左骁卫将军刘伯英等水陆十万讨伐百济。近月逾，随着百济首都泗沘最终被攻陷，百济大批遗民被强制迁往唐土。于是在连云港的云台山、锦屏山、伊芦山等地区就出现了封土石室的墓葬形式，这是朝鲜半岛百济时期墓葬的一种类型。

新罗人行动路线

　　南部中国对朝鲜的交通并非必须经过北部中国，通过鹰游门出海的横渡正是海上丝绸之路的东延。

　　关于新罗人在唐朝的活动，日本学者小野胜年在《入唐求法巡礼行记研究》中称："新罗奉唐正朔，加上邻近唐朝疆域，出使或留学的往来非常频繁。加上这些原因，新罗人在9世纪成为极东海上贸易的担当者，在中国东海之上乃至沿海地区充分崭露了头角。"今西龙概述道："在唐的新罗人，在南方，自扬州沿运河北上，在楚州形成了一个中心，淮河沿岸或者更向东北方向沿盐河往海州方向都有许多人居住；在北方，从山东半岛的密州大珠山往北到登州乳山，向东往半岛的东南角赤山，以及半岛的东北角成山，都有大批新罗人居住，而赤山是其中心……新罗人或者作为拥有船舶的商人，或者作为水手（当然也应有农民）广泛地居住在以上这些地区。"

唐代的山东半岛和苏北地区分布的新罗人的情况，圆仁在《入唐求法巡礼行记》中记录了他所经过的地区新罗人的状况。记载中，登州两处，海州两处，其他地方各一处，说明海州新罗人的规模还是比较大的。

关于新罗人的行动线路，小野胜年在谈到新罗人的沿海活动时说："若要统计一下新罗船舶沿海靠港地点的话，那么，有登州蓬莱县，文登县成山浦、赤山浦、牟平县庐山、乳山浦、邵山浦，密州诸城县大珠山驳马浦、琅琊台、海州东海县，泗州涟水县，楚州，扬州，苏州，明州等。与这些海上活动相对应，在相应的州县中也逐渐形成了他们的定居点，如泗州涟水县等各处，都出现了新罗坊，即新罗人的留居地……还形成了许多新罗人的村落。"

从《入唐求法巡礼行记》的记载可以知道，在今山东沿海的不少新罗移民，他们通过近海航路和涟水、海州间的运盐河往还于密州与楚州之间。

慈藏新罗皇龙塔用鹰游命名

鹰游地区的佛徒早在汉代就影响甚远，汉桓帝曾礼聘乃至强行将中国最早的出家僧侣、东海人王远"请"入皇宫，使这处"群仙聚居"的鹰游成为众僧向往的佛教圣地。

盛唐时，在赴唐求法的新罗僧侣中，慈藏是极有个性的一位，他从不专门师从某一位高僧，但成就斐然。慈藏俗姓金，幼名善宗郎，出身王族，双亲去世后，即舍宅为寺，隐身林壑，习定行禅，修白骨观，发誓"宁愿一日持戒而死，不愿百年破戒而生"。后经国王敕准而正式出家。唐贞观十二年（638年）率弟子僧实等10余人入唐求法，西观大化，先至代北五台山谒文殊菩萨圣像，继而至都城长安，先后奉敕住胜光寺别院，应太宗皇帝请，谒文殊菩萨圣像，在式乾殿讲《华严经》，在空观寺从法常法师受菩萨戒,至终南山云际寺东崖架屋而居,为四众受戒等,是新罗戒律的开创者。至贞观十七年(643年)携带唐太宗所赠《大藏经》一部及幢幡、袈裟、币帛等还国。

慈藏法师经鹰游门回国后,整顿僧尼戒律,创立僧官制度,着力渲染新罗王与西方释尊同为一个"圣族"的学说,声张新罗佛宗的特殊地位,极力推崇新罗佛教信仰和新罗祖灵崇拜的共存,甚至认为佛法并不是外来的宗教,不需要知道由什么人和什么时间传入,新罗国土就是佛的本土。为激励新罗人的圣地信仰,于新罗善德女王十四年(唐贞观十九年,645年)在新罗国首都庆州皇龙寺建造一尊高66.5米的九层宝塔,以象征新罗民族的统合精神,成为著名的"新罗三宝"之一。

该塔的形制特点是石砌塔基,四角九级楼阁式木塔,可登扶梯临廊眺望。琉璃瓦塔顶,灵刹干霄,八级风檐,四角和铃,九盘轮相,葫芦宝珠,塔内供奉佛舍利,皇龙寺九层木塔在韩国佛教史上占有极其特殊的地位。皇龙寺塔的另一独特之处是它的命名与鹰游的关系。该塔第一层命名为日本,第二层命名为中国,第三层命名为吴越,第四层命名为托罗,最中间的第五层命名为鹰游,其他各层依次为:第六层林鞨,第七层丹国,第八层女狄,第九层濊貊。

慈藏敬崇鹰游,说明慈藏从内心深处重视鹰游对佛教的传播,丝路东延无可替代的作用。以国外的一个山岛"鹰游"命名,也足可以喻示鹰游岛在慈藏心目中的影响,在新罗佛宗及其国民精神中的地位。

可能有人会问,广州为海上丝绸之路东来中国的主要城市,首位城市,新罗皇龙寺塔为什么不用它命名?梁启超在《中国佛教史》中给予如此解答:佛理首传是在广州,但粤地人文开化较迟,未能承担起这高尚道理的传播媒介,故佛事的最早兴盛仍在江淮。

新罗通禅师与海州大云寺

新罗通禅师是法朗之后,无相、神行之前入唐的新罗禅师,也是最早入唐习禅的新罗高僧之一。通禅师修习的是当时中国北方盛行的渐悟禅法,且有可能就是五祖弘忍的再传弟子。他于开元十一年(723年)前后主持海州大云寺。

大云寺原为确师禅房，创建于唐高祖武德八年（625年），由等观禅师住持。唐玄宗先天年间，由惠藏禅师住持。天授元年（690年），接受朝廷诏令改为大云寺，是皇家敕建、官修的寺院，是具有深厚中外文化交流背景的国际名刹，也是海州地区最大的庙宇。新罗通禅师能够主持海州大云寺，其在唐代中国佛宗界的地位可想而知。而新罗通禅师在海州官立大云寺中处于如此重要的地位也绝非偶然，这应该是海州与海东诸国通过海上丝绸之路进行文化交流的必然结果。

李邕也是中国历史上著名的大书法家，在唐代文坛上受到极力推崇，许多人都带着贵重的"金帛"竞相请他写碑文，从朝廷要员到天下寺院的僧人，难有例外，以致他因写字所收受的金银财物多达"巨万"，成为唐代获财最多的书法家之一。李邕的《海州大云寺禅院碑》写于开元十一年，当时的李邕任海州刺史，新罗通禅师为海州大云寺禅院住持。身为海州刺史的李邕却主动为其属地的海州大云禅寺起草并书写碑文——《海州大云寺禅院碑》，可见其中多有端倪。李邕《海州大云寺禅院碑》原碑已经失落，在著名女词人李清照和她丈夫共同编纂的《金石录》（卷二十六）中有明确载述，在《文苑英华》《李北海集》《全唐文》中也都有保存。

李邕主动为大云禅寺起草并书写碑文，首先是对通禅师心悦诚服。李邕在碑文中赞颂了新罗僧人"通禅师"的功绩："时有新罗通禅师，五力上乘，一门深入，利行摄俗，德水浮天。""俾彼大师，超然正觉，亡境息想，示法流渥。绝生死岸，破烦恼壳，度门光启，住地元邈。传灯三叶，分座一义，象设仪形，庄严地位。有为不染，无相能离，苟若法乘，莫非种智。古者丰石，抗之高山，纪事标柱，铭勋列班。"说新罗通禅师，既有上等的佛法修养和道德威力，又在佛学上有专攻一门的高深的造诣；在与世俗的交往之中，通禅师精明干练而德行高洁，他能十分谨慎地致力于大云禅寺的住持事务。并抄录了这位新罗禅师为大云禅寺所写的赞词全文。李邕曾自认为是普寂的弟子，普寂曾在嵩山立碑，也由李邕书写，就是古今知名、被称为稀世之珍的《嵩岳寺碑》。普寂去世之后，李邕曾为普寂撰写了《大照禅师塔铭》。由此可见,李邕不仅对通禅师心悦诚服地赞佩,两人相互间还有较多的了解和深厚的情谊,并且一致地崇拜北宗禅法。

其次,通禅师一定为禅宗东传朝鲜作出过贡献。在入唐的日本、新罗僧侣以及浪人和学生之中,大云禅寺的住持新罗僧人通禅师堪与圆仁、鉴真和晁衡相提并论。通禅师不仅有很高的禅法道行,且与唐代第一流的知名人士过从甚密,尤其是他在"海上第一程"鹰游之地的海州主持官修寺庙,对入唐的新罗僧侣和留学生有重要的影响,对唐和新罗的文化交流、对佛教禅法传入新罗起过重要的作用。

另外,海州大云寺应该是当时一个重要的国际交流平台。新罗通禅师在唐朝与新罗间往来通道之一的海州主持大云寺禅院,必然对往来其地的新罗僧侣产生影响。荣新江认为"海州大云寺禅院既然由新罗通禅师主持,那么可以推知该禅院内应当有一些新罗僧徒,因此,海州大云寺的禅院也可以称之为'新罗院'了。"

海神张保皋

郁洲宿城与朝鲜半岛家喻户晓的海神张保皋有着割舍不断的历史情结。

张保皋生活在朝鲜半岛的统一新罗时代(668—901年),《张保皋郑年传》做了这样记载:"张保皋、郑年者,自其国来徐州,为军中小将。保皋年三十,郑年少十岁,兄呼保皋,俱善斗战,骑而挥枪,其本国与徐州无有能敌者。"生年不详,被刺杀于公元846年。当时,新罗人渡海入唐的动机不外两个,一是入唐求学,以期回国后有晋升机会,出身低等的新罗留学生基本属于此类。二是骨品等级外的地方民为生存,逃离朝鲜半岛,"适彼乐土"入唐。张保皋属于第二类。但无论是哪一类,都出于带有奴隶制种姓残余的新罗骨品制压力。因此,张保皋渡海入唐完全是出于自愿,而并非今天韩国电影所演的"被贩卖"。

所谓骨品制,就是以人的骨头确定社会地位。骨品制包括骨制、头品制,骨制又分圣骨、真骨,头品制分6等,从最高六头品到最低一头品,两个制度只适用于新罗王京(今韩国庆州)居民,本质是新罗王朝利益集团内部的八等分级和利益分配表,王京之外的地方民则在八等之外。张保皋时代人的骨头是不可置换的，所以，骨品制跟中国魏晋门阀制度差不多。

张保皋是公元8—9世纪新罗与唐朝以及日本航海贸易的杰出代表，为新罗航海贸易的崛起，有开创之功，创造了一个辉煌时代——张保皋时代。他的历史功绩，在中韩两国的史册上写下了光辉的一页。

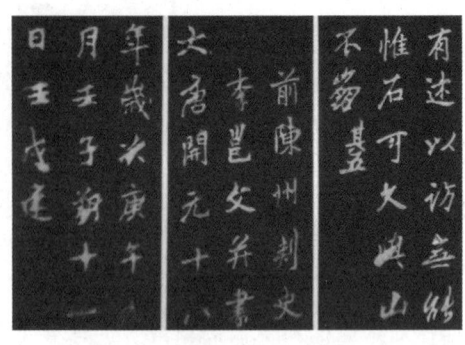

唐海州刺史、大书法家李邕书法作品（连云港市图书馆提供）

渡海到唐的新罗人，以张保皋为代表的等外人居多，他们不到唐都长安，而是散居中国沿海，苏北到山东沿海遍布着新罗人的住址和足迹。众多的新罗僧人到中国的求法活动都早于圆仁，在世界佛教史上写下了重要的篇章，佛教的传布伴随着两地频繁的海上交往。张保皋结拜兄弟郑年驻于从扬州到鹰游的必经之地涟水，张保皋曾经为维护沿海的新罗人向新罗王请缨；郑年也因为镇压新罗国国内政变而受到国王的分封。张保皋弃武经商，建有自己的私人船队，来往于中韩航线上，这一时期新罗国入唐的航线主要从西海岸穴口镇（汉江口）唐城浦（南阳湾）出发经山东半岛，然后沿海岸南行到达海州的云台山田湾浦，进入运盐河到达楚州，或从淮河口去楚州。

韩国当红作家崔仁浩行程30万里，按张保皋航海路线走过日本、中国、印度尼西亚、土耳其、埃及等7个国家，以张保皋为主人公写出《王道》一书，在韩国一时洛阳纸贵。在《王道》第三章"扬州梦记（下）"开篇不久便有以下的文字："宿城村是一个临海的新罗人村庄，人们在这里世世代代从事食盐生产。张保皋和郑年初到唐朝时，便当起了这种贩卖木炭和食盐的商人。"由此可见，张保皋的发迹与宿城有着密不可分的关系，他之所以能成为商界巨擘，最初的历练应是从在宿城贩卖食盐和木炭开始的。

鼎盛时期的海州

海州的发展为海陆丝路的发展提供了支撑和保障。海州是日本贡船停泊的重要港口之一。唐代天宝年间（742—756年）海州的人口达18.9万，当时的登州约10.89万。在沿海港口城市中，海州的繁华程度可想而知。

唐时期的海州

行政建制

唐高祖武德六年（623年），海州升为总管府，领海州、涟州、环州、东楚州4州，海州领朐山、龙苴（新置）、新乐（新置）、曲阳（新置）、沭阳、厚丘（新置）、怀仁、利城（新置）8县，涟州辖涟水、金城（分涟水县置）2县，环州辖东海、青山、石城、赣榆四县，东楚州辖山阳、安宜、盐城3县，共计17县，相当于今连云港市区、赣榆县、东海县、灌云县、灌南县、沭阳县、涟水县、阜宁县西部、盐城市区、建湖县、盐都县、淮安市区、淮安市淮阴区、楚州区、洪泽县、金湖县、宝应县，是连云港区域较大的时期。

唐高祖武德七年（624年），改总管府为都督府，此时海州总管仍辖4州17县，相当于今涟水县、山东省临沂市区、费县、平邑县、临沭县、莒南县。唐太宗贞观元年（627年），罢都督府，分天下为10道，海州属河南道。此时，海州辖朐山、沭阳、怀仁、东海4县，相当于今连云港市区、赣榆县、东海县、灌云县、灌南县、沭阳县。唐昭宗光化二年（899年），海州入吴国。南唐元宗保大十三年（959年），为后周所占。

教育

古代的海州，历来注重教育，立学很早。汉平帝时期（公元1—5年），海州地区的各级行政区划都有了相应的教育机构：县有校，乡有"庠"，村有"序"。唐朝贞观四年（630年），在海州城西创建了一座"学宫"，经过元、明、清历代重建和维修，海州学宫成了一座"堂宇聿新、宏敞壮丽"的古建筑群。学宫分大学，小学。大学讲堂的东侧，建有三间小学。西侧建"时习斋"，东侧建"日新斋"，并"架门为楼，加高围墙，以隔喧嚣"，保证学宫有一个安宁的环境和秩序。据元陈一凤《海宁州创建小学记》的叙述，"小学"为"童子肄业之学也"，元延祐五年（1318年），曾召集"子弟40余人"，由学正胡璋负责管教，"诸童环坐，开小学之书，明小学之训。"使他们"诵习有"课"程"，"游居有"节制；"揖让"有礼貌，"坐立"有秩"序"，"事亲奉长，各有其度"。

宋时期的海州

行政建制

宋明帝泰豫元年（472年）于郁洲岛（连云港东部）立青州、冀州，是为连云港独立设州郡之始。青州领齐、北海、西海三郡，冀州无实领土，共计17县，相当于今连云港市连云区和新浦区东部。同年，徐州移治朐县（今连云港市海州区），领东海郡，辖襄贲、僮、下邳、厚丘、曲城5县，相当于今新浦区西部、海州区、赣榆县南部、沭阳县、新沂县、涟水县、灌云县、灌南县、淮安市淮阴区。

宋后废帝元徽元年（473年），徐州移治新昌（今安徽省滁州市），而所辖淮北领土不改。齐高帝建元元年（479年），东海郡转属冀州，改名北东海郡，领土不变。同时，青州无西海郡，改辖东莞、琅琊二郡，此时连云港东西两部分才合一，作为一个完整的行政区，辖现连云区、新浦区、海州区、赣榆县南部、东海县、灌云县、灌南县、沭阳县、新沂县、涟水县、淮安市淮阴区。同年，北海郡郁县易名都昌县。

东魏孝静帝武定七年（549年），青、冀二州改名海州。《元和郡县图志》载："魏改青州为海州"，此青州即南朝时侨置于郁洲岛的"青冀二州"。这是连云港市行政建置史上的一个大转折点。在此之前，尤其是汉代，本区虽有好几个县的建置，但分别隶属于当时的琅琊郡与东海郡。海州的诞生，标志着本区有了独立的"州"级行政中心。从此，海州的行政建置历经1462年，名称虽有改易，辖区虽有盈缩，但其行政区划基本在此范围内省废或复置。

宋太宗至道三年（997年），分天下为十五路，海州属淮南路。后淮南路分为淮南东路、淮南西路，海州属淮南东路。宋高宗建炎元年（1127年）至宋宁宗嘉定十二年（1219年）的92年间，海州两次为金侵占，又两次复归南宋。宋理宗景定二年（1261年），海州改为西海州。宋恭帝德祐元年（1275年），西海州为元所占，复改为海州。

经济发展

在宋代，由于东北及华北大片地区建立了辽国，同宋对峙，宋王朝严令"旅客于海路商贩者"必须经"登莱州界"。因而促进了山东半岛的登州成为宋和高丽的贸易港口。当时密州辖境，地处胶州湾北岸的板桥镇（今青岛），在北宋时已发展成为一个具有一定规模的海外贸易港口，并和广南、福建、淮浙商旅有着广泛的商业交往，从此地可以发船直往高丽。而海州在和高丽通商中也占有一定的地位，因而，宋神宗元丰六年（1083年），下令在海、密二州建高丽亭馆，以接待高丽商旅。

南宋时，由于海外活动中心南移，从而促进了胶西密州和海州港岸的崛起。胶西板桥镇（今青岛）与海外商人的直接来往减少，主要充当东南沿海商贩卖船货及转贩北方丝织物的口岸。《宋史·李全传》载："胶西当登、宁、海之冲，百货辐凑，……时互市始通。北人尤重南货，价增十倍。"当时，金人统治海州达67年，为了谋求暴利，他们诱商人至山阳（今淮安）、海州"浮其货中分之"再自淮转海而达胶西。在李全及其子李璮占据海州的13年里，以武力打通了海州和胶西的海上贸易，使海州一带在宋、金之际出现了暂时的繁荣景象。今岗咀夹山口依托海州城良好的自然环境，构成一个天然港湾。

赵宋朝廷在全国设有六大茶叶集市，海州茶市是六个当中规模最大、税收额最高的一个茶市，一年的税收高达几千万文。多年来，海州地区不断出土大批的汉、唐金属货币，西汉五铢、开元通宝，成串成贯，数以千计。宋代的铜钱，更有大量的窖藏，成为该时期商业繁荣的历史见证。

陆路交通

由于古代海州陆路交通的早期开发，正式驿站的建立从秦朝就已经开始。西汉时期，古朐县的邮驿制度已经相当完备，与郯城、琅琊等府所在地以及邳县、赣榆县等地都有频繁的来往。当时的公文信函都写在竹木片上，用特制的木板固定捆牢，绳子上还加盖封漆印，以保证传递过程中的稳妥与慎重。

宋代以后，海州也建立了一种称为"铺递"的驿站。到明朝，海州设有"州前总铺"，并且与附近的州县形成邮驿网线。铺口都备有马匹、驿卒，铺口换马，数铺换人。遇有紧急的信件，白天响铃，夜举火把，日夜赶路，马不停蹄，风雨无阻。

海州总铺有"长差铺15名"，每年"发给额编工食银54.95两"。邮政方面的支费，都得向老百姓摊派。明代海州一年的邮政用项，要向人民征银两千多两。

The
biography
of
LianYunGang

连云港 传

海陆佛教之路

第五章

丝绸之路是一条经贸之路，更是一条文化之路，"丝绸之路对于人类文明的最大贡献，是沟通了不同国家、不同民族之间的交往，也促进了东西方双向的文化交流。"佛教传播是丝绸之路的重要内容。佛教于何时何地、通过何种方式传入中国，是学界一直探讨而久未有定论的热点。传统的、占主导地位的观点一直认为佛教是自西向东传播，孔望山摩崖造像的发现，对传统的定论提出了挑战。连云港作为海陆佛教之路的交汇点在中国丝绸之路发展史中的地位，引人注目。

海上佛教之路

连云港在中国佛教传播中的地位，长期不被人们关注。随着孔望山佛教摩崖石刻的问世，连云港与海上佛教传播的关系，始出水面，如石破天惊，意味着据此将可能改写中国的佛教史、艺术史。

路线之谜

佛教是世界三大宗教之一，是东方世界最重要、普及面最广的精神信仰。它的传播主要是通过传扬佛教故事、搞造像、译经活动而展开，佛教于何时何地传入中国，已难稽考。至于佛教的传播路线问题，也有诸多说法，主要有陆上佛教之路、海上佛教之路之说。

传统的、主导的观点认为后汉明帝永平十年（67年）为佛教初传的年代，而且是经由西域诸国从陆路传入的。日本佛教史学者冢本善隆说："东西交通的开始，使佛教经由中亚传入中国成为可能。追求利润的西方商人和随着佛教热而勃兴的佛教文化沿着已开辟的丝绸之路，从12世纪开始渐次地不断地流入甘肃、陕西、河南。"日本东洋史学界泰斗白鸟库吉说："佛教究竟何时何地传入中国？后汉明帝永平十年建立白马寺或稍前楚王英信仰佛教，即后汉初佛教传入中国无疑。……其传入的道路只有一条，即见于《汉书》的所谓'罽宾·乌弋山离道'。"国学大师汤用彤说："佛教东渐首由西域之大月支、康居、安息诸国，其交通多由陆路，似无可疑。"

也有学者认为佛教不是经由中亚从陆上传来，而是由海上传来的。例如，日本佛学界著名学者镰田茂雄说："从来认为佛教通过中亚、西域传入中国是最古的经路，若孔望山的石刻像（详见后述）确实是佛教像，而且是东汉的东西，则佛教早就经由南海传播到东海沿岸地方，南海航路早就相当发达了，佛教也是通过这条路传到中国东海岸的。"周绍良先生明确指出："连云港市孔望山摩崖佛教题材造像被重新发现，这不仅把中国摩崖雕刻上推了几个世纪，为中国艺术史研究提供了新资料，而且也证明了天竺（印度半岛）佛教由海上丝绸之路传入中国的史实。"

季羡林先生最早提出了佛教直接从印度传来的见解，但对究竟是从海上传入还是陆上传入未加肯定，他说："中国同佛教最初发生关系，我们虽然不能确定究竟在什么时候，而且据我看法，还是直接的；换句话说，就是没有经过西域小国的媒介，先从海道来的，也可能从陆路来的。"全国佛教协会会长赵朴初先生对究竟是从海上传入还是陆上传入也未加肯定，在给孔望山摩崖石刻的题诗中写道："海上丝绸路早开，阙文史实证摩崖。可能孔望山头像，及见流沙白马来。"这里，赵朴初先生对东、西两来说都持"可能"的意见，因为诗中所说的"海上丝路"在东，陆上"流沙"在西。

佛教之传播即与丝绸之路密切相关，可以说，佛教传播之路亦即是丝绸之路，无论陆上、海上，都是通过丝路来传播的。丝绸之路是商贸之路，也是文化传播之路、宗教传经之路。

传播要津

佛教传播重要驿站

任何一种外来宗教，初传入时必须有适合的土壤，要与被传入国的固有信仰相结合，否则将难以立足，更不用说生根开花结果了，佛教也是如此。处于苏鲁交界处的海州在丝绸之路上占有重要位置，也是佛教传播的重要驿站。

刘英是汉光武帝的小儿子、汉明帝的弟弟，被封为楚王，都彭城，主薛城、东海等三十六县，中国人信仰佛教见于载籍者，自当以楚王英为首。

无论是楚王英还是百年后的桓、灵二帝，都是把佛教当作一种神仙方术，当作为获得长生不老而信仰的宗教来理解。当时的人把佛当作一种祠祀，近于神仙方术，并且把佛教教义理解为清虚无为，"省欲去奢"，与黄老学术相似。

东汉时，人们除继续推崇黄帝外，更是尊崇老子，因此浮屠与老子往往并祭，而"老子入夷狄为浮屠"的传说也颇流行。

佛教弘传中土，与之宗旨相近者，非属道教不可。梁启超认为，"楚王英、襄楷时代，盖以佛教与道教同视，或径认为道教之附属品，彼时盖绝无教理可言也。"蒋维乔认为，"窃思道教与初期佛教之间，并以超俗脱尘为旨；而道教盛时，适值佛教传来；于是最初入佛教之人，多研究老子之学者，亦因二教消息相通之故也。"如"老子言无为自然；佛教言空无相。"当然，虽然语言相近，但在宗教的组织方面，理论的说明方面，经典的体裁方面，道教都不及佛教远甚。所以，"道士之模拟佛徒口吻，亦势所必然。"秦汉以来，江苏、山东一带黄老思想之所以能够流行，方术能够大兴，一个重要原因，老子是陈国苦县人，江淮是老子的故乡，著名的方士徐福是赣榆人。当初佛教之所以能在彭城一带安家落户，是与当地接受佛教的气候和土壤分不开的。

同时，江苏、山东是沿海地方，与佛教海上传来有关。梁启超说："向来史家为汉明求法所束缚，总以佛教先盛于北，谓自康僧会入吴，乃为江南有佛教之始。其北方输入所取途，则西域陆路也。以汉代与月氏、罽宾交通之迹考之，吾固不敢谓此方面之灌输绝无影响。但举要言之，则佛教之来非由陆路而由海，其最初根据地不在京洛而在江淮。"

海上佛教之路

孙光圻教授从航海史角度对此论证并提出一条从南亚到连云港的最具有可行性的海上航路。这条航路孙光圻教授将之称为"海上佛教之路"。

远洋航行有三个基本条件：一是导航技术，二是造船技术，三是行舟的水手的海上生存能力。海州具有传播佛教的自然条件。

陆标导航法是早期航海的主要方法，即便宋代以降发明磁石罗盘后，陆标导航法在中国远洋航行中仍然起着重要的作用，沿途多站停靠式的航海仍然是最常用的方式。所以从某种意义上来说，中国古代的远洋航行主要是陆标导航近海短程航行的累加。当人们把不同地段、不同海域的短程航行的导航资料积累、连贯起来使用时，远洋航行便有了可能。

能否远航不仅取决于导航技术，而且取决于造船术。有了进步的导航术和巨大坚固的船舶，才有远洋航行的技术保障。在唐开元年间，海州是海外诸国入华的接待口岸。如前所述，在李邕任海州太守时，曾有载着500人的日本船只10艘停泊于此，当时海州能造大船，有大批水手，能把日本船护送回国。

行舟的水手的海上生存能力是另一个制约远航的条件。舟人在海上的生存不仅取决于他本人的意志和海上生活经验，更重要的是取决于他能否得到足以维持生命的营养。随着造船技术的进步，海船越造越大，往往可以承载足供全体船员吃数月甚至数年的粮食。但人类并不能仅靠谷物维持生命。15世纪以后，葡萄牙人向海外扩张时，许多水手在长途远航中因缺乏新鲜蔬菜、水果中的维生素而患病，甚至丧生。所以补给条件是制约舟人的海上长期生存能力的决定性因素。

在记载中国古代远洋航行的资料中，从未见有水手长期在海船中生活缺乏某种营养而患病的记载，这并不是中国人与西方人有什么不同，而是因为在中国海船经常出没的西太平洋和印度洋海域，特别是东南亚地区，有着众多的岛屿，这些岛屿不仅有助于舟人辨识方位，而且起着远航中途补给站的作用。人烟众多、经济发达的岛屿常常是商船的停靠点。商贾们不仅在这里卸货上货，而且补充淡水、蔬菜。

从航海地位看，海州湾是辽冀鲁与江浙闽粤海上交通的必经之地，其湾口北端的岚山头和右边的平山岛、达山岛、车牛山岛以及湾内的秦山岛、湾口南端的鹰游山，为航行提供了明显的定位坐标，过往船舶均可在此避风、靠泊、休整、检修和中继。因此，从南亚经华南北上传教的僧人将之作为歇脚和传教之处也是非常自然和合适的。

孙光圻教授具体论证了这条称为"海上佛教之路"的航路：

首先，整个航路并非从始发港到终点港一气呵成，而是分段逐级渐进型的航路，因为海途漫长、航速有限，必须依靠和等候有变化规律的季风才能完成航行。

其次，整个航行都是沿岸推进的，因为如果离开陆标定位，航行的正确度与安全性无法得到保障。此外，航行应大部分在天气晴朗和海况较好时进行，因为缺乏全天候定向导航技术，船舶在阴霾或恶劣气象下，容易偏离正确的航道，甚或遭遇海难。

基于以上判断，孙光圻认为从南亚佛教中心到中国江淮沿海的连云港应可分为两大航行阶段：第一阶段是从南亚到中国南方沿海，第二阶段是从中国南方沿海到连云港，再从此出发沿海横渡至朝鲜、日本。由于同位于朝鲜半岛南部的新罗、日本隔海相望，唐时海州便有新罗村、新罗住宅、新罗船舶、新罗水手的文字记载，北宋时海州专设高丽馆接待商人，可见新罗人来此之多、往来之频繁。

重要遗存

连云港是丝路文化的一个融汇之地，从海上佛教的传播和留下的重要遗存，可以看出在丝路宗教文化融汇方面所作的贡献。

法起寺

法起寺又名法溪寺，亦名鹫峰寺，取"佛法起源"之意为名。位于现连云区宿城大竹园村，占地150亩，为汉代寺院，是中国早期寺院之一，自古被誉为"淮海第一丛林"。"法起寺，在宿城山中，相传鹫峰石塔建自汉时。"法起寺院与洛阳白马寺属于同一个时代建筑，是连云港佛教兴盛的重要见证。1938年5月至6月间，法起寺遭侵略中国的日本飞机连续轰炸，仅残存破屋数间，从此"名山巨刹已荒凉，法起无僧实可伤。架有霜钟难梦醒，庙无神像不焚香。"残垣断壁在1958年兴修宿城水库时被拆除，2006年8月江苏省宗教事务局批准恢复重建法起寺。

法起寺是苏北最大的庙宇，如从"楚王崇佛"算起，迄今已有1900多

法起寺（来自网络）

年的历史，荣列"海内四大名灵"之一，166座青峰峻峦环沿罗列。隋末唐初，法起寺成为研究、传播大乘教义的寺庙之一，并派出有学问的僧人到内地学习。宝暹法师就是其中的一位，唐初被派往成都多宝寺，从多宝寺的道因法师学教，遍窥释典，咸通密藏，为大乘教义在法起寺的进一步传延作出了贡献。在成都多宝寺期间，玄奘法师恰好从洛阳到成都，并向道基、宝暹法师学习《摄论》《毗昙》等，由此算来，宝暹法师曾经是玄奘法师的老师了。

宋元时期，法起寺最为兴盛。有诗赞曰："古寺晨钟起，朝来次第鸣；数声残月落，一径好风清；过涧游鱼听，径林宿鸟惊，寥寥万籁静，入耳动遐情。"清康熙五十二年（1713年）始，法起寺兴建大殿、中殿、天王殿、净土阁、弥勒殿、藏经楼、法堂、方丈、祖堂、仓库及寮房200余间，历时23年，耗资7000余金，香火鼎盛，声名远播，成为苏北、鲁南地区的佛教文化中心，十方聚集之所。四方信众自陆路与水路争相前来，并为之形成了一条"烧香河"，河名沿用至今。

法起寺之所以成为佛教名刹的原因之一，是因为早在宋元时代就确立了"曹洞正宗"的传承体系，而且世系明确，源远流长。到清嘉庆年间,曹洞法脉已在法起寺传至第35世,人们常以"不二法门,十万丛林,有德者居之"来概括法起寺的特征。曹洞宗为禅宗的五个宗派之一,讲求"佛在性中"。曹洞正宗32世是心慧和尚,号静明,山西省潞安府长子县人,25岁时受戒于华山,有德行,寿80坐化。据《法起寺碑记》载,他在法起寺"开唐说戒,大启禅宗,远迩稽首,皈依者弥众"。康熙五十二年,心慧主持修建了法起寺规模最大的一次扩建,"往松江、乍浦购木,海运抵山,建大殿、中殿、天王殿、净土阁、弥勒殿、藏经楼、法堂、方丈、祖堂、仓库及群房二百余间,是岁兴工,至乾隆元年告竣,统计工料需要七千余金。"

琉璃炉。嘉庆丙子年,琉球国一位重臣出海遇风,漂落到宿城海面上获救。为表感谢将随船的琉球铜炉相送。(连云港市博物馆提供)

法起寺虽然几度兴废,命途多舛,但有两件镇馆之宝却奇迹般地留存下来。一件是心慧和尚于雍正十一年筹巨资获得的一套完整的《大藏经》。为了这部传世佛经,心慧和尚甚至专门为之建起藏经楼,后来这部《大藏经》几经辗转,如今藏于山东济南市博物馆。另一件是琉球铜炉,这是嘉庆丙子年琉球国一位叫毛朝玉的重臣出海遇风,漂落到宿城海面上获救,为感谢当时海州知州师亮采热情款待,将随船的这个琉球铜炉相送。师亮采又将其转送法起寺,并在铜炉上记述了这次不平凡的事件:"嘉庆丙子夏,琉球国八品巡见官毛朝玉等二十三人,海舶遇飓风飘至海州鹰游门。知州师亮采日给廪饩,请大府,奏送闽,附船还国。朝玉临行,以炉相贻。因供奉宿城山法起寺,并系以铭:三品金,一瓣香,航海来兮波不扬。"琉球铜炉如今收藏在连云港市博物馆。

在1900年的历史进程中,法起寺为中外文化交流起到了独特的促进作用。创建之初,西域康居国僧人在此翻译经典、弘法布道。新罗人更是将法起寺所在地——宿城当作自己的第二故乡,韩国民族英雄张保皋在此发

被誉为"九州第一窟"的孔望山摩崖石刻（张晓晖 摄）

韧。日本不仅高僧圆仁和尚曾在这里留下足迹，更令人称奇的是日本奈良也有一座被列为世界文化遗产的法起寺，寺内有24米高的日本最古老的三重塔，群阁簇拥，塔影婆娑，令人仰止。

连云港自古以来即为南亚与中国佛教之路的海陆交汇点，法起寺是"佛从海上来"的有力佐证，它和海州孔望山佛教摩崖造像共同见证了海上丝绸之路的佛教另一条传入路径。

孔望山佛教摩崖石刻

孔望山摩崖造像距今有2000多年历史，比敦煌莫高窟还早200年，被史学家称为"九州崖佛第一尊"。造像位于山体西南侧，开凿于东汉，摩崖石刻有105个大小不等的神像，大约为公元170年东汉末年的佛教造像群，是中国迄今发现最早的一处佛教摩崖造像，与将军崖岩画合称"海州二刻"。描刻的内容，绝大多数为人物肖像，有全身像、半身像、头像，坐像和卧像。最大的画像高1.54米，略等于真人，最小的头像高仅10厘米。题材主要是宴饮、乐舞、杂戏之类。由于历年久远，经沐风栉雨，风化剥蚀，不可能像宫殿、祠堂和出土的画像石那样清晰，但仍不难看出乐舞、

孔望山摩崖石刻　　　　　海州僧人（来自网络）

杂技的精彩表演和宴饮、观赏的生动场景；有的正襟危坐，有的侧身半卧，有的袖手伫立，显然是观赏者；有的手持火炬，蹬踏起舞，有的双臂半举，跳跃前进，有的搭叠罗汉，高至五层，显然是表演者；尤其是失声喝彩的神情和鼓掌按拍的动作描绘，惟妙惟肖，栩栩如生。它是中国佛教史和美术史上的瑰宝。

摩崖石像中有着丰富的佛学内容，所表现的"涅变""舍身饲虎"及祭祀图，都是佛教的典型作品。俞伟超先生认为石刻内容不像是过去所说的孔子72弟子等古圣哲画像，更不是俗说"秦王乱点兵"，也不属于世俗内容的人物石刻，而是一处用汉画像石雕刻技法以佛教题材为主要内容的早期宗教造像群，它的开凿时代，要早于敦煌石窟200年。前述时任中国佛教协会会长赵朴初先生的诗"海上丝绸路早开，阙文史实证摩崖。可能孔望山头像，及见流沙白马来。"就是在看过孔望山东汉摩崖造像摄影后所题。

孔望山的摩崖石刻像按其种类大致可分成：象与蟾蜍、佛涅槃像、佛像及力士像、舍身饲虎四个部分。数量最多的为佛与力士像。这些塑像中有：头上高肉髻，身着圆领大衣，左手屈起胸前，如持花蕾状，右手施无畏印；亦有头上高肉髻，着圆领长衫，左手曲起如前像，右手仍做施无畏印；另有头上戴尖顶冠，两手置胸前，两腿结跏趺坐；还有头上高肉髻有头光和头上有高肉髻、右手上扬作施无畏印两种立像。在一些凹形的小龛中有细浅明线刻出的五身像，中间人物较大，左右各刻二像，饰头光。这些佛像旁有面部方圆、耳垂特大、眉突目深、高鼻梁者，似为胡人。

孔望山摩崖石刻蕴含众多丝路密码。

过去传统的、主流的观点一直认为佛教是自西向东传播，孔望山摩崖造像的发现，无疑是对传统的定论提出了挑战。专家们认为，中国佛教艺术的始源，一般认为是在汉末。但像孔望山这样规模的东汉佛教摩崖造像，人们却从未见过。它不仅是中国佛教艺术的早期形式，也是中国佛教艺术的重要起点。它的发现，打破了佛教研究方面许多新的课题，对于中国佛教史、艺术史和中外关系史等方面的研究，都具有很重要的意义。

孔望山这种早期的佛教摩崖造像为什么没有在最先传入佛教文化比较发达的中西部地区出现呢？东汉佛教摩崖造像说明当时的印度佛教已由新疆、西安、洛阳、徐州经达海州；有人认为佛教的传播除了陆上丝绸之路这个途径外，并不能排除也存在着以连云港为起点的"海上丝绸之路"输入了印度佛教，并落地开花结果，孕育了孔望山摩崖佛教造像题材。有专家甚至断定孔望山摩崖石像佛教文物遗存，足以说明佛教始入中国是沿海路由交州、广州、江苏或山东半岛南部传入的；实际上两者都有可能，无论是"西来说"还是"东来说"，与古海州都有密切联系，"西来说"说明海州与陆上丝绸之路关系密切；"东来说"说明海州与海上丝绸之路的密切关系。

金圣禅寺

自秦汉以来，鹰游山曾是佛事的一个要地，是海上丝路的一个出发点，也是向海东传播佛教之必经地。

金圣禅寺位于鹰游苏马湾南侧的山坡上，成一带廊亭。这座廊亭复建于 2002 年，2003 年竣工，2004 年 4 月 4 日开光，全长 95 米，有东西两条山路连接苏马湾的环山公路。廊亭东首跨过一条山涧，涧中流水淙淙，如鸣佩环。靠近公路一段，瀑布高悬，景观秀美。金圣禅寺就位于廊亭的中间，是山南镇海寺的下院。寺内供奉一尊玉质的地藏王菩萨。古色古香的廊亭，横卧于苍松翠柏之间，树林竹海之中，背依青山，面向大海，高山流水环其左右，松竹绕其前后。登上廊亭，可尽览苏马湾秀丽的景色，可远眺海州湾的万顷波涛，领略海天一色的奇趣。

"金圣禅寺"一名缘起于一段历史。据传，唐代去九华山修行的金乔觉上人，原是新罗国王子金宪英的近族子弟，唐开元七年，年仅 24 岁的金乔觉抛弃了皇室优裕的生活，渡海来华，经鹰游门，登鹰游山，后从淮河泛舟入运河，再达长江，逆流而上，从安徽铜陵上了九华山。金乔觉在九华山虔诚苦修，整整苦修了 75 年，至 99 岁时圆寂。3 年后开函时，据说"颜色如生，兜罗手软，骨节有声如撼金锁"。"菩萨金锁百骸鸣，是以知为菩萨降世也"。时人以为他是地藏菩萨的化身，即地藏王降世，因此称他为"金地藏"。

据《佛经》介绍，"地藏菩萨是释迦既灭之后，弥勒未生之前，众生赖以救苦的大悲菩萨，他自誓必度尽六道众生，始愿成佛。他现身于人间、天上、地狱之中，以救苦难"。佛教声称他的胸怀像大地一样宽广、蕴藏着无限仁慈的种子。他誓愿的核心理念是"众生度尽，方证菩提；地狱未空，誓不成佛。"佛教用语里，菩提指豁然开悟、觉悟，地藏王菩萨是佛教大乘派的典型代表，《佛经》称其"安忍如大地，静虑如秘藏。"

因金地藏有鹰游山之行的缘故，所以连云港地区的寺庙中多供奉地藏王菩萨。

陆上传经之路

佛教在公元前3世纪阿育王时代开始从恒河流域扩展到印度各地，遂从印度西北逐渐传入到安息、大夏、大月氏、康居，再向东越过葱岭传入中国西北地区的龟兹、于阗等国。随着丝路的开辟，佛教即经天山南路的龟兹、于阗进入玉门关而向西北、中原地区传播。汉明帝时派使者沿着这条路线向西域寻求佛经，并建佛寺，此后西域僧侣便沿着这条陆路陆续前来。

海州地区佛教的发展，一方面，东汉时佛教以由上层人士中向下层传递，如楚王英"学为浮屠"，在徐州下邳一带曾有数千乃至上万人崇信佛教，很快辐射到孔望山一带，并留有众多遗存。另一方面，随着佛教通过丝绸之路东传中国内地，许多西域高僧也来到中原地区传播佛教，他们长期客居内地，有的最后圆寂中原。也有西域的僧人越过中原，来到东海岸边，最后留居在海州，长眠于东海岸边的这座古城。

象石

从孔望山龙洞西行，在林木掩映的山坡上，屹立着一座硕大的汉代圆雕石象。石象依一块花岗岩巨石的自然形状雕刻而成，象身高2.6米，长4.8米，背宽3.5米，石象耳阔体肥，四肢健壮，长鼻巨牙、卷尾粗足，形态雄奇，丰满肥硕。象的四足均踏着莲花，体现了佛教中六牙白象王在水中步步莲花的故事传说。此石系目前中国发现的东汉时期最大的圆雕石

孔望山石象（张晓晖 摄）

刻，气势雄伟，造型精美。专家认为，这尊足蹬莲花的古朴石象，基本上是犍陀罗的表现手法。古代印度及佛教经典中喻象为佛，尊象如佛。而孔望山的汉代石刻大象，足踏莲花，正与叶波国太子须大拿以象施人，乞行莲花上相似。石象旁刻出一象奴，说明孔望山汉代石刻大象及象奴与须大拿太子的故事同源。

古印度是宗教盛行的地区，世人受婆罗门教影响，虔诚地对神灵顶礼膜拜。但是，早期佛教不奉祀神灵，也不塑造神像，只把释迦牟尼奉为教主，因此不利于佛教在民间的流传。公元1—2世纪，在犍陀罗地区开始出现受希腊雕塑艺术影响的佛陀塑像，之后扩展到建筑、绘画等艺术领域，这些融合了希腊、波斯、印度三种元素而自成一体的艺术形式，称为犍陀罗艺术。犍陀罗艺术对中国隋唐美术影响很大，成就了大同云冈石窟、洛阳龙门石窟、敦煌石窟等一批中西合璧的中国古代艺术瑰宝。公元10世纪末，犍陀罗艺术伴随佛教从克什米尔地区传入吐蕃（今青藏高原地区）后，对藏传佛教艺术的形成也产生了深刻影响。因此，汉代圆雕石象是古海州地区佛教东传的有力证据，也说明古海州地区与陆上丝绸之路有非常紧密的联系。

阿育王塔

阿育王塔是与佛教东传有关的重要历史遗迹，是佛教东传的重要见证。

佛塔，佛教又称为浮屠、浮图、窣堵波。佛塔是佛教僧尼的供养处，塔是佛教建筑中十分重要的建筑形式。佛塔在佛教创建的古印度受到十分重视，佛教创建初期，在印度的迦腻色迦王时代，其王到处建立佛教寺塔，他在国都郊外建立大塔，为佛教四大塔之一。6世纪初，北魏使者宋云和僧惠生赴西域求法，经过这里时还见到此塔，当时塔名为"雀离浮图。"佛塔的出现要比佛教造像的出现早得多，佛塔在佛教中所占的地位十分重要。

阿育王塔，是佛教寻塔取名最为普遍的寺塔。阿育王在公元前3世纪统一全印度，大加保护佛教。为佛以后更大兴佛事，建寺塔，奉安佛舍利及供养僧众。

在佛教传入中国之初的汉代，就开始修筑佛塔，三国时期吴国孙权在建邺建造的建初寺中的宝塔，也是其中最早的一座阿育王塔。

佛教传入海州以后，海州最早出现的佛教建筑亦为佛塔，如建于汉时的鹫峰石塔。另外，在花果山下、唐王坝附近的阿育王塔（又名海清寺塔），建于宋代天圣元年（1023年），高40余米，是苏北现存历史悠久、塔体最高的古佛塔之一。

该塔为仿阁楼式，九级八面，砖石结构，整个建筑结构合理严密。塔的下层，东、西、南、北四面各开一拱形券门，以上各层的其余四面开出直棂窗形。塔的底层是迭涩式腰檐，二至九层是平座迭涩式腰檐。八层以下，外壁内绕以走廊，塔中心砌八角形中心柱。进西面入梯小门，踏上十字形交叉踏步，沿梯拾级而上，可直至八角形藻井的塔顶。这座塔无论是塔身、中心柱、内廊阶梯，还是腰檐、卷刹均为砖石砌叠而成。整个建筑结构典雅大方，朴实无华，却又风格雄浑凝重。海清寺的阿育王塔与河北定县的开元寺塔（也称料敌塔）称为宋代南北二巨塔。

清代郑三捷曾作诗诵颂该塔："谁造佛图镇海东，金茎承露映瑶空。将倾复合真仙力，驱贼留人实佛功。缓步高堂随瑞霭，凭栏闲立挹清风。飘

阿育王塔（张晓晖摄）

飘恍若凌霄汉，千里山河指顾中。"

六神台佛教造像

六神台佛教造像位于灌云县的伊芦山。伊芦山是传说中商代大臣伊尹晚年结庐退隐的地方，伊芦者，即伊尹之庐。伊芦山早先也是大海中的一个孤岛，随着沧海桑田的变迁，逐渐与陆地相连直至远离大海，成为孤立于陆地之上的一座独立山体。伊芦山虽不大，山中奇泉异井，茂林古洞，遗存的名胜古迹很多，文字题刻、摩崖造像题刻令人目不暇接。尤其是山顶的六神台上，刻有六个人物的浮雕，已被确定为是盛唐时期的佛教艺术遗迹，为唐代佛教石刻造像群，极为珍贵。另外唐代造像约40座，分布在台下山崖上，有坐佛、力士、供养人、观音等，体态各异，造型生动。江苏省有三处唐朝佛教造像，另两处在南京栖霞山和徐州云龙山，伊芦山六神台佛教造像保存得最好，研究价值极高。

整个造像刻在六神台西南高约5米，宽约10米的峭壁上，共42尊，分两组。一组在六神台绝顶西南下1米处绝壁上约2平方米的石窟内，利用天然洞穴稍作加工而成。窟内东壁上有高浮雕像6尊，其中5尊为坐姿佛像，1尊为立姿力士像，通高均约50厘米，全部刻在一高0.6米、宽约

2米的神龛内。北面2尊已残毁不可辨；南面4尊保存良好，面目神态尚可看清。这6尊佛像即为俗称的六神。另一组造像位于石窟下1米处的峭壁上，分布在5平方米范围内，共计36尊，大部分已残毁不清，但仍可辨出是刻在大小不等的龛内，每龛3—8尊不等。佛造像用高浮雕，有坐有立，有的还有须弥座。有7个龛全毁，仅剩背光、须弥座。

佛教寺院

除孔望山汉代佛教摩崖石刻外，海州自汉代以来广建佛寺，修筑浮图（塔）。据《云台山志》卷二《寺观》条中记自汉至清建佛教寺院几十处，条中所记有：三元圣宫、石佛庵、大佛殿、地藏庵、观音堂、观音庵、地藏庵、华严庵、海清寺、船石庵、禅兴寺、兴国寺、安和寺、悟道庵、雪道庵、法起寺、悟正庵、云门寺、蓑衣庵、吉祥寺、崇善寺、长春庵、白云寺、大佛寺、碧泉庵、丹霞寺、镇海寺等几十处佛教寺院。寺院的兴衰，印证了海州自汉以来佛教文化的昌兴与衰败。

悟道庵

一条古道，万竿青竹；一座石庵，数株老树。悟道庵又名悟真庵、悟正庵，位于宿城大竹园黄茅顶的山上，建于明万历年间。庵坐北向南，山门与正殿布置在一条中轴线上，两边各配一厢房，略成正方形。正殿面阔8米，进深5米，顶部已损坏。山门成拱形，以石砌成，门上嵌额，刻"三教寺"三字。山门内东墙壁上嵌有《东海悟道庵碑记》石刻，为明万历四十二年（1614年）海州知州杨凤等立，黄宣泰撰文，清顺治十二年（1655年）重刊。整个建筑占地约200平方米。庵前有两株腰围分别为4.5米、5.3米的大银杏树，山门外20米处有两块约重数百吨的天然巨石，横卧于山门外两侧，二石间有一隙，为天然石门。石门左侧刻有"别有洞天"及近人题刻，下有石阶可登。右方之巨石上有"了空碑"，为明万历四十三年（1615年）涟水杨珊之"门下生魏子约、沙诏等立"。

龙洞庵

龙洞庵原名龙兴寺，始建于唐代中叶，是连云港市最古老的庙宇之一，是海州现存最古老的寺院。据清《嘉庆海州直隶州志》记："孔望山，州东五里，有龙洞。唐宋时为龙兴山。"唐代中国佛教进入全盛时代，龙兴寺得名与当时全国寺院统称有关。据《唐会要》载："贞观七年（633年）立众香寺，神龙元年（705年）二月改为中兴寺。右补阙张景源上疏曰：'伏见天下诸州各置一大唐中兴寺……请除中兴之字，直以唐龙兴为名……其天下大唐中兴寺观宜改为龙兴寺观，诸名此例，并即令改。'"据此可推断出龙洞庵自唐代称龙兴寺以来至今已有1400余年的历史。唐开元二十一年进士刘长卿为转运使判官时曾来海州，写有多篇咏赞海州的诗篇，其中《登东海龙兴寺高顶望海简演公》赞龙兴寺："胸山压海口，永望开禅宫。元气还相合，太阳生其中。豁然万里余，独为百川雄。"金代耶律损满游云台山龙兴山寺时留下了题刻，说明龙兴寺至金代仍然留存。

明代隆庆年间重修了山寺，并改名为龙洞庵。这主要是因山寺东有龙浴池，西有龙洞，故得名。龙洞在龙洞庵西侧，传说古有黄龙在此潜踪修炼，后腾飞而去，因名龙洞。又因此处常年云深雾浓，亦称"归云洞"。宋代以来，龙洞名胜渐为历代官绅士民所倾慕，名人题刻镌满龙洞外壁。该洞外现存宋、金、元、明、清诸代题刻24方，隶、篆、草、行，风格迥异，大字数尺，小字寸余，琳琅满目。1980年，重新修葺，使这千年古刹，恢复了明代建筑风格。

兴国禅寺

兴国禅寺历史久远，"兴国寺在新县中，相传为东海县治。"道光十一年（1831年）问世的《大清一统志》称兴国寺"在海州东北，巨平山北，唐元和中建。"这座古庙规模宏大，影响、声望更大。庙里菩萨多，僧人亦多，远近闻名。海、赣、沭、灌各地来敬香者不断。日本高僧圆仁在其《入唐求法巡礼行记》中专门记载到新县城里兴国禅寺的一次宗教文化交流活动。寺里僧众见外国僧人拜访，人人高兴，忙着煎茶招待。圆仁一行在兴国寺休息，饮茶，前后参观，膜拜诸神。后在新县城里又雇三头毛驴，离兴国寺往西去大村。

国清禅寺

国清禅寺位于板浦中学院内,始建于隋炀帝大业八年(612年)。那时,板浦东、北两面是海,人烟稀少,佛门弟子相中此处,建了座禅寺,专门为那些弃俗出家的人剃度受戒,填写度牒词簿,教习诵经参禅,成了佛教活动的所谓"四大皆空、六根清净"的世外桃源。该寺院在五代残唐时即毁于兵燹。宋元丰七年(1084年),云游僧法朗在旧寺上进行了重建(后人尊其为开山僧);元至正十四年(1354年),又不幸毁于战火。明洪武九年(1376年),果升大和尚再次重建;清康熙三十四年(1695年)又进行了扩建。当时国清禅寺规模很大,故又俗称"大寺",寺前巷道也因此得名"大寺巷",一直沿用至今。

国清禅寺是板浦古镇文脉的源头。清代,随着古镇盐业的发达,围绕古寺,诞生了一批享誉全国的文化大家。如《镜花缘》著者李汝珍、著名经学大师凌廷堪、"二许"、"二乔"等百余名文化翘楚;他们经常在国清禅寺诗文唱和。许乔林著的《弇榆山房笔谈》有这样记载:"雍正庚戌春,沂、郯、海、赣同知吴公象贤勾当公事至板浦,集诸名士题襟射覆,觞咏无虚日,家耕梅兄藏有司马诗册,其《国清寺赏桃花》云:'东风吹醒人桃源,眼底红云玉树翻。太白醉吟花下句,惠连移送雨中尊。繁枝春老香堪摘,活火声清渴欲吞。壁上有琴僧未俗,逃禅兴味想茶村。'"近现代更涌现了如著名教育家江恒源、著名话剧表演艺术家朱琳、被誉为"海属泰戈尔"的朱仲琴、以"中国声呐学之父"汪德昭为首的中华人民共和国科学精英"汪氏三兄弟"等一大批国家栋梁。从某种意义上说,是国清古井滋润了古寺厚重的文化,古寺厚重的文化强劲了古镇久远的文脉,文脉贲张的文化繁荣让板浦这一方小镇,一度成为连云港市近现代文化的博物馆。

道、佛教并存

东汉时期，民间流行的巫术与黄老学说的某些成分结合起来，逐渐形成了道教。道教兴起于东汉末年，发展于唐、宋时期的宗教文化，也是黄海文化带中值得瞩目的组成部分。特别是孔望山和花果山，因其独特的山海自然风貌，为我们承载了丰厚多元的宗教文化遗存。

中国道教发源地

作为中国道教发源地的重要佐证，这里是《太平清领书》的出现地。

《太平清领书》为道家的重要典籍，即后来广传于世的《太平经》，"其言以阴阳五行为家"。专家研究确认，干吉得到神书的曲阳，就是古海州始建于西汉的曲阳侯国的一个古老城址，因位于淮河弯曲之北，得名。又因河北省也有一个曲阳，所以也称"东曲阳"。《汉书·地理志》记载，曲阳是东海郡所属十八个县和十八个侯国的建置之一，始建于高帝，但没有记载城址的具体地望。在《后汉书·郡国志》中，曲阳已归属下邳国，有较详细记载："西汉有曲阳，属东海郡，故城在州西南，后汉邳国。"并记载："曲阳侯国，旧属东海"。曲阳是否有泉水？在《汉书·襄楷传》的注中给出了答案："今……海州有曲阳城，北有羽潭水，……盖东海曲阳是也。"这条注为道教起源于东海曲阳泉水上提供了重要史料。这里既然是《太平清领书》的出现地，当然可以认为是东汉太平道的发源地。

干吉在东海以《太平清领书》为主要经典传布"太平道"的同时，在巴蜀兴起张道陵开创的"五斗米道"。"五斗米道"与"太平道"同源于黄老道。创立"五斗米道"的张道陵原籍沛国丰县（今徐州丰县），其出生地正是早期"太平道"传播和盛行的地区。他在四川鹤鸣山布道，包括他的弟子张衡、张鲁等都是以《老子五千文》和《老子道德经》为主要经典，与《太平经》同出一源。他初建的"廿四治"中，下八治中就有"第七十二福地"的"云台山"。这种东西互应、山海交融的道教活动，清楚地勾画出道教由东部海滨流向西部山岳的传播轨迹，就如陈寅恪先生在《天师道与海滨地域之关系》一文中所说："天师道起自东方……而张角之道术亦传自海滨，显与之有关也"。

孔望山摩崖石刻、东海庙故址也是作为中国道教发源地的重要佐证。

1933年，陈寅恪指出道教起源于滨海地区，而孔望山摩崖石刻这处以道教为尊的石刻造像，正发现在东海之滨。接着，汤用彤又指出东汉的佛教是依附于道教而存在的，这处东汉道教庙宇内造像，也正是道佛并糅。孔望山的新发现，正和过去的研究成果完全相合。由于这个发现，可知连云港地区应当是东汉滨海地区的道教活动中心。《后汉书·东海恭王传》称：永平元年，东海恭王病危，明帝和太后就"数遣使者、太医、令丞，方伎道术，络绎不绝"。所谓"方伎道术"，无疑包括了道教之士。这暗示出东汉早期的东海郡，道教就已经比较流行了。

东汉"东海庙"故址的确定证明了孔望山摩崖造像中存在的道教造像，《隶释》卷二《熹平元年东海庙碑》谓此庙建于桓帝永寿元年（155年），在黄巾起义后，太平道教遭取缔，此地当在很长时间内不会再有修庙造像之事。由此可知，这些造像应当是永寿元年到中平元年（184年）间的作品。

道、佛教长期并存

孔望山令人惊异，这座山的主峰顶上有"石承露盘""杯盘刻石"两处东汉至魏晋的道教遗存，利用"承露盘"收集和餐饮仙露是当时方士和道教信徒常用的求仙之术;"杯盘刻石"也是当时人们普遍祭祀道教崇敬人物的祭器。这两处重要的石刻遗迹位于孔望山主峰顶上,高高在上,极目远眺,一览无遗,给人以飘然出世之感,真是一处理想的饮仙露美酒、求仙拜仙以至修炼成仙的绝妙所在。在东汉末年的摩崖石刻的整体布局上,道教也处于主尊的地位,一些佛家菩萨造像则在它的四周展开,佛道两教杂糅,构成了一幅佛道共存的玄幻画面,成为至今中国佛道两教和谐共处的独特景观。

佛、道教的弘法场所

佛、道教长期并存,却有各自的弘法场所。由于地理位置优越,佛、道两教都把海州作为他们弘法的理想场所,竞相兴建寺庙宫观。作为治所的海州古城内外及山川之间,佛、道两教历代兴建的寺庙宫观建筑也比比皆是,虽代有兴废,但有明确文字记载的就达60余处,直到清末民初,仍有"九庵十八庙"之说。这些风格各异、造型精美的寺庙建筑,既反映了佛、道教在海州的兴废交替,也是中国传统文化与外来文化相互融合的见证,是2000年封建社会发展的缩影。这些寺庙,具体体现了宗教文化参与、融合并最终创造出海州辉煌的古文化的历史过程,寺庙中雕刻、绘画、经典、碑刻等应有尽有,其中许多是中国古建筑和雕刻艺术的精品,具有浓郁的东方文化色彩。

佛教的寺和庵,是供奉佛像、存放佛经的场所,是佛和菩萨的"住宅",也是出家僧人进行佛事活动和他们修持、生活和居住的地方。海州北齐年间建成的龙洞庵,唐朝前后建成的园林寺、紫竹庵以及清朝建成的百子庵、观音庵、神州庵等,都见证了佛教兴衰的过程。而道教的宫观神庙,则是道教所奉之神的祭祀场所,是道教神职教徒修习道教的斋仪和道术,以及生活居住的地方,是弘扬道教文化的基地。但由于道教是多神教,这些祭祀场所专指性很强,大都是专门祭祀某位神仙的神庙。

道、佛教并存的经典建筑

位于花果山最高峰清风顶的三元宫,是道佛教并存的经典建筑。

清风顶是云台山的著名山峰,明人廖世昭曾有诗赞曰:"偶到东溟第一峰，白云深处路还通。恍疑身在蓬壶上，万里山河指顾中。"三元宫即是青峰顶上的一组寺院建筑。

三元宫初建于唐，重建于宋，敕赐于明。

在唐时，初建三元宫的规模还较小，只是在明万历二十二年（1594年）得到封建统治者的支持与勅赐后才开始兴旺起来。三元宫不是一个单体寺院建筑，而是由三十六处建筑组成的一个建筑群。"圣祖仁皇帝勅赐匾额，遥镇洪流四字自此香火益甚……僧众数百人分住三十六所诸名……于后。藏经阁、长生庵、灵官殿、别峰庵、雪水堂、大佛寺、清风古刹、瑞林房、东竹园、万寿庵、紫竹庵、净身阁、屏竹社、好生堂、地藏庵、大悲庵、乌云阁、玉皇阁、海曙楼、吕祖庵、真武殿、铁佛寺、多宝佛塔、茶庵、九龙庙、接佛寺、南天门、灵官殿、老君堂、杨公生祠、明月庵、听月楼、观音庵、金佛塔、升仙坞弥陀庵。"可见明代三元宫盛况无前，早在它的极盛时期，每日香火不断，多达2万余家，住寺僧数百人。每年正月十五日前后，远近数省信男虔女络绎不绝，鞭炮烟火通宵不绝。

三元宫中的寺庵以佛教院为主，但三元宫群体建筑中也有崇拜道教寺观，如玉皇阁、吕祖庵、真武殿、老君堂等，这说明海州地区是释道合流的宗教地区。

佛教自从印度传入中国的那一天起就与中国土生土长的道教、儒教结合在一起，并依附于道、儒两家，以在中国求得生存与发展。既表现在佛教经典中，也表现在寺观混杂并存的建筑物里。

道教建筑

东海庙

道教自汉朝初年形成后，元、明两代是其发展的鼎盛时期，清代即趋衰微。古海州作为中国道教的发源地之一，与此相关联的是海州东海庙、碧霞宫、天后宫、真武庙等道教的宫观神庙，见证了道教当时在海州的兴盛情况，其中，东海庙是其典型代表。东海庙即东海君之庙，《后汉书·方术列传·费长房传》曾云："后，东海君来见葛陂君，因淫其夫人，于是长房劾击之，三年而东海大旱。长房至海上，见其人请雨，乃谓之曰：'东海君有罪，吾前击于葛陂，今方出之，使作雨也。'于是雨立注。"从这段文字看，东海君正是东海海滨一带之神。《隶续》收录的洛阳上清宫《五君杯盘文》刻有："大老君，西海君，东海君，仙人君，真人君"诸神之名，这是东汉的道教刻石，可见"东海君"是道教之神，东海庙即道教庙宇。

据《上清后圣道君列纪》所引《太平经》，老子在道教中被尊为后圣，下有四辅，其中上相方诸宫青童君即为东海君。在《太平经》和陶弘景《登真隐诀》《真诰》中，东海君又被称为"东华玉保高晨师青童大君""青童君""东海青童君""东海小童"，等等，是道教中统辖一方的重要尊神。《太平经复文序》也有"后圣太平帝君……故作《太平复文》，先传上相青童君"的记载。可见，东海青童君在道教中的地位十分重要。传世汉印有"东海庙长"。在东汉，大县置令，官秩千石，小县置长，官秩三四百石，盐官、铁官、工官、都水官置令、长及丞，官秩如县、道。"东海庙长"为三四百石官吏，据此可知东海庙是东汉时期由官府管理的一处极重要的道教庙宇。《后汉书》的《楚王英传》《襄楷传》和《桓帝纪》，屡言当时在诸侯王和天子的宫殿里是祭祀黄老和浮屠的，在这样重要的道教庙宇中，当然更要有道教神像。

早在永寿元年（155年），就有重修东海庙的记载。东海君是道教中统辖一方的重要神祇，一身兼备东海海神、风神、雨神三重身份，每至祭祀海神活动，"义民相帅，四面并集"，场面十分宏大。汉代，海上贸易日趋繁荣，祭祀是为了祈求海上航行的安全和海外贸易的兴旺，东海庙的祭祀之举反映了汉代连云港航海事业的兴旺发达。

延福观

延福观是连云港地区道教的一处著名建筑，明代崇祯四年（1631年）由高晋卿等三个太监出资在东磊围屏山前兴建。《明史·吴宗尧传》记述"太监陈增，崇祯初年被任命为山东税使兼领徐州，晚年退老郁洲，出资建延福观，死后葬于东磊。"从此，东磊便成为云台山一带道教的主要基地，苏北地区道教活动中心，三四百年间香火旺盛，山上所有的景点都染有浓重的道教色彩。

延福观山门上有康熙初年"敕赐护国延福观"题刻。唐仲冕《延福观》一诗中描述道："石楼重叠倚岩东，紫气侵寻上帝宫。老树杂花横挂壁，天生十幅绣屏风。"

延福观西南为玉兰山房，有一墙相隔，把古玉兰树围于院中。院中现存四棵树龄多在800年以上的玉兰树，毗邻生长，树冠连片如华盖，遮住一亩多地。最大一棵高25米，树围2.8米，是全国树龄最老，树高、树围最长的玉兰花树，为中国之最，被誉为"玉兰花王"。清代两江总督陶澍巡视云台山时，题楹联一副于玉兰山房："奇石似人花下立，仙人如鹤竹间来。"

自1985年以来，连云港市每逢清明都会举办东磊玉兰花会，届时，登山赏花人总是蜂拥而至，大家都以一睹玉兰家族风采为快。

The biography of LianYunGang

连云港 传

盐业发展与城市崛起 第六章

连云港地区早在4000多年前就有海盐之利,盐不仅在先民们的生活、生存、进化中起积极作用,而且由于盐的吸附凝聚作用,引进部落的聚集,成为孕育、发展连云港早期文明和文化的经济基础,在早期历史进程中始终扮演着重要角色。连云港城市的诞生和发展,无论是龙山时期的藤花落古城,还是后来海州、板浦、大浦、新浦等城市的发展,无不与盐息息相关。盐是连云港海陆丝路中的重要元素,是解读文明起源、城市发展的一把密钥。

天下淮盐

"吴盐兼味发清香，圣心此意与天长。"宋孝宗朝太尉曹勋笔下皇帝御赐的吴盐就是淮盐。作为盐族珍品，"淮盐自古天下香"，驰名中外。

淮盐特色

淮盐，因产地而得名，其产地位于今江苏省北部沿海地区，同时以淮河为界，淮河以北为淮北盐场，淮河以南为淮南盐场，是中国古代四大海盐产区之一。淮北盐场所产的盐是大颗粒盐，以粒大色白而著称，"色白、粒大、味美"，是淮盐品质的代表，享有盛誉。唐朝诗人李白曾在《梁园吟》中夸赞道："玉盘杨梅为君设，吴盐如花皎白雪。"宋朝大词人周邦彦在其《少年游》词中也说："并刀如水，吴盐胜雪，纤手破新橙。"

初作煮海为盐，号称"盐宗"

淮盐生产有4000多年历史，袁珂先生是中国神话研究专家，他在其所著《中国神话大词典》中考证：炎帝时，夙沙初作煮海为盐，号称"盐宗"。古时，江苏的两淮盐区曾在扬州、泰州建有盐宗庙两处，除此以外，中国其他海盐产区类似古迹与传说不多。可见，江苏的两淮盐区是中国历史上最早的盐区之一。解州即现在的山西运城，是当时内地的主要盐产地，《宋史·食货志》区分了两地产盐的区别：解州是"垦地为畦，引池水沃之"，"种盐，水耗则盐成。"而沿海则用熬卤法生产粉末状的小盐。

淮盐生产见之文字记载、首见史籍，是汉昭帝时桓宽的《盐铁论》，书中提到"朐䴵（读 chàng）之盐"，而"朐䴵之盐"就是海州一带产的盐。海州当时属东海郡，武帝时，分置盐官于二十郡，朐县即是其中之一。司马迁的《史记·货殖列传》指出："彭城（徐州）以东，东海、吴、广陵、此东楚地也……东有海盐之饶……"至今也已有2000多年。在长期的历史演变中，淮盐留下了弥足珍贵的文化遗产。淮北制盐工艺的演绎，历经百代人之手，经历了从海水煮盐到太阳晒盐两个漫长的过程。2009年，经过江苏省政府批准，淮盐晒制技艺成为江苏省第二批非物质文化遗产保护项目，蓝色海水凝结成天下淮盐，编织出海盐文化的璀璨篇章。

桓宽

汉代的盐已经在各国间交易，并且国家在重要的产盐地还派有盐官。刘向在《说苑·臣术》中记载：秦穆公派人到楚国地界的产盐地贩盐至秦。关于盐官的记载，连云港东海尹湾汉墓出土的《东海郡吏员簿》的木牍中，其二号木牍为《东海郡郡属县乡吏员定簿》，详细列载了东海郡太守、都尉、县、侯国、邑及盐铁官总数及长吏秩俸。关于盐官设置在木牍记载中十分清楚：

伊芦盐官吏员三十人长一人秩三百石丞一人秩二百石令史一人官啬夫二人佐二十五人凡三十人。

北蒲盐官吏员二十六人丞一人秩二百石令史一人官啬夫二人佐二十三人凡二十六人。

郁洲盐官吏员二十六人丞一人秩二百石令史一人官啬夫二人佐二十三人凡二十六人。

明确记载，朐有三盐场：伊芦、郁洲与北蒲。

伊芦盐官设置等同于小县，为长。根据《汉书·百官聊表》的解释，"县令、长，皆秦官，掌治其县。万户以上为令，秩千石至六百石。减万户为长，秩五百石至三百石。皆有丞尉，秩四百石至二百石，是为长吏。百石以下有斗食、佐史之秩，是为少吏。"伊芦盐官设长、丞各一人，而北蒲和郁洲只有丞一人。因而伊芦为盐官长设署之地，北蒲和郁洲为盐官别治——分支机构。从西汉地望及建置分析，伊芦、北蒲及郁洲都在朐县境内。伊芦即现在灌云县伊芦乡，北蒲即现在于公瞳，而郁洲即现在的云台山。盐官设置之所都为海盐生产及集散之地。尹湾汉简的发现，证明早在西汉时期，今日连云港地区已是重要的海盐产地，而且中央政府派出了盐官，直接管理海盐的生产和专卖。

几千年来，淮盐对民生即国家政权的延续作出了重大贡献。从汉唐直至明清，两淮盐课在财力上雄踞全国各大盐区之首，史载"东南盐利，视天下为最厚"，并有"煮海之利重于东南，而以两淮为最"之说。

唐代初朝廷在全国设十大盐监，《新唐书》记载了海陵、盐城两监的年产盐分别是六十万石和四十五万石，几乎占到十监总产的半数。到了宋代绍兴末年，淮盐的辉煌更是如《宋史·食货志》所说："蜀、广、浙数路盐产，皆不及淮盐额之半。"到明清时，淮盐盐税已占国库财源的1/3。清道光年间淮北盐政改革家陶澍感叹道："东南财赋，淮盐最大，天下盐务，淮课最重。"甚至有"天下大计仰东南，而东南大计仰淮盐"之说。

盐的销售区叫行盐区，不同产盐区的行盐区域亦不同，有严格的区域限制。明代淮盐，"盐行南直隶之应天、宁国、太平、扬州、凤阳、庐州、安庆、池州、淮安五府，滁、和二州，江西、湖广二布政司，河南之河南、汝宁、南阳三府及陈州"。"所输边，甘肃、延绥、宁夏、宣府、大同、固原、山西神池诸堡"，上供"光禄寺、神宫监、内宫监。"淮盐的行销区域也是时有消长。由于淮盐产量大，值贵味美，"正统中，贵州亦食淮盐"。成化年间，由于淮盐出现拥塞不畅现象，海北盐的产量不断增加，"成化十八年，湖广蕲州、永州改行海北盐"。

淮盐生产

淮盐生产起源于春秋，发展于隋唐，振兴于宋元，鼎盛于明清。

春秋时的淮盐

春秋战国时期，盐业生产已经比较发达，人们开始认识到它在国民经济中具有举足轻重的作用。如春秋时，管仲在齐国实行了"官山海"的经

今日淮盐（连云港市摄影家协会提供）

济政策，"官山海"亦称"管山海"，"山海"就是铁和盐。他反对向"树木""六畜"和人口抽税，而主张"唯官山海为可也"，在中国历史上首位提出由国家专营盐业、矿产及采取各种方式控制山林川泽的经济思想。创立专卖法，官府和民间虽同时生产，但一律要由官府收买和运销。齐国当时年产盐36000钟（每钟合今384公斤），这些盐全部以相当于成本40倍的价格出售。齐国属地户口制度健全，人丁俱入册，销盐按人口配给，成年男人、妇女和儿童，都各有不同的供应标准。此外，还匀出一部分食盐运往内陆的梁、魏、赵、宋诸国交易，既可以获取高额利润，同时还可以购入急需的货物。因沿海产盐地区大多被齐国控制，内陆诸国无奈只能受制于齐国，使齐国一举成为富甲天下的"海王之国"。

管仲一系列的盐业政策，促进了齐国沿海地区的生产繁荣，同时也引起沿海其他国家的争相效尤。江苏盐场春秋战国时，先后为郯、齐、吴、越、楚等国所属，为了积累资财，供应军需民用，他们都把发展沿海煮盐放在重要的位置上。春秋时，齐国曾制定出私盐禁例；汉时，则在两淮盐区设盐官，主管盐事。江苏盐场能够见到的最古老的盐业生产遗址，是在连云港的青口盐场发现的煮盐古遗址,坐落在山东省日照市城南45里处的涛雒镇附近,此地当时属齐国管辖。

食盐专卖制度,就是对于盐采用"民制、官收、官运、官销",即在产盐区设立盐官,由官府另募平民制盐,并提供制盐的锅(牢盆),再由官府全部收购,并运往各地出售。为了保证盐专卖制度的实施,西汉政权还在法律上规定了对于违反这一制度的行为的制裁方式,主要有私盐罪、矫制罪。私盐罪,元狩五年规定:"敢私铸铁器、卖盐,钛左趾,没入其器物。"《史记·平准书》韦昭注:"钛,以铁为之,著左趾以代刖也。"这是对私盐处罚的最早规定。矫制罪,《二年律令·贼律》规定:"矫制,害者,弃市;不害,罚金四两。"在《汉律摭遗·贼律》中列有"矫制"一目,沈家本依据如淳注将"矫制"分成大害、害、不害三等。

汉时,盐的分配和大规模转运,由产区或设在中转地的盐铁机构来负责,按照销区的人口数和田亩数匡算出应予供应的食盐数量,销区也必须照此从附近产区或中转地调盐,不能擅自煮盐,冲击国家的食盐专卖统一安排。一般地讲,盐的运销由调入地区的官府自己组织劳动力,准备运输工具,把盐从产区拉回去,然后再分派民间。销售时,在有条件的地方,由官府自置吏员,设点卖盐;在没有条件的地方,则收取重税,将盐交于商人分销。

汉武帝时,由于粮价上涨,食盐私营,产量多,商人竞销,淮盐售价一时出现"盐与五谷同价"的现象,比齐国的"四倍于每石粟价"的盐价有了大幅度下跌。东汉末年,东吴孙权的父亲孙坚,曾担任盐渎县第一任县丞。陈寿《三国志·吴书》卷54记载:孙权欲与曹操结盟,曹操提出"须派一人质前来"。孙权气愤不过,召集军事会议,因为有盐铁,周瑜在会上气壮如牛:我东吴国开山铸铜,煮海为盐,全国一心,何惧曹贼!

隋唐时的淮盐

隋至唐初,当时朝廷对盐业的生产、税收曾一度放任自流,时间长达100多年。安史之乱后,全国一片大乱,朝廷的财政已无法支撑局面。战乱尚未平息,唐肃宗尚在成都,户部侍郎兼诸道盐铁转运第五琦去成都面见肃宗，建议"方今之急在兵，兵之强弱在赋，赋之所出江淮居多，若假臣职任，使济军甫，臣能使赏给之资，不劳圣虑。"第五琦还提出在盐场区设置盐院，并且在各州县设置盐官，这样政府可以对盐实行专卖，实现统一管理。肃宗惊喜不已，当即对第五琦委以重任，任命他为监察御使，勾当江淮租庸使。不久第五琦就创立了榷盐制度，榷盐初始，朝廷向淮南盐民收购的盐价为每升十文，运往销区则为一百一十文。

进入唐朝以后，史书对淮北盐业的生产销售情况开始有了比较系统的记载。宝应年间，刘晏受任盐铁史，他在淮北设监院，在涟水设海口场，积极扩大沿海煮盐事业；还在扬州白沙设立巡院，以缉私护盐。其时吴、越、楚、扬盐产丰饶。宝应元年，全国税利1200万缗，盐占了一半以上；其中江淮地区盐税利约75万缗，占全国盐税利的12%。顺宗时江淮盐税利上升至230万缗，占全国盐税利的32%。淮北盐产量占江淮盐总数的1/2。

宋元时的淮盐

宋初上承唐、五代以来旧制，大部分地方的盐都是官卖。宋代两淮，两浙之盐，称为东南盐，所谓"东南盐利，视天下为最厚"。岁课之多，过于解池，这一阶段两淮盐区获得了很大的发展。

宋代对于盐业生产的管理，因积累了历代的经验，更系统，更有效率。产量预定与实产考绩，均有具体规定，故产存丰裕。宋代管理盐产机构有大、中、小三级，大者为监，中者为场，小者为务。其隶属关系是监辖场、场辖务。主要任务是催督煎制，买纳支发。监场官吏由朝廷委派，监官亦由知县兼任。随后，盐场分为催煎场、买纳场两类，催煎场的任务是监督亭户煎盐；买纳场的任务是收盐与支付盐本钱。盐区设场始于宋代，并无定制，或有监无场，或有场无监，或甲县监辖乙县场，大多因地制宜，随时增减。

宋代产盐分官制和民制，池盐一直为官制，籍民充当畦夫（即盐工），官家给薪，每夫日给米二升，每户发给钱四万。末（海）盐多为民制，称亭户或灶户，户有盐丁，发课入官，受钱或抵租赋。宋神宗年间卢秉创结甲之法，三至五灶为一甲，甲有甲头，既负责监视煎煮，申报起火停火时间，也代盐户领盐本钱。

宋代对盐的产销管理已章法明确，如预定产量，下达产销计划，考较、催煎、买纳仓、场监、提举司等。盐官都有任期，一般为三年。盐官满任以后要考察所管辖范围内政绩的好坏，超额完成任务的有奖赏，并予擢升；亏损的要罚俸禄，并遭贬谪。

宋元两代煮海为盐的工艺已很成熟，元代天台陈椿所著《熬波图》是中国现存最早系统描绘"煮海成盐"设备和工艺流程的一部专著，记录海盐生产流程的完整性。自"各团灶座"至"起运散盐"，有图47幅，每张图都各有其说，后系以诗，反映了宋元时期江苏盐业的实际情况。南宋绍熙五年（1194年），黄河夺淮入海，由于泥沙骤增，滩涂日扩，淮北盐场井灶即向东移。到了元朝，随着新滩的不断淤现，淮北盐区先后新建了板浦场，兴建了临洪场（即今青口场），废除了洛要、惠泽，将那里变为草滩，供板浦砍草煎盐所需。

当时两淮计有吕四、余东、余中、余西、西亭、金沙、石港、掘港、丰利、马塘、栟茶、角斜、富安、安丰、梁垛、东合、何垛、丁溪、小海、草堰、白驹、刘庄、伍祐、新兴、庙湾、莞渎、板浦、临洪、徐渎计29个盐场。两淮设都转运盐使司，委正使、副使、运判等官，掌理场灶榷办盐货诸事。至元十六年（1279年），两淮年产盐587623引（每引400斤）。天历二年（1329年）是产盐最高年份，两淮年产盐950075引。

元朝的最后一年，至正二十八年（1368年），淮北盐场设立了徐渎场，后又增建莞渎场。至此，淮北盐场所属的莞渎、板浦、临洪、徐渎四场，每场设司令一员，司丞一员，营勾一员。

明清时的淮盐

明代是中国商品经济发展的重要时期，海盐生产也取得了突破性的进展。

在技术上，改煎盐为滩晒，从以砖池结晶为特点的分散小滩向以泥池为特点的八卦滩过渡，开了中国海盐滩晒的先河。《明史·食货志》记载：

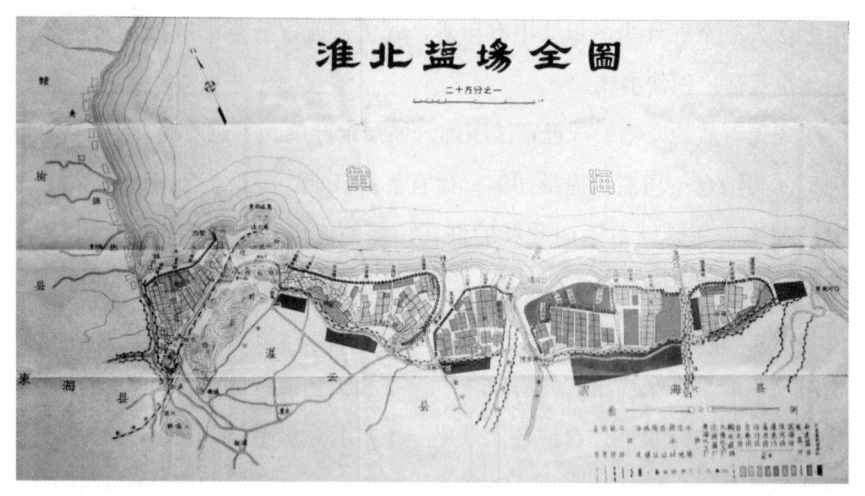

淮北盐场全图

"淮南之盐煎，淮北之盐晒。"先进的生产方式推动了淮盐生产的迅速发展，奠定了淮盐在中国盐业生产上的重要地位。在管理上，从明代的"开中法"到"纲运法"，在一定时期内对盐业生产起到了积极的推进作用，使作为全国产盐大户的两淮盐场地区获得长足发展，由此促进了两淮地区商品贸易的发展和繁荣，并且催生了扬州等地的快速繁荣和兴旺。

明代上承元制，明初于两淮设都转运司，"两淮所辖分司三，曰泰州，曰淮安，曰通州；批验所二，曰仪真，曰淮安；盐场三十，各监课司一。"其中淮南二十五场，淮北五场。由于明代制盐技术的进步，各产区产量不断增加，为便于梳理，按各场食盐产量的不同，将两淮盐运司所辖三十场分为上、中、下，其中下场主要是海州地区的莞渎、临洪、兴庄、徐渎、板浦五个场。此三十场在明代变化很小。

清康熙十七年（1678年）以徐渎并入板浦，雍正五年（1727年）以临洪、兴庄并为临兴场，乾隆元年（1736年）设中正场，以莞渎并入。康熙五十年（1711年）后，云台山渐与陆地相连。淮北盐场原有盐滩因离海较远，纳潮晒制困难，便逐步裁废为农田，新建的盐滩均随海岸向东推移。

清乾隆时期，淮盐生产和行销进入了黄金时代。淮盐畅销江淮平原和长江流域，这一带物产丰富、经济繁荣，人口迅速增加，为淮盐行销打开了广阔的市场，进一步促进了两淮盐业的发展。

陶澍道光五年（1825年）调任江苏巡抚、两淮盐政，道光十年任两江总督，于道光十二年推行"盐票"改革，极大地促进了制盐业的发展。盐票改革之前施行的是"纲盐法"，

历史上盐场使用的风车（连云港市档案馆提供）

即政府将行销盐的权利，以纲为单位，分配到各个地方，集中在少数大盐商的手里，政府按纲向他们收税。由于盐纲可以当作特权进行买卖，一再转手，层层加码，增添了中间盘剥的次数，加大了盐的成本，导致盐价离奇飙升，直至涨到老百姓买不起的程度。导致私盐泛滥、盐政腐败、"海氛不靖"、国库空虚、民生凋敝。在此背景下，陶澍到海州全权进行盐政改革，废纲盐制为票盐新法，手续简便，成本低廉，有利可图，经营者趋之若鹜，成果卓著。按照旧例，淮北平均年销盐300万引，征税银300万两；改革后年均竟销了600万引，征税银1100余万两。销量增加一倍，税收翻番。

光绪三十四年（1908年）淮南盐区海岸日远，卤淡产薄。两江总督兼协政大臣端方，上奏皇上，檄委江永沂，集资一万银圆在云台山东的丰乐镇附近辟场建滩42份。徐圩、灌西一带海滩均为盐田。随后，海州徐静仁、汪鲁门等魁士大绅，淮南盐商叶瀚甫集资20万吊，在东部圩子口苇荡左营以东地区，建盐圩21条，铺滩108份，定名同德昌制盐公司，后改为大德公司；清宣统元年（1909年）状元张謇集资15万吊，在圩子口南部又建圩10条，铺滩80份，成立大阜公司；后徐静仁继续集资15万吊，在灌河西畔建圩6条建盐滩48份，名为大有晋公司……统为补淮南盐之不

足，而统一称为"济南盐场"。自此，淮北盐超过淮南盐产量，揭开了近代淮盐生产史的新章。

制盐业的迅速发展，也使港口繁忙，商业繁荣，市井繁华。同时，农业丰稔，渔业发展，使海州古城向东，从新浦、大浦直至老窑，迅速发展起来。云台山周围300多里内，出现海晏河清、运输繁忙、港航兴旺的景象。如板浦，由于商贩挟资聚集，房价陡涨，几间茅屋便需租费百金，过去不起眼的蒲包、草绳也一下提价数倍，一业带动百业兴，盐业带动整个集镇繁荣起来。

淮盐兴盛的高潮在光绪三十二年（1906年），在意大利万国博览会上，淮盐以"色味俱佳"获最优等奖牌，成为"中国海盐见于世界之代表"。

盐业奠定海州地位

盐在人类文明史中的作用，得到了日本盐史专家宫崎市定的高度评价，他认为："中国最古的文明，实兴起于河东盐池附近，我想夏、商、周三代的国度大体上都位于消费盐池的地区，毫无疑问，盐池就是三代文明的经济基础。"

关于盐与连云港的关系，栾丰实先生认为："盐是一个很重要的战略资源，它的作用应该同铜相提并论，后来有人说为什么商人不断东征，他东征的目的是什么，就是要控制海盐，这是从山西的池盐，后来转到东方的海盐，我觉得在连云港地区是很有发言权的。"

世界上许多民族或国家，为了盐而发生了无数次战争，古罗马人常常因盐而发动战争，盐导致了玛雅文明的盛衰。中国最早的战争就是华夏始祖黄帝、炎帝、蚩尤为了争夺山西运城地区的盐池而进行的。美国学者A.H.思期明格说："食盐在人类历史上占有独特的地位，为了盐曾发生过战争，有些王朝因为盐而得以建立，另一些王朝因为得不到盐而崩溃，甚至人类文化也是在产盐周围发展起来的。"宫崎市定认为："中国商业的起源也同盐有关，最初的重要商品恐怕就是盐。"夏商周时，东夷人曾遭受帝

"淮盐文化"历史悠久，底蕴丰厚，有4000余年历史，生产的"淮盐"享誉海内外，淮盐晒制已入选省非遗保护名录。（连云港市博物馆提供）

己、周公、厉王、宣王等统治者多次讨伐，他们除了掠夺奴隶外，盐是他们掠夺的主要对象。

事实上，盐战促进了中原地区与古海州地区的文化交流，加速了古海州地区的文明节奏。1960年4月，南京博物院考古队在清理连云港市大村遗址时，发现西周贵族墓一座，出土西周早期青铜器6件。已故考古学家曾昭燏认为，这是西周贵族领兵的将帅征伐东夷时的殉葬品，这个发掘，说明了盐战的存在。夏商周统治者为了加强对淮河下游一带的控制，特别是对盐的控制，曾实行大规模的移民戍边。这项措施不光补充了这一带农业生产、盐业生产的需要，大量移民也带来了中原地区的先进文化。

20世纪70年代末，南京博物院与连云港市博物馆联合发掘华盖山古墓群，出土70余件西周时期的青铜器、浇筑铜斧以及灰陶盆。可见，东迁带来了黄河流域的先进文化，包括先进的生产技术，先进的思想。到了春秋战国时期，齐国据有海盐之利，晋国据有河东盐池之利，人民争相依附，促进了经济繁荣，文化发达，国家强盛，特别是齐国，成为"春秋五霸"之首，在齐国南境的海州湾地区，因盐而繁荣的程度可想而知。

作为夏禹时期青州属地，春秋战国时期齐国南境的海州湾地区，虽未进行过详细的盐业考古调查，但从其他遗址发掘中盐的踪影清晰可见。20世纪60年代初，赣榆境内发现了盐仓城遗址，该城不仅规模较大，而且存在三个文化层，底层为新石器时代文化。南京博物院的考察报告认为，盐仓城因西周时曾为盐官驻地而得名，"盐仓城"顾名思义，这里是海盐的集散地，表明商周时期盐仓城周边遍布煮海为盐的场地，规模相当大，产量也相当多。

中华人民共和国成立后，在古青口盐场境内发现了春秋战国时的古代制盐遗址，后来又陆续发现"琅琊官印"和西汉朝廷向伊芦、北蒲、郁洲三盐场派盐官的简牍。这些都从考古方面证实，海州湾地区煮海为盐的历史悠久，至少可上溯到商周时期。

如果以盐仓城为中心，50公里为半径画一个圆，一幅古代文明布局图清晰地展现在我们面前：前文所述的众多上至史前的大汶口文化、龙山文化，下至夏商周绵延数千年的文化遗址，几乎都在这个范围之内。这一大片古人类文化遗址，以其丰富多彩的出土文物向人们展示了古海州地区文化发展光辉灿烂的轨迹。这种制盐地与文化遗址共生的现象，使我们仿佛听到了连云港早期文明起源的盐语：有了盐，海州湾地区加速成为原始人类的聚居集中地带，创造了璀璨的文明，留下了积淀极其深厚的文化层，位于中云境内4500多年的藤花落古城遗址，就是文明的典型代表。

如果没有盐，连云港地区早期文明的形成和发展可能是另外一种脉络。

丝路拉动盐业发展

盐业的发展与丝绸之路的发展有千丝万缕的联系。

内河航运及与内地联系的便利，对于海上丝绸之路重镇的发展极为重要。如西汉时海上丝绸之路的起点在徐闻、合浦。三国时吴在岭南设广州以后，珠江流域经济得到迅速开发，加上造船、航海业的进步，广州很快以其特有的区位优势取代徐闻、合浦的地位。

广州与徐闻、合浦相比，其优势在于：广州不但是岭南的经济中心，且与内地联系更为便利，通过珠江水系可达湘、赣、闽等地。而徐闻、合浦无内河与内地联系，通往内地的交通也较困难，缺乏大量吞吐货物的条件。

经过两汉的经济发展和修筑，秦驰道的繁荣及内河航运的便利有力促进了盐业的发展。西汉晚期的伊芦、郁洲、北蒲三座盐场，伊芦盐场在伊芦山周围的滩地，郁洲盐场在云台山周围的滩地，是主要产盐区。当时伊芦山、云台山都为海中岛屿，北蒲即现在的板浦，盐业是连云港地区最悠久、最厚重的主导产业，盐业发展，影响着连云港地区的发展；盐田的变迁，引起连云港城镇的变迁。

淮盐与古海州水运

古海州地域淮盐历史悠久，成形于汉初，唐宋步入稳定发展期，元代跃上一个高度，明清则达到鼎盛。因其量大，要销往朝廷指定的销区，外运一直是十分重要的事。在生产力水平局限下，淮盐外运一直以水路运输为主。

盐河

今盐河起于淮安市淮阴水利枢纽，东北行，贯通六塘河、灌河、新沂河、五图河、车轴河、古泊、善后河达于连云港市新浦，汇于临洪河，长175公里。沿途所经重要市镇有淮阴区王营镇、涟水县朱码头、灌南县新安镇和灌云县伊山镇等。

游水

汉时期，运输工具开始用船载。淮南盐由邗沟运至扬州分销，淮北盐区海州盐的销售大抵经游水运出。游水，据《水经·淮水》记载：流向是自南而北，为淮水下游分支出来的一条沿海河流，是淮河下游的一条支流，"淮水与淮浦县枝分，北为游水，游水之北经东海历利城县故城东，又北历朐山西，又左经琅琊计斤县故城之西，又东北经纪鄣故城南，东北入海。"这曾是中国沿海地区历史上一条重要的交通运输通道，是连接江苏东北、山东东南的一条重要河流。游水两岸人口密集，渔盐经济发达，特别是城邑分布密集，从南向北有楚州、王营、东安、新安镇、大伊山、板浦、朐县、利成、祝其、大莒城、小莒城、盐仓城、纪鄣城等。其中朐县成为东南沿海北部的经济、文化中心，顺游水入海，北上沿海岸可上青、莱、登诸州，南下可达盐城、楚州、扬州。

在北魏郦道元的《水经注》和以后杨守敬的《水经注疏》中，对游水的记载更为具体详细。如《水经注·游水》载："游水历朐县与沭合，又经朐山西山侧有朐县故城，秦始皇三十五年与朐县立石海山，以为秦之东门，东北海中有大洲谓之郁洲，《山海经》所谓郁山在海中者也，游水也经东海利成县故城东，故利乡也。"古代的游水几经变迁，原有的水系已消失，但它还有许多遗迹可以追溯。如现在海州的西盐河，就是当年游水留遗下的故道，当时淮北盐的漕运主要经游水上达涟水，至仓坨再分转各地。

新漕渠

唐朝初期，古海州的经济已经比较繁荣。但由于地处海滨，南至淮楚，北达齐鲁，在这一片广阔的土地上，横贯其间的都是东西流向天然的季节性河流，南北交通运输已经不能适应经济发展的需要。当时漕粮的转运和食盐的运销，成为亟待解决的大事。于是唐武则天垂拱四年（688年），朝廷又修建新漕渠，即从泗州涟水县向北开凿了一条通达海州的漕河，后称官河。白寿彝先生在其《中国交通史》一书中，专题一章论述隋唐宋运河，在白寿彝先生列举的十一条"最主要"河渠中，新漕渠排在第二位，可见其在中国古水运体系中的地位。

唐以前古海州出产淮盐的外运通道缺少文字记载，唐时淮盐即行销于东南半个中国，而以销售古海州淮盐为中心任务的泗州涟水，则居于咽喉之地、商贸中心。新漕渠与开挖于隋炀帝大业元年（605年）的大运河相通，而达于当时淮盐远销中心的扬州，这是最早的淮盐南运的水路文字记载。永泰二年（766年），刘晏接任盐铁使，在漕运要道专设了涟水场仓坨，以接收、转运淮北盐。

这条航道由泗州涟水东三里的涟口入淮河，向北连海州、沂州（临沭）、密州（诸城）诸地，沟通了淮水、沂水、沭水和潍水之间的联系，同时也形成一条重要的盐运通道，古海州出产的淮盐可由此水运通道直送淮盐中心扬州，而分销于朝廷指定的销盐引地。后来这条联系淮水、沂水、沭水和潍水的航道湮废了，但涟水—海州间的航道成为淮盐运输的水上主通道——盐河的前身。这条通道从涟水支家河开始，经涟水入海州境，在大伊山以东向北至磨行口（今灌云县大柴市），从磨行口向西北沿海岸至新坝，在新坝与涟河交汇后，向北经海州西门接临洪河入海。官河的另一分支从磨行口向北至板浦附近入海。"官河长一百三十里，阔八丈，盐课所经，官舫估舶，帆樯相望，故曰官河"。从历代史书记载看，官河的主体就是利用游水的自然河流，与涟河沟通，并凿深加宽而成。

唐朝的沭河有一分支从今东海县的山左口附近穿过桃林，辗转流入桑墟湖，船只由官河在新坝转入涟河、桑墟湖、溯沭河而上可达沂州、密州。官河的南端在涟水县境盐河以东的涟口通入淮河，由淮河入邗沟（今京杭大运河）而南达长江，西至安徽诸口岸。因此，官河的开凿沟通了古海州地区与山东、江南之间的联系。

到唐玄宗、肃宗、代宗时，刘晏在涟水设场来管理古海州运销之淮盐，即是因为有了这条运盐水道。此河道因为官方主导、出资、主办、管理，故称"官河"。《新唐书·地理志》及当时来唐日本人文章中都有关于官河的记载。官河开通不仅解决了漕运之需，更是成了古海州淮盐的一条水上黄金通道，使淮北盐区盐斤向扬州集中及外运外销更顺畅更便捷，同时也刺激了古海州淮盐生产的不断发展。北宋时，淮盐自真州（今扬州仪征）沿长江西运，而泗州涟水设有淮盐"转般仓"转存古海州淮盐，表明此时古海州淮盐仍沿官河运至涟水。

唐朝开掘官河并非仅为古海州出产的淮盐外运，而是一条漕运通道，实际上是盐漕并行共用，因此在早期的典籍上被称为"新漕渠"。但随着古海州地域淮盐的发展，通过这条河上的货物渐次淮盐比重最大，至明代时就改称为盐河了。盐河也是沿岸如涟水、灌南、灌云等地农村灌溉、排涝的重要水道。

母亲河

盐河在起点涟水县境被称为"母亲河"，得益于古海州淮盐中转枢纽的独特区位优势,其河道一直保持在可通航800吨大船,是涟水县调运洪泽湖水为农业灌溉的主要河道,洪水季节还起分洪作用。涟水县境的北六塘河、南六塘河、一帆河、公兴河、西张河、杰勋河等都与盐河互通,涟水与灌云、东海、赣榆、沭阳同属古海州淮盐销区近场口岸,这些河流成为从盐河上运载而来的古海州淮盐的分销运道,而早在唐代宗宝应元年(762年),朝廷就在涟水设有海口场,其所产淮盐也必通过盐河外运进入淮扬盐栈,内由与盐河互通之河流分销与本县境地镇乡村。

盐河从涟水县境流出而进入古海州境内今连云港市灌南县,遂与该县的灌河、武障河、南六塘河、柴米河、义泽河、一帆河、龙沟河、公兴河、唐响河等水脉相通。而该县境明洪武元年(1368年)即由淮安府在境内东部地区设立了莞渎盐场,这些与沿河相通的河流,必曾或多或少地承载了运送淮盐船舶的经过。坐落在县城新安镇的新安港,循沿河两岸建码头,就曾是连接盐河与县境其他河流转驳淮盐的场所。

《灌云县志》载,盐河在新坝与涟河交汇,接临洪河入海。灌云县境内与盐河直接或间接水脉相通的河流较多,如古泊善后河、车轴河、牛墩河、五图河、六里河、枯沟河、烧香河等。其中车轴河旧属盐漕运道,古泊善后河是盐场运盐至板浦集散的主航道之一,烧香河是自然河流也是盐漕运道。灌云县本身就拥有几个淮盐生产场,是古海州地域生产淮盐最多的县,同时也是古海州盐的销区,这些河流对古海州淮盐的集运与销售作出过贡献。

盐河也汇合了海州几乎所有的河流,可谓水运枢纽,也是联系江淮乃至全国水运网络间的咽喉,将海州与国家乃至世界联系起来,使连云港在精神上、文化上、经济上、政治上全方位融入了时代大潮流。运输物资以盐为大宗,元明清三代淮北所产的盐都是通过这条通道输出。也孕育了海州开放包容的人文精神,源远流长。

巨量的古海州淮盐,给朝廷提供了巨量的财富,官府必然会保证这条水路的畅通。北宋神宗熙宁十年(1077年)春,淮北大旱,官河水位枯竭,古海州淮盐不能按量按时运输至扬州,朝廷命盐运使衙门征集民工疏浚官河。海州知州孙洙以"春耕大忙，疏浚官河贻误农时"为由，三次上奏要求停工，朝廷一一驳回，坚持疏浚，从而保证了海州淮盐运输的畅通无阻。

金代，古海州板浦、临洪、独木三个盐场所产淮盐，仍沿官河外运外销。

盐河（连云港市档案馆提供）

元代时，淮盐生产工艺成熟，产量激增，元文宗天历二年（1329年）淮盐年产高达95万余引，占全国的37%，且以后长期保持这一水平。元代统治者对盐运也十分重视，强化对运盐河道的疏浚和管理，世祖中统二年（1261年）的《恢办课程条画》中，禁止将"运盐河道开决河水浇溉稻田"，也确保了这一历史时期官河的畅通。设置了两淮都转盐运使管盐运，在盐法上实行引票法，海州所属板浦、临洪、徐渎等盐场的引盐，要靠各沿海河口作为转运港，由盐船经盐河运抵大运河，至扬州东关查验放行，运至浙江、江西、河南、湖广等地销售。

明代开启了明清淮盐鼎盛之期，古海州官府为保朝廷盐利之获，对官河倍加关注。永乐三年（1405年）五月，对境内官河淤塞河段进行疏浚，永乐十二年（1414年），疏浚古海州城南至淮安官河240里，嘉靖四十三年（1564年），知州高瑶征民工18800人，疏浚大伊山至板浦官河及其互通之河景济河、中正和东辛等支河，耗资9780两银。明代直至清初，古海州临兴场产盐由蔷薇河运抵新坝入盐河向东经磨行盐关（在今大柴市），而南运至淮安。蔷薇河淤塞后，磨行盐关裁撤，临兴场产盐由船运入海，至板浦北下家浦之洪河堰卸船，再经盐河转运外销。

清康熙二十六年（1687年），开挖了各盐场直通盐河的运盐河，古海州的板浦、临洪、莞渎3个盐场所产的淮盐，用木帆船由生产场地载出，经盐河运至现今灌南县新安镇，再运至西坝（今淮安市境）卸入盐栈，分运直销区。康熙二十七年（1688年），建立了中河厅管理盐河，但每年修防、疏浚所需之资均为盐商捐助。是时，盐河早已成为古海州地区的第一航运水道。乾隆二十五年（1760年），古海州盐商集资大浚盐河。由于黄河带来大量泥沙，海州境内的海岸线迅速向东北推移，磨行口至新坝的航道逐渐淤塞。乾隆八年（1743年），盐河从板浦延伸至下家浦。嘉庆三年（1798年），又将盐河从下家浦开凿至新浦，成为古海州水运之枢纽，汇合了古海州几乎所有的河流，也是古海州与江淮乃至全国水运之咽喉。清人黎世序等主编的《续行水金鉴》写道："官河长一百三十里，阔八丈，盐课所经，官舫估舶，帆樯相望，故曰官河。"陈宣在《海州志》中抄录此番描述。嘉庆九年（1804年），海州盐河大浚。道光元年（1821年），又挑深扩宽海州盐河。宣统元年至二年（1909—1910年）再疏盐河。

清代淮北盐区的盐运主要航道仍为盐河。道光十一年（1831年），淮北盐栈迁至清江对岸的西坝，淮北盐由盐河外运至西坝，再兑驳到杨庄装船，运销豫、皖、湘、鄂各地。清光绪年间，两江总督陶澍在板浦设衙，专门管理漕运。以板浦盐关为中心，北至大浦，东达海边，驳盐河、纳潮河形如蛛网，驳盐船来往频繁，蔚为壮观。宣统二年（1910年），西坝的运商还集资建了一条长约14公里的清扬运盐轻便铁路，以应需要。一直到1918年后，淮盐销运改走海路，采用海轮装运，这里的盐运才开始逐渐衰败下来。

明清时代，随着两淮盐业的日益昌盛，运销的规模也相应地扩大起来，开辟了一些新的运销途径，采用了更新的交通工具。其时，淮盐外销除行昔日河道外，又增设了海路。关于盐运转海最早记载，见于明代王同所写的《海州蔷薇河纪成碑》："蔷薇河自弘治己酉淤塞，南北阻绝，盐运转海。"不过，那时转海运的板浦、中正两场盐船，还只是沿海岸行走，

清嘉庆以前，古海州临兴场所产淮盐全由海口运至洪河堰，通过板浦盐关，转入盐河外运。嘉庆三年（1798年）后，潮退陆进，航船运输渐受困阻，临兴场盐商出资改造河道，在下家浦以北、海州城以东之处，挖河通海，盐商在此建了码头和包桓，向盐河中转淮盐。此处后被定名为"新

浦口"，新挖的河定名为"新浦河"，嘉庆九年（1804年），海州知府唐仲冕应民之请，开挖了一条甲子河与新浦河沟通水脉，此河改变了"自孔望山而至州城七八里，舟楫不通"的境况，开通了古海州与沿河沿岸、大运河沿岸的联系。新浦口原只是个运盐小港，后也拓展为盐和古海州的农、渔及一定客运功能的综合性港口。

涟河

涟河，上接凌沟陆家口，承受六塘河来水，下至新坝，由恬风渡归海，不仅为海州境内主要水道，而且也是海州海路联系郁洲及北上南下的重要出海口。唐宋时期海潮可直贯今甲子桥前，海州城东即是海湾。南门外、东门外停泊着南来北往的航船，就如宋代冉琇《咏海州诗》描述的情景："浪涛起天末，舟楫满城隅。"漕船由海州经官河入新坝，到淮浦转入运河，2月份到扬州集中，4月经由淮河进入汴河，六七月份到达黄河口，再等到八九月份黄河水落后船只转入洛水，运达洛阳的含嘉仓。周而复始，一年一度的漕运也告结束。

乾隆四十八年（1783），海州南境的古涟河因海水顶托，淤塞严重，知州林光照亲自前往负责勘察疏浚。据《四库全书·史部·政书类》《续行水金鉴》等文献记载："海州境内之涟河，上接凌沟陆家口，下至新坝，系分洩六塘河之水，由恬风渡归海""缘海潮往来，年久淤垫""海州知州林光照查勘"。当时主抓此项工程的负责人是时任淮扬道主管河防及水利事宜的师彦公，也是嘉庆二十一年海州知州师亮采的父亲。

史籍记载，林光照通过负责督办河工与水利事务的首席军机大臣阿桂向朝廷调拨帑银6.3万两，并于乾隆四十八年开工，第二年告竣。至此，"骆马湖下注六塘河之水由此直泻归海……海州沭阳民田积水亦得分消"。涟河周边的海州百姓终于告别了流离失所、提心吊胆的日子，过上了安定的生活。

在疏浚涟河的过程中，林光照为避免在施工过程中遭遇阴雨天气，还特地前往新县（今朝阳街道）娘娘庙祈祷，"乾隆四十八年春，知州林光照因开浚涟河，祷晴一月，工竣蠲俸新其祠。"在清人冯文可所纂《沭阳县志料》中收录有一块由林光照委托沭阳教谕朱黼代笔的《重修东海孝妇祠碑记》，文中同样记载了这次为疏浚涟河去孝妇祠祈祷天晴的全过程。

蔷薇河

蔷薇河是古海州最大的一条自然形成的河流，发源于新沂市的马陵山系，汇汾水、沙河和后沭河与沭阳北的吴场，在东海县平民乡与民主河、马河汇合，在海州与淮沭新河汇合，在浦南镇与鲁兰河、乌龙河、新沭河交汇入临洪河后入海，全长 97 公里。蔷薇河虽是一条区域性的河流，但是这条古河南通老黄河，汉代大兴盐铁之利时，就是繁忙的运盐河，唐代开挖盐河后，北与盐河相通，直通盐仓，盐场的盐从盐河进入蔷薇河转入沭河北上山东。明隆庆元年（1572 年）的《海州志》载：明代时，该河即为古海州的临洪、兴庄两盐场外运海盐的必经航道，故而明清两朝屡屡疏浚，使之保持运送淮盐、漕粮的船舶畅行。明弘治年间（1488—1505 年）淤塞，无法行船，致使盐运阻滞，盐商只能冒险从海上运盐，且需雇租牛车从盐坨运至岸边上船，"劳费万状"，十分不便。当时海州知州王同请示巡盐侍御齐云汀、抚院王克齐、巡按郭之麓，在财力不足的情况下，采用以工代赈之策，征用 2440 名民工，以赃罚银 2000 两浚蔷薇河 10 余里，又用盐商积引余银 5600 两浚河 40 余里，还在海口处筑 5 道堤坝挡潮杜咸，对蔷薇河进行了疏浚。这次疏浚于嘉靖二十四年（1545 年）正月十三日起工，春三月十六日完工，终使蔷薇河"舟楫复

航行在蔷薇河上的帆船

行"，盐粮诸物运输复畅，且又保障了流域农田正常耕作。

康熙十四年（1675年），海州知州孙明忠改蔷薇河名为"玉带河"，予以疏浚。其后的康熙四十二年（1703年）、乾隆二十三年（1758年）和三十五年（1770年），又都因为古海州淮盐外运之需几经疏浚。直到道光年间，古海州票盐仍经此河外运。

盐业发展与城市崛起

连云港市的城市建设与盐业发展有深厚渊源,相互之间紧密相连,互为促进,互为盛衰。盐业产销中心的形成带动板浦辉煌,盐业的发展助推新浦形成与崛起,大浦同样因盐业运输需要而发展起来。

带动板浦辉煌

唐垂拱四年开挖的官河流经板浦,由于板浦本地处海滨,靠近出海口,再有官河相通,一跃而为水陆交通枢纽,成为周边淮盐产区的主要集散地。"板浦、惠泽、洛要三场岁鬻盐四十七万七千余石。"当时板浦盐业生产已居淮北之冠。

淮盐重镇

元朝初年,板浦盐场为两淮都转盐运使所辖,驻有七品盐司令、八品司丞和九品管勾各一员。明洪武元年改设板浦盐场盐课司大使。因板浦是海州至淮安府的通邮要道,特在这里设驿站,配有马匹数头,为灌云境内最早的邮路,主要服务于盐商。洪武二十五年(1392年),大使丁乙、副使贾清在板浦中心河东孙家桥北创建盐课司大使衙门,设"官厅三间,后厅三间,书房二间,门楼一座,廨舍二所",海州副长官"州同"衙门也一度设在这里,是国家征收"田赋""盐课""工料"的要区。城墙、护河、市桥、八大名庙、四座花园及高大的北城门,是名闻一方的板浦胜迹。盐商大贾、行会老板、实业厂主在此投资创业,行商鱼贩,小本生意也在这里借机发财。

清康熙十六年（1677年），板浦设立口岸监督，统收船舶货税，以板浦盐关为中心，北至大浦，东达海边，运盐河、纳潮河纵横交错。康熙十七年（1678年），板浦场设徐渎场，辖于公、北猷、大义三瞳，产盐区在东陬山与朐山之间。清朝中叶，盐商又在云台山北麓濒临海处新建池滩，时有垣商331家。板浦产盐区计有官私盐滩300多份，之后又逐步发展扩大，淮北盐产量已大大超过淮南。由于煮盐改为滩池晒盐，产量提高很快，盐场盐廒如山，各盐坨的盐运上船后，通过驳盐河从四面八方向板浦盐运码头集坨，装入大船外运。极盛时，每日泊靠盐船600多艘，不仅运盐船，其他客货船只也相杂其间，场面蔚为壮观。外运盛期，板浦盐关每天放行出关盐船约在80艘以上，成为两淮包括盐渎（盐城）、西坎（淮安）在内的三大盐运码头之一。外运盐须经过盐关核准，在履行官称核量、盐票核对、缴纳盐课等审验程序后方可放行。

板浦既是海港，又是苏北三大盐运内港码头之一，板浦港的装卸码头，分布在板浦南门洪河的北岸和城区的穿心河（今为板浦主街道）两岸，码头结构以木桩上铺板或块石垒就，河面停泊的盐船成了这座古镇的标志，清时漕运总督管干贞在《板浦》诗中赞道："昔闻营版筑，远浦接蓬莱。山月随潮入，秋帆逐水开。地令临海断，人自涉淮来。信宿犹知处，渔矶绣绿苔。"

雍正五年（1727年），雍正帝"敕建"板浦盐义仓，仓储大米三万四千二百石，"以备贫苦灶户缓急之用"，即备荒为盐民。鉴于两淮晒盐生产的3个盐场都在海州，在任盐政官吏对原衙门进行了扩建，增设了"大门、仪门、大堂、内堂、内室、东西书房"，同时开始修建城墙，营造城门，规划街市铺面。乾隆二十八年（1763年），淮安盐业公司更名为海州盐业公司，地址移至海州并在板浦建立公署，设立海州盐业公署，管理盐政事务。板浦成为政府收"田赋""盐课""工科"的要区，淮北盐区的心脏，盐运的枢纽。

道光年间（1821—1850年），陶澍剔除旧弊，大力发展盐务，扩建板浦、中正、临兴三场，使淮北盐务得以复振。淮北海州分司运判童濂在板浦设督销局，管理票盐的放销事宜。板浦凭借"岁产百万金"的盐场为依托，成为商贾辐辏之地。商业之盛，曾被视为江北各镇之冠。当时，"四方豪商大贾，鳞集麇至，侨寄户居者"不下3万人，其中商业市民占该镇总人口的85%以上，可谓"皆蹉客侨聚，为财赋重地"。运盐河穿街心而过，河面上架设永安桥、永济桥等十三座木石桥梁。盐河两岸商号林立，店铺济济，以布、粮、药、杂货、京货五业最为兴旺；镇上有大盐商10余家。陶澍设府于板浦，专门管理漕运。以板浦盐关为中心，北至大浦，东达海边，运盐河、纳潮河形如蛛网。运盐盛期，板浦盐关每天出关盐船达80余艘，日运盐量达500余吨。板浦榷关每年征收的淮北盐税居海州地区之首，不仅左右海属经济形势，还直接支持了淮安、扬州的繁盛。

1911年辛亥革命后，行政区域重新划分，海州改为东海县，后又析为东海、灌云两县，灌云县政府设在板浦。淮盐又空前发展，各种盐业机构也蜂拥而入，除两淮盐运使衙门外，还设置了如板浦盐场课司、建圩委员会、济南七公司驻朐办事处，以及湘、鄂、赣、皖四岸公所等。板浦镇的深巷小街到处都是盐务机关，加之板浦、中正两场垣商多居于此，三街六巷市井显得分外繁华。

1914年，稽核总所为改变两淮税收日减的状况，遂将原两淮稽核的一套人马，分解为二，在板浦另立淮北稽核分所，专门管理淮北盐税征收及盐斤秤放。

1931年，两淮盐运公司也由扬州迁驻板浦，公司下设81处大小盐场，产盐行销苏、豫、皖41个州县，板浦成为两淮盐业中心。淮北盐产空前发展，漫滩"积雪中春，飞霜暑路"。至1936年，板浦场有池滩552份，约5.27万亩，年产盐约150万担。

盐业的兴旺也促进了金融、商贸、旅游业的发展。自民国三年（1914年），中国、中央、上海、商业、交通、江苏、厚康诸银行均在此设立分所，典当、银楼、钱庄等有15家之多；1930年代，先后有8家保险公司在此设立分支机构或办事处，金融业空前发达。

板浦盐业的发展带动了商业经济的繁荣。各地来此地做生意的很多，盐河两岸商业林立、店铺济济，为官府、盐商以及各办事机构的职员提供各种商业服务，尤其是板浦的饮食文化高名远扬，当时比较有名的饭店有杨福记、四海春、海园春等，著名的食品有板浦滴醋、香肠、小脆饼、大糕、绿豆凉粉等，还能做出百种菜肴的豆腐席。苏北地区流传"穿海州、吃板浦，南城土财主"的民谣可见一斑。

板浦天后行宫

城镇建设

板浦盐业的发展促进了城镇的发展。

板浦既是两淮盐业中心，又是灌云县政府的所在地，城镇建设发展较快，人口往板浦集聚，街道向四周扩展，各种风格的建筑矗立在街面，板浦成为古海州地区的旅游胜地，名胜古迹非常丰富。有相传唐初大将罗成挑出的天龙泉，后经唐代开掘扩建成为"大天池"。

历史上，人们有时会以一方庙宇香火状况来衡量这个地方的兴旺程度。板浦先后建有国清禅寺、拾骨寺、关帝庙、火星庙、天齐庙、龙王庙、文昌宫、天后宫、百子匪堂、善林庵、观音堂、崇庆院、陶公祠等寺庙20多处，或殿阁巍峨，佛像庄严，或雕梁画栋，飞檐流金。其中金碧辉煌的国清禅寺始建于北宋，堪称建筑艺术上的上乘佳品。李汝珍著书楼和"二许"故居也是游人必到之处。1924年还成立板浦京剧院，历史上的许多名人也在此地留有足迹。这座盐业古镇一时名扬苏北、鲁南、皖东，素有"小上海"之称。清人黄申瑾将板浦"盐池汇宝"列为云台二十四胜景之一，到这里游览的人常年络绎不绝，"登山场者必宿板浦场市"。时人程枚有诗云：一望青山下，池盐积似陵。晶莹初降雪，皎洁下清冰。东海流应广，南风课有登。味饴堪厥贡,王膳最先承。

板浦不仅"鱼盐饶浦上,百室可能盈",而且积淀深厚的文化底蕴,堪称人杰地灵。这里的秀山媚水曾孕育出李汝珍的《镜花缘》,也曾哺育出凌廷堪、刘淑曾、许乔林、许桂林等一批享誉海内的文士。清代著名诗人袁枚、文学家阮元、思想家魏源、官宦文士陶澍、杨锡绂、管干贞等都曾到板浦游说、巡视或居住过。近代教育家江问渔以及电讯专家、原联合国联盟高级官员汪德官,中国水声学研究奠基人、中国科学院院士汪德昭,原厦门大学名誉校长、细胞物理学家汪德耀,中国科学院院士、核物理学家汪德熙,原邮电部副总工程师、电讯专家汪德诚,美籍数学博士、曾任美国少数民族学院副院长程君复,著名表演艺术家朱琳等,都是板浦人。在他们的身上无不打上了淮盐文化的烙印。

淮盐经济在板浦留下了深深的烙印,但随着海退东移,板浦开始衰退。民国七年(1918年),板浦以北的西临至朐山一带滩池废弃,加之大浦港的兴起及下游临洪河口东南岸一带的佟圩、开太、太和及胯圩新盐滩的形成,为盐业管理方便,板浦盐场于民国十五年(1926年)由板浦迁往大浦;民国二十八年(1939年)春,侵华日军飞机轰炸板浦,使板浦许多建筑被毁,瓦砾遍地,疮痍满目。随着海州盐务管理局在新浦的成立,以及之后县政府的迁出,板浦从此失去了昔日的繁华。

助推新浦崛起

新浦地区与盐业也有深厚渊源。

新浦地区有悠久的盐业发展史。据《金史·食货志》载,距今800多年前的金大定年间,即南宋高宗绍兴三十一年至孝宗淳熙十六年(1161—1189年)间,新浦地区已有临洪盐场。明万历元年(1573年)至清咸丰五年(1855年),黄河都从苏北入海,泥沙骤增,板浦口淤塞后,在其下游出现了卞浦口。清康熙五十年(1711年),海退沙淤,第一道鹰游门淤塞成陆,并迅速扩大到现新浦地区。清雍正六年(1728年),临洪盐场与兴庄盐场合并为临兴盐场。其时，北起蔷薇河，南到朐山头，盐田星罗棋布，盐斤全由板浦发运。至乾隆二十年（1755年），大浦已经成陆，并辟为盐田。后下浦口又淤塞，清嘉庆三年（1798年），海州知州唐仲冕开挖官河至孔望山北，称为新浦口，紧接着就出现了新浦河。清咸丰、同治年间（1851—1874年），新浦口移到了原新浦区民主路的洋桥巷一带，成为蔷薇河、官河及龙尾河交汇之处，大片滩地被铺设为盐池。新的盐田的兴起，给淮盐运输和外销带来了商机。为运盐，垣商将新浦河挖到了前河底，运盐码头设在洋桥一带，渔业码头设在后河底许大圩一带。

元代至元三十年（1293年），临洪盐场设盐使司，置盐官。元贞元年（1295年），改设盐场司令一员（从七品）、司丞一员（从八品）、管勾一员（从九品）管理盐务。明代洪武元年（1368年），临洪滩盐产兴盛，盐税丰盈，故设临洪场盐课司。洪武二十五年，大使刘文、副大使李兴重建临洪场盐课司官厅三间，东西厢房三间，耳房左右各一间。

清雍正六年（1728年），临洪场和赣榆兴庄场合并为临兴场。那时候，北起临洪口，南至朐山头，盐田星罗棋布，东南方与板浦、中正两盐场毗邻。产盐全由海运抵洪河埝，由板浦关发运。后来海水东退，海口向北移动七里，富安到新浦间的滩涂逐渐远离海岸，卤质淡化，盐池无以为继，1919年清末秀才刘振田联合多人，上书两淮盐运总署，报请废除蔷薇河下游的各圩盐滩，兴垦种粮，获批准。于是西艞外原有旧盐滩全部予以裁废，部分盐民去灌河口新开盐滩谋生，部分没出走的盐民改推独轮车或推面磨等为业。

新浦地名的形成，源于新浦口、新浦河。海口北移期间，官府雇用民工开凿了下家浦（今灌云县新河乡下河口），不久下家浦海口又淤塞，唐仲冕在更北的地方开挖官河至孔望山北，"淮北盐商以下家浦海岸淤垫，捐挑挣河"，出现了"新浦口"，盐商捐资清淤疏浚的河道叫"新浦河"。后来围绕"新浦河"建坨堆盐，设肆经商，从而人烟日稠，将河名移作地名，有了后来成为连云港市行政中心的地名"新浦"。

盐业兴盛带动城区发展。

城市的诞生与发展，是以商品经济为其纽带的，而支柱产业则是城市兴衰的主要基础。新浦盐业的兴盛无疑带动、促进了城区的发展。

在新浦口发展的同时，海岸线仍在不停地向东北迁徙，经过几十年的变迁，到咸丰、同治年间（1851—1874年）新浦口移到了如今新浦的前河底、洋桥巷一带，大片海滩被开发为盐滩，时称"新滩"。当初，新浦"茅屋星星，帆樯环立，而庙东则是荒冢累累，于蒿莱间一望而已"。盐田的开发，给这片荒漠的咸土地聚集了人烟。围绕原盐运输、灶民生活、盐官享用等需求，各种手工业、服务业逐渐兴起，这里很快成了穷人栖息谋生场所和商贾牟利宝地，被人称作"新浦庄"。

盐田开发之初，河网遍布，把新浦分隔成若干区域，特别是运盐河阻断了新浦通往临洪滩和古城海州的去路，动步靠渡船，极为不便。到了光绪初年，人们仿照盐圩搭艞板的做法，首先在盐河靠集镇的河流两岸搭上可以移动的木板，过人搭上，过船移开，人们便通称为"艞"。有了艞，盐船通行与过往商旅大为便利。最多时，新浦地区有艞20余座。20世纪20年代末30年代初，一条3里长的前河上，就有七八座艞。老新浦地名有西艞、东艞、马艞、魏艞、宋艞、刘艞等，无不与盐运有关。

当时方圆50多平方公里的新浦为淮盐运销要地。各盐圩产的盐集中到临洪口，然后用海船运到扬州的十二圩码头转销。临洪滩、西艞头设有官盐店。清末民初，临洪场稽核所依然设在临洪滩，40多间"三合头"的房子，圈起一个大院，外地来买盐的人在那里办理手续，然后住到西艞外"小人堂"等待发货。当时，西艞外还设"盐防营"，是海州镇守使官署下属的盐政机关派出的缉私队。

由于地处南北要冲的特殊位置，运输兴旺，随着大浦港埠兴起和陇海铁路延筑，新浦逐渐发展成为一个消费性商埠。围绕盐业发展需要，商业、服务业逐渐兴旺，这里很快成了容人栖息、谋生的场所及商贾牟利的宝地。又由于渔盐之利，前后河一带很快继板浦、卞浦兴起之后迅速发展起来，形成了新的集镇。清光绪十八年（1892年），垣商刘振殿弟兄为首筹建天后宫大庙；光绪二十四年（1898年），沈云沛创办临供榨油厂；光绪二十七年（1901年），天后宫用10年时间建成，更促进了新浦的发展。板浦、海州、青口以及山东、安徽、河北等地客商纷纷向新浦转移，新浦日趋繁荣。正如《天后宫记》所言："新浦之兴，自天后宫始。"其时建成区面积0.75平方公里。

1862年，新浦盐运码头集中在前河，到了20世纪30年代，前河两岸粮行、货栈、商会、盐号、浴池、旅馆、茶肆、酒楼、舞台、戏园应运而生，计有13个行业，经营业主达400余家。前河岸边，各式行人、做买卖人来来往往；河面上，大小船只，帆樯如林；海昌青楼女子，打情骂俏，娇声嘤嘤；还有那临河店主揽客招呼声，扛包人的号子声，赶牲口的吆喝声，独轮车的吱呀声，唱小戏、耍把戏的锣鼓声，甚至叫卖聚赌，打架斗殴的嘈杂声，勾勒出一幅活生生的市井风俗画。此时的新浦街朝墟暮市，熙熙攘攘，已成为海属地区商业、交通的中心，江苏东北部的繁盛之地，被民众戏称为"第二上海"。

民国元年（1912年），新浦有了轮船公司，发往上海的第一班小火轮从前河底出发，发往青岛的第一班小火轮从后河底出发，新浦成为当时淮盐运销的要地。据《两淮盐务纪要》载：民国三年（1914年），新浦西艞放盐处转运的外销盐达36万吨，时价40万银圆。

20世纪30年代以后，外地盐商纷纷在新浦设立盐号，除了河南盐帮，还有大陆、聚安、自新等盐业公司。"四方商贾，陈肆其间，易操仕一起富"。其中大陆盐业公司是上海大陆实业公司在新浦设立的子公司，该公司专营淮盐产、运、销业务，对外挂牌是"公益盐业公司"，下面除设有大浦坨地外，还在板浦、中正两盐场购有盐滩。民国二十一年（1932年）又先后买进3000至5000吨的货轮5艘，除自运淮盐外，也代客装运出口货物。正因为如此，它的资本像滚雪球一样，越滚越大，在当时的新浦大街不是其他商号所能抗衡的。大陆盐业公司与设在新浦的淮北盐务稽核所和两淮盐运使司"捆"在一起，垄断了整个淮北盐运。

民国十年（1921年），大浦以胶海关名义自行开放，海关建于新浦东艞外，新浦成为大浦港的后方依托。民国十四年（1925年），陇海铁路修到新浦,更促进了新浦的发展。新浦成镇前后,面积很小,东西约三里长,南北仅一里宽。随着经济的发展,新浦街区不断扩建改建,填平了前后河,平掉了大庙东侧的坟地,城区规模不断扩大,逐渐成为一座消费性的商业城市。凡到大浦港办事的人,多在新浦享受生活。民国二十三年(1934年),新浦建城区面积达到2平方公里,居民7288户,人口32368人。粮行、客栈、商会、浴池、旅馆、茶庄、酒楼、戏院等也应运而生,业主有400多家。新浦由此成为海属地区商业、交通的中心。民国二十四年(1935年),新浦成为东海行政专员公署所在地。民国二十七年(1938年),日军飞机屡次轰炸海州,海州大批居民迁逃到新浦,致使新浦人口进一步剧增。民国二十八年(1939年),日军占领新浦,并在新浦设立军政机关,新辟南马路(现解放中路)。民国三十三年(1944年),东海行政专员公署改称海州市人民政府,将新浦火车站改称为海州站,将盐坨站称作新浦站。但时间不长,1945年8月15日,日军投降,又恢复东海县建制。

1948年年底,新浦居民12453户,人口53290人,分布在东艞到西艞,沈圩桥至老铁路以北的6平方公里的土地上。1948年4月,江苏省政府第168次会议决定将东海行政专员公署迁至连云港市,以专员兼任市长,其目的是城市建设中心东移。1948年11月7日,新浦、海州解放,11月9日新海连特区军事管制委员会成立,11月28日成立新海连特区行政专员公署,驻地新浦。1949年5月,江苏省淮北盐务管理局进驻新浦。从此,因盐而兴盛的新浦成了连云港市政治、经济、文化的中心。随后几十年,新浦地区一直是连云港市城市发展的重点。

融入大浦兴衰

大浦同样是因盐业运输需要而发展起来的。

大浦位于蔷薇河的入海口临洪口南岸,东临中正、板浦两盐场,西与临洪盐场(今青口盐场)隔河相望。陆路与灌云、新沂、沭阳等苏北诸县沟通。水路沿临洪河往南,可经蔷薇河直达青伊湖;北接黄海,通达青岛、天津、大连、上海等沿海港口，渡海达朝鲜、日本。

清乾隆十五年（1750年）以后就有居民在此以晒盐为生。清光绪元年（1875年），有识之士首先看好大浦，清光绪三十一年八月二十四日（1905年9月22日），光绪帝批准大浦口自行开放。大浦口开放后，除盐运以外，民国八年（1919年），锦屏磷矿开采的大批磷矿石运到大浦港外销，更促进了大浦港的发展。至民国九年（1920年），大浦港的进出口船只已达8380艘，吞吐量达14.6万吨。民国十年（1921年）4月大浦港以胶海关海州分关名义正式设埠，是自鸦片战争以后全国第32个自开商埠。

民国十五年（1926年），陇海铁路铺设到大浦，建大浦火车站，建临时栈桥码头3座及其他配套设施，从而使其至徐州的198.3公里铁路成为淮北运盐专线。接着，陇海公司修了3个泊位，裕仁公司修了1个泊位，大振公司修了1个泊位；豫海公司建了2310平方米仓库，大振公司修了1407平方米仓库，大久公司修了977平方米仓库。由于具备了优越的淮盐海（轮）铁（路）联运条件，民国十五年（1926年），板浦盐场也由板浦迁到了大浦，垣商集资建成大浦盐坨，板浦盐场的太平盐坨和中正盐场的张艞坨地均将运盐河延伸到大浦火车站。大浦专用线铺就后，淮盐在此装上火车可直接运往全国各地。因为与临洪盐场隔河相望，大浦港的盐运，从陆路也可达国内其他省区；水路可达青岛、天津、大连、上海等沿海港口及朝鲜、日本等国。连陆通海、海陆联运、河海联运的交通优势，使大浦港成为淮盐外销的理想门户，仅民国十五年大浦坨外销盐斤就达22万吨，较以前新浦坨超出1/3。民国十年—二十二年（1921—1933年）已发展为近千户的河口集镇，有商户90多家。

据《中国盐政实录》记载，民国十五年有白新公司、公益公司在大浦建立盐坨，福泰、聚安、大陆、聚兴等公司在这里建立码头9座。1、2、3号码头栈桥长35米，宽8—10米不等。为应付港口淤塞，陇海铁路局又将一个码头栈桥接长至50米。聚兴公司除承运淮盐外，还转运大宗花生、黄豆、豆饼、棉花、粮食、糖等，各种土产杂货堆积如山。每年从这里运销淮盐21万吨。大浦坨1926年外销淮盐达21.96万吨，比1921—1925年平

大浦港码头

均年销量超出6.68万吨。随着大浦坨的兴起，从事盐业运销的各公司纷至沓来。民国二十一年，中国近代史上有名的实业家、化学工业的先驱范旭东看中了大浦这块宝地，在这里兴建"久大"分公司，除生产精盐外还加工"牙盐"，以供人们洁齿之用。

由于大浦坨的扩大，城镇面积由民国初年的0.75平方公里，拓展到2平方公里，大浦人口也急骤增加，除大批流动人口外，固定居民已达4000家之多。街上有名菜馆20家，经营京广杂货的商行及布庄有18家，还有云台、永昌、高升、山东、大兴等旅社9家，妓院20多家。每到夜晚，街市灯火辉煌：盐官、夫役、脚力、商贩，吆喝喧哗，人声鼎沸，甚嚣尘上，热闹异常。平日里轮船、火车进进出出，耳畔汽笛之声不绝，眼前忙碌的人群不断。可谓一时四方商贾云集，徽调楚腔杂陈，甚至码头工人扛包时撒下的碎盐，也成了一些贫民的生计来源，有诗曰："满地雪花多拥彗，天将余利养穷嫠"。大浦的繁荣支撑了新浦的发展，并产生了很大的辐射作用，带动了灌河口盐场与港口业的兴盛。

这一时期，大浦的机关有公安分局、放盐处；学校有公劳立工高初级小学；旅馆有义和、齐鲁、陇申、云台、大兴；饭馆有天乐园、大盛园、四鲁春；澡堂有大观园等。

大浦港自清光绪末年开港设埠起，到20世纪30年代初，历经30年的繁荣，至民国二十一年后，大浦港逐渐走向衰败。民国二十二年十一月十日，上海《大公报》载："大浦为陇海铁路之终点。地濒临洪口，轮轨幅轴，人烟稠密。惟日来，港口逐渐淤塞，轮船搁浅之事曾见迭出，青沪航轮视为畏途。经测量，无潮时最浅处水深三尺，来潮时水深不过八九尺。虽雇工加紧疏浚，然收效甚微。"面对大浦港口淤塞的严重局面，陇海铁路局自叹无力回天，乃宣布大浦港"不值得以全力疏浚"。因此，于1933年在墟沟老窑东侧重建陇海铁路出海口——连云港。淮北盐务局只好在猴嘴利用陇海铁路局赠送的600亩土地新建盐坨，以取代大浦盐坨，同时也在此地兴建新的火车站，并命名为盐坨火车站。从此，大浦风光不再，失去了往昔的勃勃生机。民国二十三年（1934年）以后，随着连云港口部分泊位开始启用，结束了它40年的海港命运。

新浦亦因大浦港的衰落，进入了城市发展的停滞期。

The
biography
of
LianYunGang

连云港 传

军事重镇与城池建设

第七章

丝绸之路是既有经济价值又有军事价值的交通线路，海州即如此。《读史方舆纪要》中称海州："州阻海连山，为南北襟要。六朝时，置重镇于此，以掣肘索、头两寇之锋。隋平江南，分道朐山，捷出三吴，而东南遂无坚垒。"孙中山先生对海州的战略地位做过透彻分析："北可进据山东以窥北京，南可夺取淮扬以通大江……有人，有粮，有器，则成败在乎运筹指挥之策耳。"独特的地理位置，注定了海州自古便为兵家必争之地，"海、泗者，东南之藩蔽，得泗可以取淮北，得海可以收山东。"也决定了海州因战筑城的城市发展特色。海州的兴盛与辉煌、荣耀与耻辱与军事重镇的地位紧紧相连。

国家战略重镇

特殊区位决定海州丝绸之路发展的鲜明个性。正如彼得·弗兰科潘在其《丝绸之路一部全新的世界史》一书中研究的丝绸之路，既有信仰之路、和谐之路、黄金之路、白银之路等，也有帝国之路、战争之路一样，古海州的丝绸之路发展史中，有佛教之路、陶瓷之路、茶叶之路，亦有战争之路。

汉代国家武器库所在

1993年，在连云港市东海县温泉镇尹湾村西南约2000米的高岭发现了6个汉墓，挖掘6个汉墓中的六号汉墓时，石破天惊，出土了133枚竹简和23枚木牍。其中，竹简有《神乌傅》《元延二年日记》《刑德行时》《行道吉凶》，木牍有《集簿》《东海郡吏员簿》《东海郡下辖长吏名籍》《东海郡下辖长吏不在署未到官者名籍》《东海郡属吏设置簿》《永始四年武库兵车器集簿》《赠钱名籍》《礼钱簿》《神龟占·六甲占雨》《博局占》《元延元年历谱》《元延三年历谱》《君兄衣物疏》《君兄缯方缇中物疏·君兄节笥小物疏》等，近4万字。这批简牍内容十分丰富，反映了西汉末年政治、经济、军事及社会生活的各方面，多属首次发现。它是中国迄今发现最早、最完整的郡级行政文书档案。其中元延三年（公元前10年）五月之历谱是中国迄今所发现最早的完整的日书，对研究中国秦汉史、古代文学史、古代术数史、书法艺术史及档案学、简帛学等都具有重要价值，堪称极品。

尹湾汉墓木牍中《永始四年武库兵车器集簿》的发现，是中国迄今为止所见有关汉代武库建设中时代最早、内容最完备的统计报告，而且是发现在内郡政府文书档案上，其文献价值更是非同寻常。正如中国文研所李均明先生在其武库《初探》中所言：该报告"指标项目甚多，数列明确，为我们深入了解汉代武器装备的情况，提供了不可多得的第一手资料，弥足珍贵"。

《永始四年武库兵车器集簿》中开列的是一个郡武库中珍藏车马器及与其相配应的作战武器和其他装备。其中，皇室器物与库存器物分列清单。皇室器物冠以"乘舆"，库存武备以"库兵车"统称。

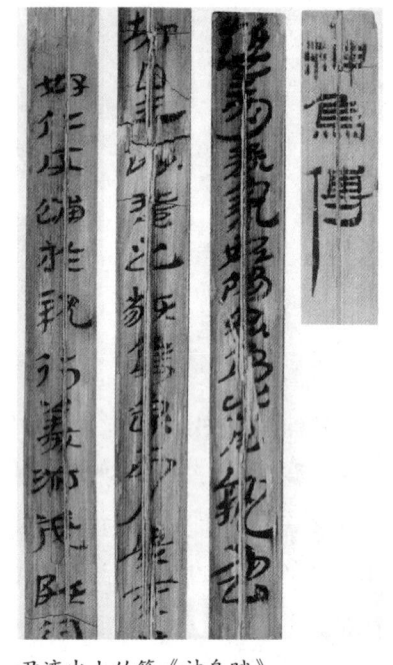

尹湾出土竹简《神乌赋》

东海郡武库有两个特点，一是库存量大。库存武备数量之大几乎令人难以置信，两项合计，"凡兵车器二百四十二千三百二十六万八千四百八十七"。从集簿中档案记录来看，如弩的总数即达537707件，矛的总数达52555件，有方（戈类兵器）达78392件。仅以此三项足可装备50万人的军队，远远超出一郡武库之所需。二是该武库不属东海郡管辖：在东海郡吏员总簿或吏员设置簿都未见有"库令"的设置，可以断言，东海郡武库是国家设在东南沿海的直接受中央管辖的国家武库。《汉书·成帝纪》如淳注引记载："北边那库，官之兵器所藏，置令。"汉代不仅在长安、洛阳建直属中央的国家武库，而且在边郡、内郡分设武库，东海郡武库当属国家设在内郡的武库之一。

根据东海郡武库的设立，可见东海郡在国家军事战略中的地位。

兵源征集、海上补给地

唐代海州海运事业的发展与唐王朝的军事行动有着密切的关联，连云港人参与了一系列大唐王朝的军事行动，此时的海州不仅是海外交往的一个重要口岸，同时也是海上运兵、运粮的重要港口，是北方军事运输和征伐高丽的重要兵源征集地和海上粮运补给基地。

唐朝立国不久的武德六年（623年），海州升为总管府。

总管府为北周开始设置的区域性军事管理机构。北周明帝武成元年（559年），始改都督诸州军事为总管，总管兼任所驻州刺史，并统辖邻近各州。诸州都督府改称总管府，偶有以一般总管身份辖数州总管之例。北周总管府大部分置于武帝时，建德六年（577年），北周灭北齐，于北齐旧地增置一批总管府。总管府的设置，或在都会之地，或处守御之要。唐代初于缘边及襟要地区的一些州治置总管府，领军出征者为行军总管或大总管。海州总管府领沿海四州，即涟州、海州、环州、东楚州，地域扩大到今淮安以东。海州自领龙苴、曲阳、利成、厚丘、新乐五县。这一区划变动，提升了海州的地位。

海州地位提升的一个重要原因，与唐朝立国不久就拟定并实行的对高丽的国策有关。

贞观十八年（644年），唐太宗征高丽，自莱州泛海趋平壤。下令在洪、饶、江三州造战舰400艘，做进兵准备。任命韦挺为馈运使，转运粮草。在海州招募水手、舵师，积极组建水师。唐王朝分兵两路，向高丽进军，其中东海一路以刑部尚书张亮为平壤道行军大总管，率江淮一带劲兵4万，战舰500艘，从莱州渡海直趋平壤。海州在这一战略布局中是主要的兵源征集地和负责海上粮运、后勤保障。虽然海州不是唐军的直接出海口，但海州地区有相当多的人习水性、熟海路，因此被征发渡海救援唐军。

高宗显庆五年（660年），苏定方率兵自城山（今山东荣城成山角）渡海讨百济。正是在这次征服百济的战争中，我们又一次看到了海州的作用。唐龙朔元年（661年）七月，朝廷颁诏，下令征集海州等四个州（淄、青、莱、海）能适应海上作战的水手7000人去高丽熊津。《资治通鉴·卷二百》载"龙朔元年七月，遂通新罗运粮之路，仁愿乃奏益兵。诏发淄、青、莱、海之兵七千人赴熊津"。征兵四州都位于黄海沿岸，是经山东半岛去高丽必经之路。《旧唐书·东夷传》百济条记，龙朔二年（662年）七月，唐将刘仁愿、刘仁轨率留守之兵在百济苦战；仁愿乃奏请益兵，诏发淄、青、莱、海之兵7000人，遣左威卫将军孙仁师统众浮海赴熊津，以益仁愿之众。

海州地滨大海，习水性和善于使船的水手、舵师很多，很得唐王朝的重视。唐代征伐高丽，两年一替换全国水手、海师、舵师的徭役，海州每次征集服役参加海运的水手总在300人左右。据唐开元年间编成的《敦煌文书·水部式》记载："沧、瀛、贝、莫、登、莱、海、泗、魏、德等十州共差水手五千四百人，三千四百人海运，二千人平河，宜二年与替，不烦更给勋赐，仍折免将役年及正役年课役。兼准屯丁例，每夫一年各帖一丁，其丁取免杂徭。"海州被征人数达300以上，水手众多，正是作为渡海门户、海上要塞之所在的显著的地方职业特征。

大军未动、粮草先行。太仆少卿萧锐承运河南诸州粮入海，这条由河入海的航路，自河南入淮经清河、山阳、安东、云梯关入海，正是依靠淮水，由此取道海州最为便捷。这条海运线路即由楚州、海州出境沿海北上，绕过成山角，渡朝鲜海峡，由金山登陆。

烽火鸣镝

连云港是一个热爱和平的地方，离孔望山汉代石刻大象不远还有一圆雕"蟾蜍"，是用以避兵乱，求喜兆之意。"兰芷以芳，不得见霜。蟾蜍辟兵，寿在五月之望。"在古代的各种纹饰中，处处可见蟾蜍身影，就连殷商青铜器上亦有蟾蜍纹。战国至魏晋，蟾蜍一直被认为是神物，有辟邪功能，《新唐书·越王贞传》曰："以韦庆礼为司马，署官五百。然胁诱无斗志，家童皆佩符以辟兵。"蟾蜍在人类的精神领域，有着十分厚重和吉祥的寓意。可见，孔望山汉代圆雕"蟾蜍"石刻表达了海州人民为辟战争、祈求和平、求得吉祥安定的美好愿望。但是，历经西周春秋战国，长达近1000余年的纷争中，古海州地区烽火鸣镝，可以说是列国征战之地。

商周征战

在商的时代，其四周分布着许多的小国，有的则穿插于商国境之内，商称它们为方或邦方。约公元前12世纪末至前11世纪初，商王帝乙、帝辛（纣王）相继对东方夷人发动了大规模的战争，卜辞和铜器铭文中都记有不少"征人方"或"王来征人方"的史料。历史上，殷商多次征讨东夷，发生过多起战争，掠夺财物、奴隶是商人征人方的目的之一，"纣有亿兆夷人"。《中国史纲要》记载，在殷墟曾出土过一些刻有文字的人头残骨片，如一片上刻有"夷方伯"等字，是夷人首领的头骨。商不断对人方用兵，卜辞中记载着商人征人方来回所经之地和日期。往返一次要200天左右，如帝乙九年二月，商王得知夷方欲大举攻商，乃率军出征夷方，至次年五月返回商都附近，前后费时达260天。战争的这柄双刃剑即使商得到财物和奴隶，也使得商元气大伤，加速了商的灭亡。正如《左传》所说："纣克东夷而殒其身"，最终被周所取代。

当周人覆灭了商王朝，继续向黄河下游进军的时候，很快遭遇到了强大的东夷、淮夷等东方部落的抵抗，周也与东夷频繁战争，如周公长子伯禽被封到原来奄国的地方建立鲁国后，"对徐夷、淮夷继续用兵"。《史记·齐太公世家》记载，成王把师尚父封为齐侯，周公在东征时，命昭公授权给师尚父，说"东至海，西至河，南至穆陵，北至无棣，五候九伯，实得征之。"齐国附近有不少东夷小国，先后均被齐国并灭。云台山大村西周贵族墓中发现的铜器群具有典型的商末周初风格，是西周青铜文化随着武力征伐进入本地区的重要标志，也成为周人征伐东夷的史证。事实上，随着商周伐夷，中原地区的先进文化也随着战争传播于东方，对东部地区的开发和民族融合起着积极作用。

战国时期，云台山一带是吴国从海上征伐齐国必经的交通要道，也是吴所要并已经夺取的战略要地，处在战争的前沿，与齐国相对峙。

海上战略通道

东晋时，孙恩起义反晋，连云港一带曾为孙恩与东晋官兵交战的重要战场。孙恩占领郁洲和东晋军队的攻打郁洲，都是为了控制这个海上门户和南北交通的咽喉。

在隋文帝平陈的战略部署中，海州也是一个重要的军事要塞。当时的郁洲经过南北朝时期的开发，战略地位十分重要，是隋文帝平陈战略中一个重要的据点。进，沿海溯江，则指建康；退，可以扼守海口，成为山东半岛的锁钥。在朝廷南下平陈的战略中，成为隋朝通过海路南下建康、夺取南朝政权的重要通道。

开皇八年（588年）十月，设置淮南行省于寿春，以晋王杨广为尚书令统筹各路兵马，以高颎为元帅长史决断行军谋略，率80总管、51.8万名士兵南犯。杨广并与秦王杨俊、杨素为行军元帅，同时由长江上、中、下游分八路南征南朝陈。这八路分为中上游与下游两部，行军元帅杨俊统帅中上游三路，行军元帅杨广统率下游五路，率领韩擒虎、贺若弼专攻建康，命王世积与燕荣为左右翼协攻江西、三吴。杨广率军出六合，庐州总管韩擒虎出庐江（今合肥），吴州总管贺若弼出广陵（今扬州），这三路集中围攻建康。蕲州刺史王世积率舟师出蕲春（今湖北蕲春北）攻九江掩护杨广主力军。青州总管燕荣率舟师出东海（今连云港）沿海迂回南下入太湖，以奇袭吴县（今苏州），深入三吴以支援杨广主力军。

南北朝时期，古港龙苴一带也成为军事争夺的重地。龙苴早在秦汉时期就已发展成为海口都邑，楚汉相争之际，项羽曾派遣大将司马龙且在此筑大小二垒迎敌韩信。从南梁天监八年（509年）至东魏武定七年（549年）的40年中，战争频繁，龙苴由南梁所辖变为东魏统治。东魏武定七年首设海州治于龙苴。

宋金交战，作为"淮口巨镇"的海州，在漕运和军事守备当中具有极为重要的地位，就如明代海州知州王同写的那样："海州面山滨海，控齐鲁，蔽江淮、高丽，直东渺茫无际，奏为东门，诚边卫咽喉自汉唐泊我。"同时，海州一带也是重要战场，留下许多战火痕迹，许多志士在此扬名立万。

在明代时，海州仍然是中国的东方门户，外国及本国军舰时常泊于口岸，在中国沿海中部有着重要的战略地位。明代赣榆人、光绿寺正卿裴天祐在其《重修海州城记碑》中说："海州，淮之巨镇也，接壤齐鲁，连汛越辽，寇警倭，虞突飘，叵测险守。"

海州保卫战

魏胜是宿迁市宿城区人，生于金兵不断南侵之时，他精通兵法，精于骑射，为南宋抗金名将。宋金对峙时期，"绍兴和议"确定双方以淮河中流为界，淮河中流以南属宋朝，以北属金国。绍兴三十一年（1161年），金主完颜亮率60万大军大举南侵，两淮人民惶惶不安，这时徙居山阳（今淮安）的魏胜闻讯跃然而起，聚集粮谷，制造器械，招募民众，先攻取涟水，后率众进攻海州。金海州郡守高文富闻魏胜起事，遣兵征伐。魏胜率众与金兵相遇，金军不敌魏胜败走，魏胜乘胜追击，与郡守高文富及其子安仁战于州城谯门外，生擒高文富，杀死高安仁及州兵千余人，占领海州城。魏胜自任都统制，然后下令免除州县租税，释放罪囚，开仓赈济，犒赏战士，申明军纪，选任将领，招募军士，驰檄远近，四方响应，兵员充足，民心安定。

金兵失守海州后，又派万余官兵前来争夺海州，魏胜闻悉，率兵进抵州北20里外的新桥设伏以待。待金兵到来，伏兵猝发，金兵又一次大败。魏胜估计金兵必定会复攻海州，于是指挥将士登城御守，金兵轮番攻击州城七日，死伤众多，仍无法破城，无奈撤兵北去。淮南总管李宝在了解了魏胜保卫海州的功绩后，向朝廷为魏胜请功，于是南宋朝廷下诏命任魏胜为海州知事。

金主完颜亮举兵渡淮之后，担心魏胜袭击后路，第二次分军数万，往围海州。魏胜即遣使向李宝报警，争取驰援。此时李宝正率师航海，拟从海道拒敌胶西，得到魏胜急报后，立即带领将士往援魏胜。至海州城北新桥，与金兵相遇，立即交战，战斗正酣时，魏胜乘势出城，前后夹击，金兵腹背受敌，顿时溃败而逃。李宝在解了海州之围后又引舟师赴胶西，魏胜也回城布置守御。几天后金兵又至，扎营于城北砂巷，第三次列阵攻城，魏胜奋力拒敌，金兵死伤甚众，终不能前，再次退走。金兵欲近无能，欲退不可，于是在海州外围筑长垣，将州城紧紧包围起来，欲困死海州。后来因为金主完颜亮被杀，海州之围遂解。

魏胜因保卫海州有功，授阁门祗候，兼山东路忠义都统。金人感到威胁很大，于是派金将山东路都统率兵10万，第四次进攻海州。这次魏胜会同李宝率水陆大军，与金兵战于海州之北，大破金兵，斩首不可胜计，堰水为之断流。金军每见魏胜旗号，即望风而逃。魏胜在抗金斗争中，曾创

海州古城

制如意战车数百辆,炮车数十辆。每辆战车"用二人推毂,可蔽五十人。行则载辎重器甲,止则为营挂搭如城垒"。人马不能接近,尚可防御箭镞。一旦遇敌,战车列阵于外,发射矢石,炮车列于阵中,施放火炮。交战中,得胜时可拔阵追袭,不利时可退入休息,士卒不疲,进退皆利。这一创制被朝廷推广到南宋全军。

宋绍兴三十二年、金大定二年(1162年)五月,金世宗完颜雍积极整饬军备,准备攻取两淮及陕西等路州县,命太师乌珍(又名五斤)统兵20万第五次进攻海州。乌珍先派兵一部往海州西南断海州守将魏胜粮道,魏胜得知后选派3000精骑前往石湫堰依险阻击金军,使其不得进。12日,金军又增兵10万全力进攻石湫堰。魏胜率部与金军鏖战,斩杀数千人,金军败溃,魏胜守险不追,率军退回城中。金军将海州城重重围困,魏胜与统制官郭蔚分兵备御,乘夜派兵劫其营,焚其攻城器械,使金兵夜不安枕。金军并力攻城,魏胜告急于沿海制置使李宝,宋廷命镇江都统制张子盖率兵驰援海州魏胜,在石湫堰大败金兵。此战,宋军在力量对比悬殊的情况下,不与金军正面交锋,采取机动灵活的战法,夜扰金军,依险拒守,最终以少数兵力战胜了数倍于己的金军。宋军这次在海州以少胜多击败金军，成为一次经典之战。

1163年8月11日，朝廷下令弃守海州。11月15日，金都元帅布萨忠义与赫舍哩志宁分兵从淮水清河口进攻楚州，都统制刘宝"弃城遁"。19日，金兵进攻楚州，魏胜率部与敌激战于淮阳，中敌箭坠马身亡，年仅45岁。随后金兵攻占楚州。

战争的历史凝固

海州的多年征战,留下了众多反映那个时代事件的重大遗址,这是战争的历史凝固。透过这些遗址,我们好像听到了从历史的隧道里传出的大海的涛声、刀枪剑戟的搏击声、士兵们不息灵魂的呐喊声。它们蕴藏着古老的海州文化,表明生活在这里的人们既是人类文明最早的创造者、接纳者和传播者,也是不屈的抗争者。古老的海上丝绸之路,正依托这些大山和海洋成为无与伦比的东西文化交流的国际通道。

宋金交战遗址

李宝水师遗址

刘志洲山在秦汉至隋唐时期,和锦屏山统称朐山,到宋代称银山,清末俗称刘志洲山。刘志洲山与夹山、哑巴山三山相连,势成环抱。宋代,山东为海,此处为天然良港,与海中云台相对应。地居要塞,扼金兵南侵之咽喉,战略位置显要,成为宋金争峙之地。《宋史》中讲述李宝水师曾"锚泊东海",但很多人(包括一些历史学家)都不知道这个李宝水师锚地在"东海"什么地方。连云港市博物馆在岗嘴、夹山口、刘志洲山、哑巴山调查,发现两处宋代船刻岩画,"招信军"石刻、船坞、城址、马道、古炮台遗迹。并在岗嘴附近采集了金大定铭文的铜镜以及宋代的军用水壶"韩瓶",确证此处800多年前就是原岳飞部下将领、南宋浙西路马前军副总管李宝水师的屯兵港、"锚泊东海"的基地,屯兵的港口。

"招信前部"题刻

当年,李宝水师由此和魏胜海陆夹击,取得了海州保卫战的胜利。岗嘴、夹山口在宋金对峙时期是一处主要的军港,北宋后期和南宋初,金人南下,南宋李宝水师北上海州以抗强金,结果在海州往山东石臼所之间的奔袭战中,南宋水师以120艘兵舰、3000人的力量击败了金军600艘兵舰的7万之众,创造了中国海战史上最为光辉的一次以少胜多、以弱胜强、威武雄壮的著名战例。海战后,李宝水师又"还军驻东海(今岗嘴)。"这里自秦汉以降直至唐宋,就是朐港所在。南宋以后由于黄河夺淮,携带大量泥沙入海,海水逐渐东退。这个港口一直利用到元初。清初云台山与大陆联系的渡口已移至今大范庄,这个历经沧桑的自然港遂由海变陆。

这场大战直到目前为止,在刘志洲山遍刻的"招信军"等舟师泊地的番号上仍可窥见一斑。

刘志洲山岩石上遍布着宋代船画等宋金交战的石刻画面,船刻岩画与宋代用于海战的海鳅船近似,其中有一条明显能看出是水军的"车轮轲"。据高伟教授田野调查的资料,石刻船画有三组,一组在山的东北,距新坝采石厂塘口15米。船画刻有两条船,一大一小,大的船高84厘米、长110厘米,小的船高6厘米、长19厘米,画中描绘的是一艘大船正抛锚在岸边,桅杆上的风帆落下,一只长长的船舵在水中,大船身后紧跟着一条小船,而一条小鱼在船底戏水,为整个画面增添了生机。战船本身设备齐全,有三只锚、瞭望斗、风向标、桅杆等物,在整体画面的右上方有"宋信"二字,充分说明此船画为宋代招信军的军备。此船画方向南偏东40度。另有两处船画表现手法极为简单,仅描绘出船身的大体形状,呈月牙状。宋代船画等宋金交战的石刻画面见证了宋金交战的那一段血雨腥风的岁月,也增加了宋元时期古海州历史的厚重。

同时,该山上还刻有乘风破浪的雄伟大船等岩画,充分反映了这个时期的海航盛况。

石湫堰遗址

"石湫"是海州区锦屏镇的古称。历史上,石湫镇曾有过一条十分著名的堰堤工程"石湫堰"（又名"石闼堰"），这里是贯穿大宋王朝始终的古代堰堤工程，也是从陆路进入海州的必经之地。不仅《续资治通鉴》对石湫堰的建成有专门的记载：景定三年（蒙古中统三年）"甲午，海州石湫堰成"。而且在谭其骧教授主编的《中国历史地图集》中，在宋、辽、金时期《山东东路山东西路》的地图中，石湫堰被单独在地图上做了标注，可见石湫堰在当时具有特殊地位。

《宋史·河渠志》记载的石湫堰，是一条能阻挡洪水的堰堤，也是为下游提供灌溉的水库，宋天禧四年（1020年）"五月丁卯（十七日）两浙、淮南劝农使王贯之等导海州界石闼堰水入涟水军，溉民田……诏并奖之。"《历代沿海舆地考·江南》记载的石湫堰，更是一处在军事上极为重要的防守关隘，"宋绍兴三十一年（元1161年）金人围海州，张子盖自镇江赴援至楚州，先趋涟水择便道以进至石湫堰，击败敌兵是也。今镇东北有九浜桥，即旧时堰水处。"

我们已知道，南宋初年金军南下侵犯古海州，石湫堰成为保卫海州至关重要的防守关隘。据《宋史·魏胜传》，魏胜凭借石湫堰易守难攻的险要地势，仅以三千铁骑据守石闼堰以少胜多，以弱克强，金军损失惨重。随后，金国再次纠集10万大军全力进攻石湫堰，魏胜率部与敌鏖战，斩杀数千人，金军败溃。与受宋廷命率兵抵达石湫堰的镇江都统制张子盖联手，在石湫堰大败金军，解除海州被围之困。魏胜利用石湫堰的优势地形，坚守海州数年，屡挫金军，为保卫南宋立下了汗马功劳。

金兴定元年、南宋嘉定十年（1217年）八月，金海州经略使阿布哈努色尔与宋人战于石湫堰，南宋兵败。南宋嘉定十一年、金兴定二年（1218年）六月，李全率军围攻海州，李全曾是农民起义军的首领，归顺宋廷后被编入"忠义军"，官至南宋淮南东路总管，辖地江苏长江以北兼鲁东南一带，因不敌金军退守石湫堰，《金史·宣宗纪》中有"宋李全与金人战于高桥，不胜，退守石湫"的记载，可见石湫堰在宋金交战时，其战略地位之重要。

金兴定二年（1218年），南宋高太尉、彭元帅率兵三万驻朐山下隔湖港。金海州经略副使完颜霆出奇兵攻之,宋兵大败,"坠涧溺死者不计"。金灭亡后,这里仍不乏战事。《元史·播尔欢传》中记载了元将播尔欢从下邳数百里外奔袭海州、东海、石湫三城得手之事,说明宋元时期,石湫仍为军事重地。

1220年9月,南宋军队收复海州,任命徐稷为知州,结束了金人占据海州56年的历史。曾记载于方志但后来百余年中查找无着的金《新设山路记》摩崖刻石,20世纪80年代文物普查中在海州石棚山古道发现,这是金明昌二年(1191年)刻石,它记述了金人"猛克""谋安"和海州人共修石湫桥、开筑山路的史实。那是一段已经失落的金人统治海州前后达60余年的历史见证。

大雾崖石城

大雾崖石城位于连云港市连云区朝阳镇太白涧南山大雾崖,城依山势而筑,毛石砌成,南北长约500米,下临深涧。横断面成半"凸"字形。高1.2—3米、宽0.9—1.1米。正中有一门,宽1.5米。城内大雾崖下有张百川题写的《雾崖石城记》刻石一处,据刻石内容记载,此城筑于咸丰十一年(1861年)8月,同治元年(1862年)正月告竣,筑城的目的是为抵御刘天福的捻军。该建筑对研究东捻军在云台山区的活动有重要的历史价值,1993年公布为连云港市第二批文物保护单位。

历史上,古海州是东捻军抗击清军的主战场之一,尤以赣榆为多。据史料记载,清咸丰九年(1859年),捻军刘天福部瞿二秃子攻打青口;清咸丰十年(1860年),捻军鲁王攻打赣榆县城,鲁王血洒紫阳桥后,当地权贵周翰儒带领众多地方武装对退守在盐仓城(今龙河乡)内的捻军余部进行联合绞杀;咸丰十一年(1861年),捻军攻打赣榆,5月30日,捻军首领刘天福攻至东海边,克凤凰城;同治三年(1864年)捻军攻打赣榆,清忠亲王僧格林沁亲自督战,令蒙古骑兵"追蹑"捻军;同治四年(1865年),捻军首领陈玉标率部攻打海州;同治六年(1867年),捻军陈玉标部

大雾崖石城

为复仇突袭海州及辖地沭阳。8月，突袭赣榆。10月，捻军首领任化邦率军十万攻打青口。11月，捻军在山东大破清军后，由山东青州经日照再攻赣榆；清同治七年（1868年），捻军首领赖文光率部从海州向沭阳突围。

《雾崖石城记》中记载的刘天福，沭阳人，清咸丰三年（1853年）组织农民武装起义，咸丰七年（1857年），并入捻军，成为捻军将领之一，率军转战鲁、皖。刘天福于清咸丰九年（1859年）率捻军首次进入海州并组织了青口战役；咸丰十一年（1861年）率部攻克凤凰城，此役在《雾崖石城记》中已有记载。其后，在与捻军南撤途中阵亡。刘天福最突出的战绩是与其他捻军将领配合，在山东三败僧格林沁，并在曹州将其击毙。

古海州筑起的避捻石城不止大雾崖一处。距云台山西南方向百里左右的大伊山上也建有石城。如伊山镇富绅在大伊山地区就建起了两座石城。这件事在《朐阳纪略》中有明确记载："捻乱后，山椒砌石圩二，为避乱桃园。大圩在万丈崖颠，小圩在花子坟东"。目前，大圩石城址仍在，而花子坟东的小圩石城已无迹可寻。

田横岗

小鬲山是连云港南云台山的一个山头，亦名隔峰山，海拔250米，山形峻峭，形势险要。东西北三面山体陡峭，大涧环绕，只有南面一条小道与云台山主峰相通。山上有古营寨遗址，世代相传是田横和500义士所营造的岗寨，俗称田横岗。《太平寰宇记》中说："田横岗在东海县东北60里，小鬲山上，孤峰独秀，三面壁立，俯临深壑，唯有东隅才近行人，累石为城，即田横所营处。"《元和郡县图志》中说："小鬲山在东海县北六十里，田横避汉所居之山也。其山三面绝壁，皆百余仞，惟东南一道略容行人。"《辞海》中说："郁洲，古洲名，相传秦末田横居此，故又名田横岛。在今江苏连云港市云台山一带，古时在海中。"据连云港市博物馆田野调查，田横岗西边为狼窝涧，东边是大青涧，全长2.1公里，曲折幽深，深潭、瀑布、峡谷、悬崖、古洞、石棚，错落其间，步移景换，气势非凡，为当年田横壮士的水源地。临涧多悬崖绝壁，高者10多米，矮者亦有四五米，错列回曲，宛若城墙三面。唯东面可通行人，险要天成，令人惊叹。

田横岗分左、中、右、前四个营寨，均面向北面的大海，寨墙全部用块石垒砌。四个营寨中，中寨位于隔峰山山顶最高处的"小龙顶"，由此有四条小道通向左、右、前各寨，中寨也是面积最大的一个寨。田横岗的石城墙高2—3米，宽1—1.5米，最高处达8米，总长200多米。另外，东、西、北三面绝壁陡坡的隙缝处还有断断续续用作封堵的石墙，约200多米。在田横岗中寨的中心位置，有一处明代建筑基址，据方志记载这是田横将军庙，1937年乡绅张学瀚改其名为"田横祠"，在建筑基址旁竖有一碑。明朝人顾乾在《云台山志》中记载："田横避兵于此，尚存古祠址，北环峻壁，南绕石城，其路仅通一线。"

相传秦末时期田横率500壮士入居郁洲海岛后，汉高祖刘邦为免除祸患，即派手下大将艾不领兵追田横于郁洲，并筑城居高临下与田横对峙，史称"艾不城"。今艾不城尚存数十米城墙，石墙南侧裸崖壁立，崖下有洞，称"艾不洞"。田横被艾不所迫前往洛阳途中，在距洛阳30里一个叫尸乡的地方自杀身亡，留居海岛者闻田横死讯也全部自杀，史称田横五百壮士。太史公在《史记·田儋列传》中对这一历史事件作了富有人文色彩的叙述。为了纪念田横，世人就把海中的云台山称为田横岛。唐初徐坚的《初学记》即云："海州有田横岛。"唐开元年间的诸王侍读率长史张守节在公元736年写《史记正义》中指出"在海州东北"，"去岸八十里"是田横屯兵之处。田横当年所踞的隔峰山地理形势和唐《元和郡县图志》记载史实完全相符：此"田横避汉所居之山也，其三面绝壁，皆百余仞，唯东南一路略行人"。《方舆纪要》云："其上累石为城，谓之田横岗。"

吕母崮

朝阳大西山，人称吕母崮，俗称马栏顶，志书上称之为西石山。吕母故事见于《汉书·王莽传》及《后汉书·刘盆子传》："天凤元年，琅琊海曲有吕母者，子为县吏，犯小罪，宰论杀之。吕母怨宰，密聚客，规以报仇。母家素丰，资产数百万。乃益酿醇酒，买刀剑衣服。少年来酤者，皆赊与之。视其乏者，辄假衣裳。数年，财用稍尽。少年欲相与偿之，吕母垂泪泣曰：所以厚诸君者，非欲求利，徒以县宰不道，枉杀吾子，欲为报怨耳。诸君宁肯哀之乎？少年壮其意，又素受恩，皆许诺。其中勇士自号猛虎，遂相聚得数十百人。因与吕母入海中，招合亡命，众至数千。吕母自称将军，引兵还攻，破海曲，执县宰。诸吏叩头为宰请，母曰：吾子犯小罪，不当死，而为宰所杀，杀人者当死，又何请乎？遂斩之，以其首祭子冢，复还海中。"

吕母为子报仇以后，率众"复还海中"，这里的"海中"，据《太平寰宇记》载："在东海县北三十七里巨平山南岭上，高二里。王莽时琅琊海曲吕母子为县吏，犯小罪宰论杀之。母招亡命数千，杀县令，复还海中保此为固。"《读史方舆纪要》载："巨平山，州北三十里，一名䍧吾峰。南接东海，北接墟沟，中有龙潭，其南岭上有吕母崮，高二里，即王莽时琅琊海曲吕母招亡命数千，杀县令还保海岛处也。"就是说吕母崮或吕母冈在东海县巨平山。清崔应阶《云台山志》、谢元淮《云台新志》都引用其说。

古烟墩

烟墩，即烽火台，汉代称亭，又称燧，有时亭燧并称。唐代称烽台、烽火、烽燧。明代才称烟墩或墩台，有时称峰、狼烟等，它是中国古代为发布军事情报而设的一种专用建筑设施，芮乐伟·韩森在《丝绸之路新史》中专门写道："中国军队每征服一个新的地区就修建新的烽燧。"据《史记》记载，早在西周时期就有了烽堠，汉代时烽堠制度已相当成熟，至唐代发展到顶峰，一直沿用到宋、元、明、清。

烟墩的位置均置于制高点，以便观望。有土筑的，有石砌的，有的依山而设。戚继光《纪效新书》明确记载"烽堠'草架三座……每架务高一丈二尺，方四面，俱一丈。'""每墩不拘日夜，分三人，带起火三枝，碗口铳一个，手铳三个，在于极外海边巡逻守哨。遇有贼登，昼则摇旗放铳为号，夜则放起火、放铳为号，墩上即便接应。""自古守边，不过远斥堠，谨烽火。至于海中风帆，瞬息千里，烽堠尤为重要。"古丝绸之路留下众多的烟墩史迹，从甘肃河西走廊的威武、张掖、敦煌，一直到新疆的罗布泊一带，号称"峰燧万里相望"。

古代连云港的海防在中国沿海占有十分重要的地位，其中云台山一直被誉为"岛门屏障""中原门户""漕运重地，南北咽喉"。五代和北宋初，这里就设节度使和副节度使。元代，置海宁安东州万户符（统兵7000人以上）。明洪武元年至三年（1368—1370年），置高桥、东海、惠泽、荻水4个巡检司。洪武十七年（1384年），在今南城置守御东海千户所。洪武二十三年（1390年），在海州置守御海州中前千户所。清代，海州境内先后设海州营和东海营，后设墟沟营。这些驻防，离不开一定的军事设施，烟墩便是其中重要的设施。连云港的烟墩大多依山而设，烟墩燃火材料，有的用柴草，有的用狼粪，而古海州大多用植物油。燃油需要燃油器皿，这些墩台大多数在台顶放置一块平整的巨石，中间凿一圆形或方形石槽，以使油料不至外流。燃火时，在油面上放一棉捻，一点即着，并长时间不熄。

宿城山烟墩遗址

古代连云港的烟墩很多，大多已无迹可循，目前从旧志书上能查到的资料和能找到的部分遗迹，多数是明清时期修建。

从明洪武中期（1382年前后）开始，倭寇与海贼交讧，朝廷于淮安卫8所内分中所安御东海，并在沿海设烟墩14座，后又增设4座，计18座。时武德将军胡海调守海州中千户所，18座烟墩便为他所主持修建。

到清嘉庆年间（1796—1820年），古海州境内烟墩增至44座。其中，海州营14座，东海营10座，赣榆境内20座。这些烟墩，每座都配2—3个兵丁值守。其中，海州营为每座2人，东海营每座3人。

连云港的古烟墩，随国内时局的变化，或用或弃。14世纪日本南北朝时，在混战中失败的日本武士纠集一些浪人或商人，沦为海盗，在中国沿海地区大肆进行走私和抢劫活动。一旦发现沿海哪个地区防守薄弱，就大肆入侵，所以沿海设防不可疏忽。

从宋金交战到明清沿海设防，赣榆绣针河口一直是军事战略要地，赣榆区境内有20处烟墩，即渎树浦、刘家口、新灶、范家口、唐生口、沙沟村、青口、孙家庄、宋家口、小盘子、兴庄、海脐、朱蓬口、马家村、赵家沙、九里七、庄家庄、柘汪、林子庄和响池。狄水镇及海州湾沿岸各口都筑有土城、炮台，防倭寇为第一要事，明初洪武三十一年（1398年）在赣榆县获水设置安东卫。清初获水巡检司移驻到青口，负责整个柘汪口、林子、响石、唐生口、青口、宋口、兴庄河口、朱蓬口、刘口、范河口十三口的沿海防务，在青口镇设中军守备一员，管辖31处泛地，23处烟墩。

清康熙十六年（1677年），云台山海防守卫的指挥中心由南城移至北城（即墟沟）。在云台山海防的最前线边界，北界的鹰游山、东南界的高公岛、东界的港口，都有兵士日夜守卫的烽火墩、烽火台，临望海面，如发现情况可随时向各个哨卡和墟沟兵营报警。如南固山烟墩遗址，位于墟沟南侧海拔188米的山顶处，地势险要，可俯瞰整个鹰游海峡，东与丫髻山、庙岭、孙家山、东西连岛相望，西与西南山、北崮山呼应，为监视连云港海情的主要观测哨卡。遗址四周由一圈长约130米的石砌墙体包围，遗址正中有一座略呈方形的由大型石块砌筑的高台。玉枕山东侧的山沟当地人称之为"烟墩沟"，山顶处的烟墩与西石岛、北崮山、连岛、烟墩山以及海州营等地哨兵形成了一个完整的海防预警体系。

清嘉庆年间（1796—1820年），海州有烟墩14座，守墩士兵27名。东海营有烟墩10座，守墩士兵30名。

清初，倭寇活动仍然猖獗，加之更加频繁的抗清势力活动，清政府实行龟缩政策，被动下达"裁海令"，整个云台山被裁为界外。这样，不仅明时筑起的18处烟墩弃用，就连东海千户所、墟沟营寨、西石岛哨所也一并撤除，古海州前沿屏藩尽失。光绪十一年（1885年），中法越南大战后，清政府腐败恐外，前线大捷，后方求和。光绪二十一年（1895年），镇守镇南关的抗法名将冯子才忍辱率部回云台山赴任，屯兵平山、华盖山一线，朝阳烟墩山及附近沿海的古烟墩又恢复使用，时见烽烟弥空。

抗战之初的1938年，连云港的中国守军将云台山当作战略要地，纷纷在各重要山头布防、修筑工事。其中，朝阳烟墩山就修筑许多战壕和防空洞。古老的烟墩在近代再次派上了用场。

古代军事城池的建设

连云港市古代城市的发展，从春秋到封建社会的结束，城池建设都有政治中心与军事布防双重功能：对内是政权机构的管辖和统治；对外是防御、守卫。在历史时期，因为防御或者军事上的需要，曾经建设过多座主要体现于因战争或防御而建设起来的军事城堡，如龙山文化的藤花落古城，西汉早期的田横岗与吕母崮石城，还有后来的孔望山巡望城、南城和北城等。始建于南朝的南城，初始完全是军事需要，但后来却成为历经800余年沧桑的东海县的县治。

藤花落古城

中华古代文化的形成经历了多元演进→夷夏东西对立为主导→商周王朝为核心→秦汉帝国大一统四个阶段，在这四个阶段中，第二个阶段，藤花落古城在中国古城文明中具有代表性。龙山文化是连云港最闪亮的时期。藤花落古城的功能是多方位的，古城建筑的军事功能是其一大特色。

双重城郭结构体现军事功能。中国城市的出现以城墙建造为标志，城池建设的初始目的具有双重功能：一是防御自然灾害的侵袭，二是抵御敌人的进攻。藤花落古城的建设，双重功能已经体现于整个城郭、壕沟以及城市内部建筑的布局上：双重城郭以及深深的壕沟、瞭望台，体现了其重要的军事功能；高台、房屋、祭祀坑等的有序建筑，却又体现了其政治功能——国家的行政中心的地位。

城墙属于防卫性的公共建筑。从《藤花落连云港市新石器时代遗址考古发掘报告》提供的材料看，藤花落的城墙、城门和环壕的功能除了防洪、御敌的基本作用外，如结合城内的具有宗教祭祀性质的公共建筑（广场、祭祀坑、台基建筑等）分析，体现出一种"空间控制"能力。美国杰出的城市规划专家凯文·林奇曾指出：城墙"为我们提供了一种安全感、稳定感、永恒感，一种威严感和自豪感。"何一民认为它体现的是一种原始的价值观，即"秩序、稳定、控制、行为与空间的一致性，而更重要的是对时间、衰退、死亡、骚乱的否定。……这些形态是表现权力的冷漠工具，用来使一部分人屈服于另一部分人"，其作用是"空间和仪式用来把人们聚集起来并稳定和束缚其行为。"可以说，藤花落古城中高耸的城墙、深挖的壕堑，与城内道路方向一致的大门及哨所等设置，正是这种空间控制意识的物化形式。从藤花落古城中一般居住区与显贵家族居住区以及氏族首领住宅之间虽没有"宫墙"之界隔，但在距离上却有一定的区隔，表明已具备早期城市"空间控制"布局的某些要素。

外城南城门处建有哨所。《发掘报告》称藤花落古城址分为内外两城。外城墙修建技术由堆筑和版筑（或称夯筑）结合修建，以堆筑为主。内城墙主要由版筑夯打而成。一般堆筑过程中会在墙芯中部或两侧用粗壮的木桩加固，尤以内墙为甚，使用了数以万计的木材。内外城大体基本在同一时期建造，即龙山文化中期偏晚。内城位于外城内南部，与外城方向一致，均为西南向。内城由城垣、城外道路、城门和哨所组成，面积约4万平方米，平面呈圆角方形。外城南门处在南城墙中部略偏西，与南城墙垂直，内城的南城垣亦在此中断，形成缺口，与外城门基本在一条直线上，外城南城门处建有哨所，很显然，是为了进出的方便和守卫的需要。外城墙的外侧环以城壕，与外城墙平行。分别在东、南、西三面建有城门，其中南城门建有一处哨所。而人工开挖壕沟既可作为修建城墙取土之用，也对城址起到了防涝的基本保护作用。

藤花落城址被毁不排除军事原因。

藤花落遗址龙山文化遗存可分为早中晚三期。城址的建造年代在早期后段,即相当于山东龙山文化早期偏晚阶段;废弃年代约在中期后段。是什么原因导致了城址的废弃?从遗址发掘的迹象推测大致有三种可能。

一是洪水和海侵。城址中的木桩都是为了抵抗洪水。在99T2的东、西壁上可以看到,外城墙墙体内外的堆积明显不同。外侧耕土层下是若干层水平状淤沙土堆积,多为纯净的黄灰沙土、青灰沙土,厚15—20厘米。明显是受到海水倒灌和洪水冲击形成的堆积。20世纪50—60年代这一带还存在着严重的海水内侵的情况。而外城城墙内侧则是文化层堆积。外侧水平状淤沙土堆积始终没有越过城墙。证明废弃以后的外城墙依然有抵挡洪水的功能,可以想见高耸的城垣曾抵抗过多少次滔滔洪水的侵袭!

二是环境灾难。大量树木被砍伐用来筑城、建造房屋、烧造陶器或用作日常生活,最终导致周围生态环境的恶化,引发干旱或洪涝灾害,而导致无法生存的灭顶之灾。

三是遗址中发现有西部龙山文化特别是河南王油坊文化的陶器等外来文化因素,无法排除是外部族入侵引发的战争导致藤花落古城的毁灭。

海州城

海州州治历史上有4次迁徙,几乎都和战争有关,一部战争史,就是一个海州城的建设变迁史。

海州州治虽有4次迁徙,而作为州城的建设,曾长期作为州治驻地、能够代表海州形象的唯有今日古海州城。我们经常说的海州城,也指的是今天的古城海州。

海州古城雄踞于锦屏山麓,西依白虎山,跨山临海,号称"金城之固,汤池之险。"因战争而焚弃,也因战争而重新建设与巩固。州治随着战争的需要和政权中心的移动而变动无常,州城也随着战争的需要不断地修固和扩展。隋王谟出任海州刺史,积极筹备平陈战役而重加修筑海州城。这时的海州城城址,主要在鼓楼以东山麓台地上。唐时扩州城为东西二城,城外浚堑筑郭以环之。

张浚虽为南宋抗金名将，但为防止金人占城，于绍兴十一年（1141年）焚城迁民，海州城毁于大火。张浚是西汉留侯张良、唐朝开元时期名相张九龄之弟张九皋之后，也是南宋抗金名将，4岁时成孤儿，行直视端，不说诳言。他在关陕三年，训练新兵，以刘子羽为上宾，任赵开为都转运使，擢吴玠为大将守凤翔。刘子羽善理财，而吴玠每战必胜，西北遗民，归附日众。所以虽然关陕丢失，但全蜀安全，且以形势牵制东南，江、淮亦赖以安。但张浚放弃了重镇海州这个战略要地，拆毁了海州城，将所有海州人移民到了镇江。从当时的战略布局上考量，是否错误估计了形势，是否必须这样做，可再探讨。但这件事在海州的发展史上，影响深远，这是古海州从兴盛走向败落的开始。

绍兴三十二年（1162年），南宋抗金名将魏胜为抵抗金人入侵海州，筑城浚湟，对旧有州城复加修筑，并在州城南郭外增加一道土垣，围南门外白虎山于城内，形成一座固若金汤的抗金城防。元代海州城屡遭兵燹，先后曾为李璮、宋军、蒙古军占领，攻掠城池，破败不堪。

海州城在明代防倭的历史大背景下得到重建。明初，东南沿海曾受到倭寇的骚扰和掠夺，洪武朝制定和颁布了"片帆寸板不许下海""禁造三桅以上大船"的严格禁海政策，这一海禁政策，从初期对着流亡于东南沿海各岛反抗明朝的张士诚余部，后来发展到外贸不开，海运断绝，致使沿海许多赖以外贸和航运为生的人私自出海、冒险贩洋，其结果是开海则寇转为商，禁海则商转为寇，更甚者与倭寇勾结，联成一体，劫掠沿海。这部分人更成为倭寇的带路人，造成了明朝初年的倭乱。至中期倭寇的骚乱更趋严重，促使明政府更加注重沿海各县的城池建设，并增置沿海各卫所和烽墩建设，加强水师巡船的巡逻和检查，并组织沿海村镇自卫乡勇团兵、官民结合，组成了一道严密的防倭海上"长城"。特别是海州成为防倭重镇，战略要地，不仅有力地保卫了海州地区的一方平安，也成了整个东南沿海的防倭体系中重要的组成部分。

海州城从明洪武到隆庆朝，历经近200年不断加固修葺而成为防御坚堡，纳入了沿海防御体系，不仅作为州治，而且成为东西两所的"海西中

海州古城全图（连云港市图书馆提供）

前哨"的指挥中心，担负起防倭和州治的双重任务。

州城坚固，人民同心。在明初倭乱最为猖獗时期，倭寇在沿海各地长驱直入，如入无人之境。仅就江苏而言，从嘉靖二十四年（1545年）开始，倭寇前后作乱30余年，甚至打到南京，兵临城下。两次占淮安，犯扬州、天长，侵盱眙、泗州。三十八年（1559年）四月，更进入通州，再犯淮安，据庙湾（阜宁）。而海州地区，倭乱时有报警，但城池坚固，军民奋勇杀敌。陈宣《海州志》记载，倭寇嘉靖三十六年（1557年）五月窜至新疃（今太平堰），州兵斩首数级，其余逃跑。《赣榆县志》也记载嘉靖三十四年（1555年），倭寇由夹谷山登陆，侵犯县东，海州同知章道明，县丞林松率兵抵御，敌未得逞，《淮安府志》记载，嘉靖三十四年倭寇36人自海州入境（沭阳），遇邳州兵而歼。海州成为未受倭害而又使倭寇闻风丧胆之地。

清康熙七年（1668年）的大地震，海州城墙遇到严重破坏。祸不单行，康熙二十四年（1685年）遭大水，城墙又倾倒大部。乾隆三十二年（1767年），进行了修筑，开拓了护城的壕沟，南门外还砌筑了砖桥。东北有城河与甲子河相通。

明清时代城内建设也形成了城市格局：城内街以"十"字为其主干，以巷为棋格，曾经"屋宇鳞次，衣食饶裕，弦歌不绝。"

孔望山古城

海州孔望山以东，直至明代，在王同的六言诗刻中仍然是"朐海潺潺东流，向东一望海天高"。山上有一座由黄土夯筑而成的古城墙，依山势逶迤，连绵起伏。古城的北城垣沿孔望山脊而建，南城垣则依托凤凰山山脊。东城垣、西城垣则建在两山之间的台地上，东西各辟两座城门。城垣不求方正规矩，但求依山缘海，形势天成，充分体现了中国古代"因山为垒，缘海为境"的筑城风格，体现了"城于山，则不入斗，可长保安逸"的理念。

孔望山古城原是一座总面积29万平方米，近似于长方形的土城。目前西城垣保存得较为完整，宽度10米左右，高度均在5米以上；南城垣现存宽度5—8米，高度4米；北城垣主要盘旋于孔望山山脊，墙体较完整，由于长期雨水冲刷的结果，现存宽度仅在2米左右，高度1—3米，现已成为山脊上的一条旅游通道。东城墙破坏严重，除在孔望山东南山坡、山脚尚留下一段城墙以及在果园还保存两个土堆外，墙土已被运光，但仍可以看出东城墙的基本走向。

历史上对孔望山古城的建造年代及其功能认识，较早的明《隆庆海州志》引《舆地要览》云："孔子问官于郯子，尝登此山以望东海，故名。"州志的作者指出，孔望山"又名古城山，山畔有故城基址"。新编《海州区志》认为"朐山城，北周大定元年（581年）于孔望山与锦屏山之间筑朐山城，并于孔望山设哨棚，巡望海面，所以又称巡望山。"孔望山古城经国家博物馆考古队两年的发掘，已完整展现以孔望山和小凤凰山脊连成一体的"半山垒石为城"的建筑风格，确立了它是军事城堡的功能，它的功用主要是军事防御的需要，筑城与军事、战争的需要有极大的关联。

孔望山筑城可上推到南北朝时期，首筑者为宋齐时的垣崇祖。垣崇祖

"据城"防守，说明早在此前古城垣作为军事防御已初具规模或崇祖为戍守朐山而赶筑土城。

南北朝时期，作为郁洲的前哨和咽喉要地，朐山成为兵家必争之地，战火绵延，朐山争夺十分激烈。梁天监十年（北魏永平四年，511年），梁振远将军马仙埤率军与北魏军争夺朐山，发生了史上著名的朐山之战。此战在《北魏书·卢昶传》中有确切记载。

孔望山古城规模最大、时间持久的修复是在南宋李璋占据海州时期。作为州治十一年期间，李璋在旧城基础上从军事防御的需要而修竣，考古发掘的成果证实了记载的历史。从古城现存状况看，其构筑方法有三种：西城垣和南城垣西段，直接在较平缓的基岩上夯筑而成，墙体保存较好，城外挖有城壕。南城垣中段、北城垣和东城垣的北部构建在山脊和半坡上，其墙体下部筑内外挡土墙，内部垫土夯实，然后逐层向上夯筑。南城垣外有护城壕，并发现其筑城工具为集束夯，即由8—10根直径5—8厘米的木棒捆成一束，作为夯具，夯层厚度15—20厘米。有一条宽约5米的道路东西向穿过城中，并保存着城的西门。根据城门的结构，证明至少西城门外应有瓮城。经踏勘，发现北城垣、南城垣、西城垣外筑有马面。2001年春，于西城门北侧顶部发现由青砖砌筑的台阶。从城垣底部出土的瓷片和砌筑台阶的青砖及城垣外筑有马面判断，此城最后一次筑于宋代。此城不是行政经济型的城市遗址，而是一座军事城堡，和文献记载相吻合。

2002年，考古专家发现了由城内登向西城门顶部的马道。该马道延伸至城墙顶部后，分为两个方向的青砖布道，一条通向西城门门楼，一条向西南通向瓮城城垣顶部，更证实了该城的军事功能性质。专家一致认为孔望山古城为全国罕见的、保存完整的宋代军事城堡。它为研究中国城堡的规划、修筑方法等提供了一个极其重要的实体，同时也对研究宋金交战历史提供了一处极为重要的物证。

孔望山内城发掘后，2001年发现了一处巨大的建筑台基，并发现直径约1米的水井。在水井内清理出有汉代至魏晋南北朝时期的绳纹瓦片、双系陶钵瓦片，由此推断此井最晚开凿于南北朝时期。2002年又发现了一处建筑台基，呈现出一处面阔 7 间 35 米左右、进深 3 间 15 米左右、建筑面积 500 平方米以上的建筑台基，初步认定为南北朝时期的宗教建筑遗址。唐代该建筑极有可能就是圆仁笔下记载的"龙王庙"的遗址，后期改造成军事首脑指挥机关。也有可能是李璮的都督行营所在地，后期曾作为海州治所。

南城

  连云港市东南部地形由东北向西南逐渐降低，境内有东、西两座凤凰山，犹如翱翔飞凤的双翅，南城坐落于东西两山之间，故又有"凤凰城"之誉。如今，东山辟成了一方宗教的净土，西山墨客骚人镌刻无数的诗诵题记，云雾造就的仙境，怀抱湖水的青山，给这座城市的"南大门"增添了妩媚和清秀。云台山西有南城，东有北城；先有南城，后有北城。

  当郁洲还是位居大陆北部的一个海岛时，三道鹰游门海峡将其分割成南云台、中云台、北云台互不连接的三列大山。南城是南云台隔海与大陆交往的一个重要的港口，中间就是宽约 20 里的第一道海峡鹰游门，又称恬风渡，是大陆渡海进山的必经之路，地理位置十分重要。清代吴于惠笔下《由南城过恬风渡》的景象还仍然令人惊心动魄："海门八月风凄凄，潮头来去天与齐。苍茫万顷望不尽，阴霞兴没无端倪。我乘一叶挂席渡，烟波冲突随高低。浪花扑面骇羽石，涛声轰耳惊金鼙。"

  南城曾以"城"而闻名江淮，筑城的历史要上溯到南北朝的侨置时期。

  魏晋南北朝时期，是中国历史上一个极为纷乱的时期，当时的侨治政府都在长江两岸。但由于郁洲阻海连山，北拒齐鲁、南蔽江淮，成为南北政权攻守进退之地，地理位置十分重要，遂成军事重镇。当时国家分裂，由于这里偏离中原战乱中心，成为北方南徙流民一个重要的落脚点和中间站，为南朝侨立的徐州、郁洲、冀州的建置之地。这个时期也是郁洲军事上和行政建置上一个具有重要意义的时期。

  东晋、南朝时期，国家政治的一大特点就是侨置州、郡、县的大量出现。郁洲有海峡和大陆相隔,退可以守,进可以战,而且有海上交通线和南朝政权保持着密切的联系,战争时期不仅是一块安全的避难所,而且成为侨置政府选择的理想地区。南城始筑城者就是侨置郁洲的第三任青冀二州刺史刘善民。

刘善民在南朝刘宋废帝元徽二年(474年)时出任侨置青冀二州刺史,莅任之初,为了确保郁洲岛与南朝政权海路的畅通,防止朐山北朝政权军队越海进攻郁洲,以南城为其政权和军事中心,以南城倚山抱海之地理优势,就地取石,垒石为城。该城易守难攻,称为"石头城"。

郁洲的开发,在汉代已具规模。到西晋末期,东海的政治形势发生了急剧的变化。东海太守肖诞一枪未放,以郡叛降于石勒。东海郡所领七县尽入于后赵、南燕。至此,东海郡属地政权机关南移,人民举家过江,东海郡七县几成荒墟,成为政权的真空地带。东晋元帝时期(317—323年),为安置东海郡流民,将实郡海虞(常熟)北境之地割让给东海郡并立郯、朐、利成三县。而祝其、襄贲、厚丘等县寄治曲阿(今丹徒)。原属东海郡的赣榆县由于建置郁洲,远离大陆,未向南方迁徙而留守郁洲。

从刘宋泰始三年(468年)薛安都被逼降魏,失淮北四州,海州成为北魏的天下,经历了13年的异族统治。到了479年,萧道成建立了北齐,海州尽入齐境。从建元元年(479年)到齐和帝萧宝融中兴元年(501年),海州经历了北齐23年的统治。从梁武帝萧衍天监元年(502年)到太清三年(549年),明少遐"举州降魏"(东魏),海州又经历了梁朝46年的统治。80年间,战事频仍,朐县成为南北政权的胶着地带,南北战争时有发生。而隔着一个海峡,郁洲岛在这80年中却是另一番景象。急匆匆,你下台,我又登台,州侨治,郡侨置,县侨治,都来占据这海外乐土。虽不见弥漫硝烟,郁洲岛却成了中国政区建置史上从未有过的政权频频更迭之地。

唐朝,为进军高丽,海州地位日渐重要,南城设"临海镇",成为军事前沿阵地、后勤运输的重要海港。贞观十三年,丞相魏征巡视东海,登凤凰城,亲笔题书"宁海门"三个大字,勒石于南门之上。此刻现存于连云港市博物馆。

凤凰城南门,《汉书·昭帝记》载:"昭帝三年冬月,凤凰集东海,遣使者祠其处"。皇帝颁诏书建凤凰祠,这在中国历史上空前绝后,凤凰城名称从此诞生,距今已有近2100年历史。(张晓晖摄)

南宋时,贾似道任淮西节度使,海州地位更趋重要。为戍守防金,贾似道下令在南城再筑大城。西南控海东北抵山,大城连接原刘善明筑的小城,形成一坚固的城池,并设南、东、北三座城门,时称"东海城",环山而建,恃此以防金。

明朝立国之初,南城城防进一步加强,成为海州防倭的前哨。明洪武十三年(1380年),在海州设东西二所,属于淮安卫八所之一。西所设于海州城,称为中前所。南城设中所,互为里表,海陆互应,成为东海的战略要地,有效地阻止了倭寇从海陆两个方面取道海州对内陆腹地的劫掠、侵扰。东所建有南、北二城十四墩,后又增筑四墩。据明《隆庆海州志》记载,此后东海城又加以巩固和修筑,洪武元年,调官军镇守。明永乐十六年(1418年),淮安卫指挥周得辛增高二尺五寸,并女墙高二丈二尺五寸。城铺二十五座,又有东南水关。东西二门以北因山为险。吊桥三座,在东、南、北门外。守御东海的千户所就设在东海城内十字街东,为洪武十七年千户黄军创置。有正厅三间,抱厦三间,后堂三间,穿堂三间,左右厢房各一间,东西司房各五间。镇抚厅三间,库房三间,监房三间,仪门三间，规模和规格都说明东海千户所建置的重要。

同时为确保东海城的安全，从战争需要出发，又在东海城北八十里凤凰嘴，设东海营寨两处，确保了东海城的前翼安全。

东海城在清顺治朝实行"裁海"政策之后，全部放弃，一座名城随300里锦绣海岛成为荒凉之区。自明至清初，南城仍是军事要塞、海防城堡。清康熙朝"复海"之后，随着海势东迁，海防重点由南云台移向北云台，移守备府于墟沟，南城作为军事要塞、海防城堡的地位让位于北城——墟沟，东海城设把总一员镇守南城。

至清末，南城最后一次修葺，修补城墙，修复城门。清咸丰十一年（1861年）海州州牧黄金龙主持修复工程，并为三城门题刻。北门曰"秀挹云台"，东门为"拱卫东瀛"，南门就是"古凤凰城"。

南城是一座实实在在的历史文化名城，南城的精华、南城的历史积淀在宁海"六朝一条街"，能够凸显这座古城、这条老街灵魂的，是曾为东海县治的治所。从刘宋泰始七年（471年）在南城首设东海县，历经北朝、隋、唐、宋，直至元至元二十年（1283年）裁撤东海县，南城作为县治所在，历经了812年最稳定的历史，这和迁徙无固的海州州治形成了鲜明的对比。

北城

历史造就了南城，同时也造就了一个与她隔山相望、互为倚重的北城——墟沟。在云台山没有成陆之前，墟沟和南城的交通是以海峡为连接的通道，正所谓"南城到北城，全靠水上行"。

墟沟从一个沟边的集市成为海防要塞北城，和南城一样，同样是在明初"防倭为重"的历史大背景下演进的。明初倭寇侵城事件屡有发生，沿海备地频频告急。洪武初年开始了墟沟北城的营建。规模虽小，但营构十分坚固，并配置了杀伤力较大并可远射的火炮。与此同时，在西石岛（今西墅）设水师营寨，配备巡防船只，直接迎战于海上的侵犯之敌，成为海

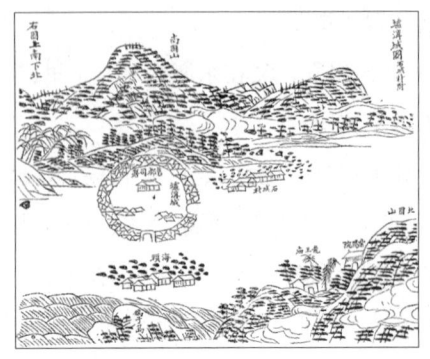

墟沟城（北城）　　　　　　西石村

上咽喉要塞。同时在北云台山的重要制高点上增设烽火台，一遇敌情，举火为号，速递敌情，做好准备，从海上和陆地痛歼来犯之倭。明清之际在今北云台山设有炮台7座：华严嘴、西墅、北山嘴、海头、孙家山上、孙家山下、高公岛炮台，沿海置烽墩12处。有民谚云："墟沟好屯兵，一夫当万众。"

为了更好地组织指挥东海山的防卫工作，在墟沟和宿城建营寨。据地方志记载，墟沟营寨建于明洪武二十六年（1393年），守御千户杨从益首创，有正厅三间，后堂三间，左右耳房各一间，东西司房各3间、教场一处，演武厅三间，成为水师都司的指挥机关。清初复海之后，都司府移往南城，墟沟营寨仍置把总、外委各一员，负责墟沟海防。同为明洪武二十六年（1393年），又在宿城保驾山与万寿山之间建宿城营寨，有正厅三间，后堂三间，仪门一间，教场一处，演武厅三间。

北城的建设，健全了海州作为防倭重镇的防御体系：中所有海州城，守御海西，保证内陆不受侵犯；东所有南城、北城互为倚重，并在西石岛配置水师营，建有三处营寨，建有34座烟墩，海上堡垒时刻严阵以待。西石岛又称西石村，是个军事重地，明代海州诗人潘琪诗曰："连山古戍人家少，蚌壳成堆乱补墙。"在明代，沿海倭乱一直持续到隆庆朝才告平息，而海州却从未遭倭寇劫掠，这与陆岛相依、海防坚固、防御体系完备有极大的关系。

The
biography
of
LianYunGang

连云港传

明清禁海与海陆丝路

第八章

从宏观视阈看，丝绸之路在历史上有高潮，也有低潮，如唐宋时期及之前的陆上丝绸之路，唐宋后的海上丝绸之路。不同时段有不同贸易人群组合、不同的交易主体，如官、商等；有不同的大宗产品交流，如丝绸、陶瓷、茶叶等，但交易一直没有间断过。连云港至明清海禁之前也一直如此。无论是芮莱"谁控制了海洋，谁就控制了世界贸易"，还是西塞罗"谁控制了海洋，谁就控制了世界"的判断，都基于海洋的重要。明清海禁，使云台山与大陆相连，港口淤塞，海州离海愈来愈远，对连云港海上丝路的影响，是灾难性乃至毁灭性的。

但上帝关上了一扇门，必然会为你打开另一扇窗。明清时期是连云港文化的一个繁荣时期，中国古典文学名著《西游记》《镜花缘》《水浒传》《儒林外史》《三国演义》《红楼梦》《窦娥冤》等都与连云港有关，特别是《西游记》《镜花缘》演绎了文学语境中的海陆丝绸之路。

明朝海禁

当唐朝"安史之乱"以后,陆上丝绸之路遭废弃、进入衰退期时,阿拉伯掌握了航海术,通过海上已达中国的广州、泉州等地,海上丝绸之路进入兴盛期。当欧洲开辟直达印度的新航路、哥伦布航抵"新大陆"、麦哲伦环球航行成功,海上霸权争夺战在这些国家轮番上演的时候,当工业革命带来政治经济变化导致海外殖民地扩张的时候,明清政府却实行裁海和海禁政策。这是中华民族之痛,连云港最先感觉到了这份切肤之痛。

明朝海禁政策

明洪武年间实行空前的海禁和移民政策,直接原因是缘起于盐民张士诚起义。张士诚是泰州白驹场人,以驾船运盐为业,元至正十三年(1353年),因不堪富户凌辱,率众杀诸富户,率苦役、盐丁万余人起义。元至正十四年(1354年)春,张士诚在高邮自称"诚王",国号"大周",改元"天佑"。二十七年(1367年)徐达等破平江,张士诚自缢而死。张士诚死后,他的余部逃亡海岛,一方面继续与朱元璋为敌,不肯降明,一方面勾结倭寇,抢掠沿海,扰乱边境。为了断绝大陆内部人员与张士诚残部互通信息,接济粮饷,实行海禁。

实际上,朱元璋认为,"引贾四方,举家舟居,莫可踪迹"的民间航海,对必欲"令四民务在,各守其业"的封建社会制度构成了严重的威胁。因此,他一再诏令,"严禁交通外番""无得擅出海与外国互市""敢有私下诸番互市者，必置之重法"。为彻底厉行海禁，他甚至下令"禁民间用番香番货""凡番香、番货，皆不许贩，其现有者，限以三月销尽"。朱元璋认为，"四方诸夷，皆阻山隔海，僻在一隅，得其地不足以供给，得其民不足以使令"，因此，对海外航海贸易纯属多余；而只要"厚本抑末，使游惰皆尽力田亩"，即可保封建王朝之长治久安。这些，在《明太祖实录》中都有明确的记载。

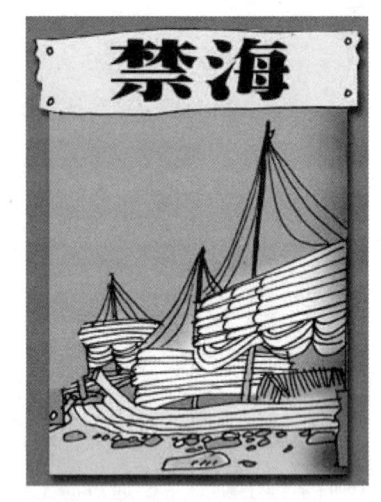

禁海

明初海禁的具体做法，一是严密海防，濒海广建卫所、营寨，积极防倭。明洪武三年（1370年）于淮安卫内分中所于南城，并建墟沟和宿城营寨，构筑沿海烽堠12处。洪武初年，并在海州境内设荻水、惠泽、高桥和临洪镇四个巡检司，负责海防巡卫。洪武十七年（1384年），每所并配备战船10艘，"每至春则发舟师出海……防御倭夷，迨秋乃还"。二是迁海岛之民，杜绝岛民和张士诚余部联系，割断倭寇劫掠的对象。

明初海州沿海大迁民就发生在洪武初年和嘉靖中期。据刘洪石的研究，海州迁民的史实，官方史料所见甚少，而散见于明人笔记、稗史和大量的家谱和碑碣之中。20世纪80年代初，山东临沭县在地名普查中征集到100余份家谱，其中记录了大量明初东海迁民的史实。在这100余份家谱中，30个姓氏近200个村庄，是在明初洪武年间从"云台十八村"（即今天的云台山区、当年的郁洲海岛）或海州迁去的。从对临沭三大姓氏家谱中的资料分析看，袁氏在全县有20个村庄，他们的始祖是"从海州陇西新二里"迁过去的。李氏约有40个村庄，"始祖自陇西当路来山东兰（陵）、郯（郯城）之左、苍山之右蒿科村"。"月庄胡氏""山里胡氏"由海东十八村黄泥岭迁此。

从对132个村庄16个姓氏家谱的研究中，可以得出一些规律性的结论：迁民的时间多为明初；被迁民的地点多为云台十八村；迁往的地点，主要是山东，不仅去了临沭，还有莒县、莒南、郯城、临沂、沂水等附近州县；迁民的原因主要有三：一是"分海"。所谓"分海"即"禁海"政策。二是与"分海"直接关联的倭寇扰乱。三是"红蝇赶散"。

明初迁海牵扯到整个海州，包括岛屿与内陆。

迁海的后果

明初海州沿海大迁民主要去向是山东省，迁海造成的恶果对海州地区的影响是严重的，也是深远的。据《明太祖实录》中的记载，朱元璋自己也认为迁海导致"百姓稀少，田野荒芜，由兵兴以来，人民死亡或流涉他郡，不得以归里，骨肉离散，生业荡尽"。

人口锐减

迁海导致的最大的也是最直接的恶果，是人口锐减。明王朝把"禁海"作为国策，海州地处东南沿海，云台山为海运要津，在明清实行禁海政策中，首当其冲。特别对滨海岛民强令迫迁，致使苏鲁交界的沿海一带多成为无人区。明代，海州地区的人口自正德以来所增无几。从嘉靖元年（1522年）至嘉靖三十一年（1552年）间，其中虽有苏州等地移民迁入，但30年中人口为零增长，海州人口发展进入"停滞"时期。

从海州明景泰三年（1452年）至嘉靖四十一年（1562年）户口增损的记载，可见海州在明代户数和人口增长情况。

如果说洪武初年因"迁海"而造成户数减损，人口锐减还是事出有因。自景泰三年至嘉靖四十一年这110年间，正是明朝政局最稳定、经济发展最好的时期，以及中国资本主义萌芽茁壮成长的时期，江南的经济飞速发展带来人口激增，洪武二十六年（1393年）江南人口增至870万，到泰昌元年（1620年）已激增至1800万左右，每年以0.3%的增长率增长。而海州明代中期正德十一年至嘉靖三十一年，30年零增长，嘉靖三十一年至四十一年反而减少4943人，和江南地区形成一个明显的反差。

海州明景泰三年至嘉靖四十一年户口增损一览

年代	户数	人口数	备注
景泰三年（1452年）	14216	137926	
天顺六年（1462年）	14241	137983	
成化十九年（1483年）	13711	152011	
弘治五年（1492年）	12821	152112	
正德七年（1512年）	14946	141251	
正德十一年（1516年）	14946	143497	
嘉靖元年（1522年）	15583	103357	
嘉靖十一年（1532年）	15583	103357	
嘉靖二十一年（1542年）	15583	103357	30年未增
嘉靖三十一年（1552年）	15822	98414	10年减少4943人
嘉靖四十一年（1562年）	15862	98826	10年增加412人

资料来源：见《明隆庆州志》中《户口》。

其次，是官营盐工灶丁逃亡也越来越多。田地荒芜，盐田废弃，明代海州虽有临洪、徐渎浦、板浦、莞渎四大盐场，但由于税负太重，为生存之需，灶民或倒卖私盐、草场，或私煎，甚至采取集体逃亡的方式与官营制做斗争。《两淮盐法志·卷下》记载了明廷虽一再下令清查逃亡灶丁，甚至采用拉丁补灶的手段，但许多灶丁仍"逃移相继，或负直为人佣工，或乞养为人男仆，或往煎盐场为人煎办。如高、通、泰等州，如兴化、如皋、海门、盐城等县，如富安、东台、梁垛、何垛等场，固逃灶之渊薮窟宅也"。明代海州灶、丁杂处，且又负担沉重。灶户逃亡也是明中期海州户口流失的一个重要因素。

经济凋敝

明嘉靖二十三年（1554年），王同出任海州知州，此时海州地区一片凋敝，平民百姓挣扎在死亡线上。人口虽减，而官府差赋一如从前："民逃而差不减，田荒而粮照旧。"作为一名父母官，王同关心贫民之疾苦，呼吁人民之心声，冒着掉乌纱帽的危险，秉笔直书，代民请命，向统治者进呈一份减轻百姓负担,并里减赋的奏稿:"州原额116里(户籍编制),节年灾累,仅存30余里。人虽然逃亡,但一甲十一户,十甲一里的编制仍旧。征收,差役仍以一里一甲粮差尽责现户包赔。至于全里全甲通无人户者,各项粮差亦照原额科派。上司累累督催未完,参官提吏问罪,殆无虚日。杖并淹禁,种种情苦……鬻产倾家,市儿卖女,叫天踊地。富者益累渐贫,贫者莫可支持,惟逃与亡而已。"后来朝廷派出了巡按御史郭廷冕巡视海州,亲历其地,目击民艰,不仅向朝廷恳切具奏,而且同样提出了并里减赋的条陈。

明初颁布"片帆不许入海"的迁海令,如果说初始动因是针对张士诚,而后来则是针对倭寇的。自洪武、嘉靖、隆庆以来,倭寇侵袭事件不绝于史,因而终明一世,禁海作为"皇祖遗训",在沿海许多地方一直严格执行。明代中后期在沿海广建卫所、营寨,严密海防,就是防倭的重要措施。

所谓倭寇也不尽是倭,其中很大一部分是沿海以海为生的劳动者,因海禁而不能从事海洋生产或海外贸易。海禁使他们失去了赖以生存的经济环境,有的人不得不冒险犯海,偷越海境。据《东西洋考》记载,"万历二十一年,倭寇朝鲜,闽以震邻,禁止通贩。海上人辄违禁私下海,或假借县给买谷捕鱼之引,竟走远夷。"有的和境外的倭寇勾结起来,劫掠和骚扰沿海各地。追根溯源,这一状态的造成,就是海禁迁民封港政策的直接后果。

海州地区(特别是郁洲岛)沿海居民依海为生,封海扣船,导致无法从事渔业生产,则渔民断绝生活来源;无法从事海上贸易,则海商无致富之路;严交通外番之禁,则造成了"逃海为生者不计"。"市通则寇转为商,市禁则商转为寇"。给海州地区渔业经济、农业生产的发展以及海洋运输、海外贸易以致命的打击。由于只重视河漕,以河漕取代海运,发展中的海运事业近乎停滞,一个以海洋经济为主导、以开放为特征的海州走向内向和封闭,成为一个名副其实的以农业为主体的贫困的沿海"下州"。

直到隆庆年间,因内河航运阻塞严重,海上运输才暂时得到恢复。

隆庆六年(1572年),王宗沐督漕,请行海运,"诏令运十二万石自淮入海。其运道由云梯关历新坝过鹰游山、安东卫、石臼所经胶州,东北转成山卫、刘公岛、威海卫入直沽，抵天津卫，共三千三百九十里。"此时，新坝、鹰游山成为沿海粮道所经，增设了航行标志，白天用标旗，晚上用灯光导航。当隆庆年间再畅海运时，将新坝港提到了应有的地位，成为由淮安至直沽沿海航行的重要口岸。但是经过短时间的通航，新坝港终因"航道多砂碛"，淤塞严重而未能得到大的发展。

明时虽有海禁政策和倭寇的骚扰，但民间通商及所谓走私者仍然盛行。胶莱一带的商人打造船只，经海道达淮安及海州一带，用"腌腊、米、豆"等货物与江淮一带商民进行贸易，而淮商船舶也经常抵达胶州湾互通有无。

发展衰退

大明帝国从1368年建国到1644年，经历了276年的稳定发展，资本主义萌芽蓬勃发展，商业城市大量涌现，农业稳步发展，封建经济进入了一个较高的发展时期。但海州在发展史上却逆向而动，进入衰退阶段。

先是人祸，由于海州在元帝国时期是"模范区"，顺从元朝，明开国之初就遭到了驸马都尉黄琛以海州民乱为由进行残酷的屠杀，事实上，在元朝，海州的发展已经开始衰退。文物是历史的见证，透过文物可以见兴衰。从1244年到1368年，蒙古人在海州先后统治了120年，在这120年里，能见证大元帝国沧桑的文物，寥寥无几。中华人民共和国成立至今在海州这块古老的土地上未发现一座元代墓葬，未留下一座元代建筑。资料显示，连云港市博物馆保存的一件元代黑花陶罐和几件元代釉下彩的瓷碗，以及灌云县博物馆保存的黑花梅瓶，就是元代瓷业的代表。大元统治者在海州跑马圈地，良田变牧场，留下了马场、跑马场几个地名。《元史·董搏霄传》记载了元帝国军队曾"屯粮而食"，"十六年，于黄河上下，并濒淮海之地，及南自沭阳，北抵沂、莒、赣榆诸州县，布连珠营，每三十里设一总寨，就三十里中又设一小寨，使斥堠烽燧相望，而巡逻往来，遇贼则并力野战，无事则屯种而食。"可以想象，在海州北起赣榆南到沭阳这片土地上要驻扎多少军队，而这些军队"屯种而食"的土地都是百姓的良田，这里到处是一片荒凉，真是"春燕归来无栖处，赤地千里无人烟"。

元代在海州的文化成就，是中国戏剧史上的名篇《窦娥冤》，其题材就是撷取自东海孝妇的故事。它给我们留下了一部千古名作杂剧《窦娥冤》，留下了一座香火旺盛的孝妇祠，一个感天动地东海孝妇的感人形象。

后是天灾。水旱灾害之后，田地荒芜，民多流移。"卖妻子，以求苟活"。紧接着又是沿海迁民，明王朝推行"片帆不许入海"的国策。整个有明一代，海州荒芜，民疲日渐，"民逃而差不减，田荒而粮照旧"。可以这样说，海州人民是在饥饿与贫困中度过了大明王朝240余年的残酷统治。明按院御史郭廷冕于嘉靖二十三年（1544年）视察海州盐务，留下两首反映当时海州状况的《过海州诗》："入境凄凄海气寒，民皆饥色不堪观。停车试问生民计，日午寻求草食餐。""高秋按历海东涯，回顾荒凉重自嗟。鸿雁不知哀向往，西风芦荻一川花。"

元、明时期，行政区划上不断降格、裁并、省合，也反映了海州地位的衰落。元代至元十五年（1278年），由海宁州升为总管府，复又改为海宁府，未几又降为州。下辖仅有朐山、沭阳、赣榆三县。明代海州更是衰敝，明太祖洪武元年（1368年），海宁州复改名海州，属淮安府，废朐山县，沭阳县直属淮安府。海州至此保有州治和赣榆县，相当于今天连云港市区、赣榆县、东海县、灌云县、灌南县，是连云港市域最小时期。自1194年，海州在金人统治下，黄河夺泗入淮之后，打乱了本区水系，造成水旱灾害频繁。统治阶级却严酷剥削，造成田野荒芜，人民流离失所，人口锐减。元代海州，大量农田成为牧场。这也是元明时期海州行政建置上不断下缩、裁并的主要原因。

英国学者李约瑟是潜心钻研中国科学史的世界知名专家，他认为中国的落后是从明朝后期开始的，而此前的中国古代在包括科技等许多方面曾经遥遥领先于世界上其他国家。有专家做过这样的假设：如果宋元时期这种海外贸易的势头得以保持并发展下去的话，中国历史的面貌将会是完全不同的另一种样子。可惜的是，这种势头在明代发生了逆转，从而对中国历史进程产生了重大的影响。而李约瑟的结论同样适用于连云港，裁海导致港口淤塞，当海与海州渐行渐远、海港与海州渐行渐远时，海州与国际市场也渐行渐远。

清朝"海禁"

世事轮回，历史的发展总有它的相同之处。"海禁"政策在清初至乾隆期间，又同样施行。

"海禁"政策

禁海

1644年清军入关后，全国各地掀起了广泛的抗清运动。清政府平定内地后，将战略重心转至东南沿海，不断加强禁海力度，打击盘踞在台湾的郑氏集团。顺治三年（1646年），朝廷采用刑罚的方式严禁民间百姓私自下海经商，若有走私者被抓，则"（受雇）挑担驮载之人，减一等。物货、船车并入官"。虽然清初颁布了明确的法令条文禁止商船出海，但因连年征战、社会动荡，地方官员并没有严格落实，沿海地区人民仍可偷偷出海贸易，如河道总督靳辅曾说过："我朝定鼎之初，商民出洋者，亦俱有禁，然虽禁不严，而商舶之往来亦自若也。"这种现象在当时屡禁不止，并在一定程度上得到了统治者的默许。

清政府痛感当务之急就是割断义师同各地特别是沿海汉族居民的联系。在这个政治背景下，一些汉族官吏所密陈的迁海建议，就完全适合了朝廷上自皇帝下至满洲贵胄的怯于海战的心理，迁海政策正是这种政治气候下的产物。

顺治十二年（1655年），清廷颁布禁海令，规定"海船除给有执照许令出洋外,若官民人等擅造两桅以上大船,将违禁货物出洋贩卖番国,并潜通海贼,同谋结聚,及为向导,劫掠良民。或造成大船,图利卖与番国,或将大船赁与出洋之人,分取番人货物者,皆交刑部分别治罪。至单桅小船,准民人领给执照,于沿海附近处捕鱼取薪,营汛官兵不许扰累。"

顺治十三年(1656年),清廷又宣布:"今后凡有商民船只私自下海,将粮食货物等项与逆贼贸易者,不论官民,俱奏闻处斩,货物没官,本犯家产,尽给告发之人。"

迁海

清廷两次海禁令,收效不大,未能达到困扼郑成功的目的,顺治十八年(1661年)初,郑成功为坚持长期抗清,渡海收复了被荷兰殖民者所侵占的台湾岛。为防止沿海地区人民窝藏逃犯,彻底消灭抗清力量,清政府采取了另一项极端的措施——"迁海"政策。

最先提出"迁海"建议的是郑成功手下大将黄梧,顺治十三年(1656年),郑成功北伐抗清,留守海澄的部将黄梧因畏惧郑治军严厉而举城降清。为向清廷献忠,黄梧提出"剿寇五策",并说:"金、厦两岛弹丸之区,得延至今日而抗拒者,实由沿海人民走险,粮饷油铁桅船之物,靡不接济。若从山东、江、浙、闽、粤沿海居民,尽徙入内地,设立边界,布置防守,不攻自灭。"他建议,"将所有沿海船只,悉行烧毁,寸板不许下水。凡溪河监(竖)桩栅,货物不许越界。时刻瞭望,违者死无赦。"清廷依据黄梧所言,遣兵部尚书苏纳海赴福建勘迁。

始于顺治十八年的迁界持续到了康熙五年(1666年),在郑氏集团败退台湾后,才稍有放松。顺治十八年(1661年),清廷正式地、大规模地发布迁海令:"迁沿海居民,以恒为界,三十里以外,悉墟其地"。下令沿海各省人民向内地迁徙30至50里不等,不准民间私自出海捕捞、贸易。这次迁界范围非常广,沿海各省地均有所涉及,整个海岸线内缩。除此之外,清政府更强行焚毁海岸线附近的房屋村舍,谕令军民不得擅自出境,违者处斩,大批百姓流离失所。康熙三年(1664年),"又遣吏部尚书伊里布、兵部尚书硕图,偕藩院将军提督复勘,令再徙内地五十里"。康熙十一年（1672年），清政府规定："如将违禁出海贸易之人，不行举首，反以外海作为内地，或为隐匿，或擅给印票，往来侦探、通商漂海，皆革职提问。其转详并未经查出之道府，各降三级调用，总督降二级留任。其出界晒盐者，亦照出界例处分。"康熙十七年（1678年），郑氏反攻大陆、重新占领厦门，与大陆抗清势力连成一片，清政府不得不再次厉行迁界，康熙十八年（1679年），又在"福建上自福宁，下至诏安，赶逐百姓重入内地，或十里或二十里"，严令出海。

自顺治十二年（1655年）清廷正式下达了不准擅自出海的命令，并严禁造大船之日，沿海各港，外贸停止，商船停开，船厂封闭，航路不通。上述三次强制性的"迁海"，波及北起山东半岛，南至珠江三角洲的广大沿海，不但造成"沃壤捐作蓬蒿"，"滨海数千里，无复人烟"的历史大悲剧，而且导致"内外阻绝""商旅不通"，使沿海稍有复苏的航海贸易业又遭到了更加沉重的打击。

迁海之前需要对被迁地区进行勘察了解，云台大岛地域到底有多大、人口究竟有多少，以备朝廷清查后具体行动，是必须进行的前期基础工作。民间传说苏纳海莅临海州，欲在令云台居民全部渡海登陆迁入内地之前先对海中云台山具体勘察，谁料苏纳海来云台山勘察，在板浦北门外登船正要起航赴海中云台大岛时，突然狂风大起，巨浪滔天。苏纳海顿时吓得魂不附体，哪管什么使命在身，决计不再鼓帆问渡，就将此山裁为界外，回朝复命。

清廷颁旨"裁海"令一下，云台前后十八村居民全部内迁。对300里周围的云台地区坚壁清野。人尽迁，牲畜、粮食、财物全部转移内地，房屋、城垣、水井……全部毁坏。对云台山南、西边的恬风渡（去孔望山）、对口溜（去南城）等海口，一一上山砍伐松树，制成木桩，排钉海滩，桩间铺塞禾草，以绝外船入内，旨定"片帆不许入内，如敢有私下诸番互市者，必置之重法。"致使300年防倭要地、300里周围的云台大地，禁为界外。

古海州经历了这两次"裁海"的历史命运，成为连云港市近代城市发展迟缓的主要原因。

清朝"迁海"影响

清顺治十二年六月发布禁海令,顺治十八年十二月再次发布《严禁通海敕谕》奉诏迁海的有河北、山东、江苏、浙江、福建、广东六省。迁海,所有房舍一律拆除,所有住户一律搬迁,所有田产一律荒芜;将迁海范围变为无人区。这次"迁海"对海州地区的影响有以下几个方面:

对云台山毁灭性破坏

云台山成为空岛。岛上居民全部迁出海州、沭阳、镇江以及临近山东诸县,云台山遂成空岛。

云台山顺治十八年(1661年)实行迁海,康熙十七年(1678年)复山,其间经历了十八个春秋。当年它虽然僻居海上,但良田沃壤,饶富渔盐,居民稠密,生活安定,文明昌盛,所谓"云台十八村,村村有贤人"。云台山里的三元宫,明代谢淳开山后,庙宇三十六处,"僧众数百人,香火几万家"。法起寺肇自汉代,为苏北鲁南最大的丛林。郁林观、延福观、老君堂等,又是道教著名的古宫观。迁海令下,遭遇到的祸害自然和其他地方无异,所有古建筑和民居俱皆拆毁,百姓扶老携幼,仓皇撤离,一片狼藉。今天我们在云台山里所能见到的庙宇,基本上都是复山以后所重建,特别是道光年间陶澍发起大修的留存,很少有明代以前的孑遗,足见裁海破坏程度之大。

以巨平村为例。古巨平村原是一处有相当规模、人烟稠密的集镇,中华人民共和国成立后一刘姓村民翻建自家祖屋时,曾出土不少古时的碗碟等餐具,疑是清初迁海时居民窖藏之物。当时古徐渎河流经巨平村入海,村北海岔湾则称徐渎浦,是新县山湾古时舟船出入对外交通联系的口岸之一。元至正年间(1341—1370年),在此建徐渎浦盐课司,经营徐渎场盐务,直至清康熙年间(1661—1722年)。明代,在巨平村曾设徐渎浦镇行政机构。直至清康熙年间,随着徐渎盐场的迁移,徐渎浦镇建置撤销。清初迁海，巨平村被夷为平地，世居此地的村民被驱逐流落他乡，17年后才有部分村民回迁本地。

海州明代原有四大盐场，清代中正盐场又开辟。"迁海"以后，徐渎场、板浦场废弃，灶丁也是流离失所。仅据明代四盐场产盐统计，国家每年损失盐课54158引。

对地理环境、地貌的破坏，对自然的破坏

《江氏宗谱》录存了江氏祖康熙年间的秀才江之为呈请复海的公呈："海边各港口严钉桩木，浮苇浪草，遇桩存滞。日集月增，沙淤河浅，尾闾不泄，势必中饱，黄河复倒灌于安东，渐淤塞于清河，淮弱黄强，沙无所刷，以致桃源诸堤屡溃……"

对经济的破坏

贸易一度完全停顿。窒息了正在发展中的海外贸易，给东南沿海地区发达的农业、手工业、商业生产以极大的打击。在禁海和迁民政策的直接影响下，海州各海港的外贸及商业活动，自1655年算起至乾隆五年（1740年），海州地区的海上贸易中断了有85年之久。这种闭关政策的实行，严重地迟缓了海州地区社会经济的发展和海港、海运事业的肇兴，为清政府后来的闭关政策奠定了基础，其影响和危害十分深远。清初实行海禁特别是迁海政策以后，不仅私人海上贸易被阻塞，连封建官府直接控制的市舶贸易也一度完全停顿。康熙年间的工部尚书杜臻在奉派巡视各省迁界事宜后指出："直隶天津卫、山东登州府、江南云台山、浙江宁波府、福建漳州府、广东澳门各通市舶行贾外洋，以禁海暂阻"。通商口岸的外贸完全禁运，港事活动陷于瘫痪。

沿海岛民依海为生，或从事渔业生产，或从事海上贸易。"片帆不许下海，如敢有私下诸番互市者，必置之重法"。则商路断绝，海商无由致富之途；封海扣船，岛民无渔樵之利。严交通外番之禁，造成了"逃海为生者万计。""寇与商同是人，市通则寇转为商，市禁则商转为寇，始之禁禁商，后之禁禁寇。禁之愈严而寇愈盛。片板不许下海，艨艟巨舰反蔽江而来；寸货不许入番，子女玉帛恒满载而去……于是海滨人人为贼，有诛之不可胜诛者。"沿海土地大面积抛荒，成为盐碱地，沿海渔业、盐业长期无人管理，海外贸易也遭受巨大挫折，清政府财政收入大大减少。

"裁海"也使得云台山里数万亩田园被迫抛弃，名闻千年的"云雾茶"种植业几近绝亡。直到光绪二十七年，由广东候补直隶知州宋治基招商集股承办"树艺公司"，对云台山区实行大面积开发，才使得"云雾茶"死而复生。

对港口的破坏

这种"禁海"政策的实行，使连云港一带渔盐生产停顿，盐场被裁，百姓流离失所，原来漕运所经的鹰游山、竹岛、庙前湾、南城等沿海停泊设施全部废弃。海州地区的重要海口新坝港也成了弃岸。"复海"后，云台人迁回。而云台与内地间海中的"排钉木桩"，"铺塞禾草"海防设施并未根除。外船难入，我们自己舟楫来往亦非易事。更让人难料的黄河改道苏北后，泥水淤积日增，乾隆三十六年（1771年）郯城莒县间发生地震，海水东退三十余里，泥沙淤埋恬风渡，自陆地可策马上云台。至此，云台山不再是海中仙山，山中诸海港也随之消失，海外贸易断绝，商业贸易由海改河，近海的商业交往也改由河运，对海州地区经济社会发展影响深远，对海运事业和港口的发展无疑是毁灭性的打击。

连云港是个典型的海洋城市，本应是以海洋经济为其主要的经济模式，如港口、造船、海外贸易、海洋运输等，港城互动，港兴城荣。但自明至清代乾隆朝近300年时间内经历了两次"迁海"的历史命运，受海禁、迁界的影响，导致连云港市近代城市逆向发展，港败城衰。

对海防设施破坏

海禁还有一个重大副产品——"倭患"。"倭寇"的首领及基本成员其实多为从事海上走私贸易的中国商人。而商人之所以要冒险到运用武力和强大的国家机器对抗，要害在于朝廷的海禁政策断送了他们的财源，也就是说，海禁酿就了大规模的海盗集团，而非海盗的肆虐催生了海禁政策。而明代原在云台山濒海处的所有海防设施全部废弃，东海千户所、墟沟营寨、宿城营寨、西石岛哨所以及沿海烽堠18处全部废弃，士兵撤出界外，

云雾茶

原东海营马步官兵403人,也变为分属海州和庙湾两营管辖,致使整个江南省海防虚弱,沿海荒无人烟。"迁海"本是为防边,而300里云台却成为倭寇和海盗的藏身之地。

此外,大批不愿迁往内地的居民被处死,而无奈之下被迫迁徙的百姓则流离失所。

清代从开国到康雍,连云港因其裁海及其以后的影响,成为一个闭塞之地。虽拥有海洋,拥有大片的蓝色国土,因为其实行的迁海政策而导致的海禁,使连云港海洋经济、对外贸易滞后发展百年以上。

开海展界

海禁的后果是严重的,不仅百姓抗争,在统治集团中也出现了不同的呼声,有粤、闽、浙、苏等沿海省份地方官员中的"明白人",上疏朝廷,请求废除海禁,开海展界,发展对外贸易。

朝野联名上书

《晚清文选·请开海禁疏》记载了云台儒生联名上书漕运总督帅颜保:"与其纵民于犯禁之地,何若复民于耕薅之所,既可还足灾黎,更可增益国库。"要求拆除海边排钉桩木,许令木筏通行,并"请其上奏"。

帅颜保对此亦有同感,批示淮扬道以下文武官员,均要对此重视,具体反映民情。淮安府知府徐丽、海州营游击施大景、左军守备夏九韶、东海所千总张永亨、海州知州孙明忠,联名呈状淮扬道。淮扬道副吏黄桂即呈报漕运总督,转奏清廷。吏部侍郎哲尔肯与江南总督阿席熙、漕督帅颜保、江宁抚臣慕天颜、江宁提督杨捷,又共同复议上奏皇上:对我们云台300里地,颁旨"复海"。

康熙十六年(1677年),清廷将原"裁海令"撤销,颁旨"复海"。"复海"后,迁入内地的云台居民,久盼回归故里之心终有落实。私归者密而公开,未归者闻讯大喜过望,即扶老携幼由内地归来。有归与未归者,云台情长存也,其两地相互往来不断。在内地者云迁回云台者为"迁回海里",把300里周围的云台地区通称"海里";而迁回云台的老居户,对迁

盐河巷牌坊

内地而未迁回者，则称"仍居海外"。此"海外"非今指港澳台及南洋诸地之海外，云台人清、民国间的"海外"，多指灌云、东海、赣榆即山东诸乡镇。

开海展界是一个漫长的过程，康熙十三年（1674年），浙江巡抚范承谟在奏折中详细陈述了由迁界激发的一系列社会经济矛盾："老弱妇子，辗转沟壑，逃亡四方者，不计其数，所余孑遗，无业可安，无生可求，颠沛流离，至此已极。迩来人心惶惶，米价日贵，若不安抚，倘饥寒迫而盗心生，有难保其常为良民者矣。"

康熙十五年（1676年），江苏巡抚慕天颜上奏，称盛京、直隶、山东沿海地区的商船允许其自由行走，海州、云台等地原来抛荒的土地也准许复业，香山、澳门等地区的陆路贸易可准许其来往，这一系列措施有很多好处，"凡此庙谟之筹略，岂非见于海利之原可通融，而故弛其禁耶？今所请之开禁，亦即此意推广之而已。"

康熙十九年（1680年），福建官员杨捷等人为缓解百姓生活压力、防止敌对情绪再次高涨，上疏请求开海贸易，同年，金门、厦门、铜山、海坛四岛率先开海。在四岛开海后,整个海禁政策随之松动。自康熙八年(1669年)始,一些沿海省份便逐步在小范围内进行对外贸易。

康熙二十二年(1683年),施琅率水师3万余人收复台湾,中国重新统一。清廷为安抚沿海民心,就地抽募兵饷,着手开放海禁。"十月,兵部议,诣各省开界。"

康熙二十三年(1684年)三月,允浙、闽、粤海援山东例,听百姓海上贸易与捕鱼。同年九月,康熙皇帝发布谕令,正式废除海禁政策,下令南方沿海省份进行开海展界。

痛失四口"通商"机遇

海禁开撤,海运复兴,促使连云港地区沿海港口的一度繁荣。

清代漕粮,初期至道光年间,主要经过海州以东甲子河出新浦口入胸山河,再入运盐河运至淮安。中期以后,农田赋税在海州赣榆改征折色不再收粮。道光中两江总督陶澍再倡海运,云台山作为"万艘粮道所经",复又兴盛起来。并大兴土木修复三元宫,祈求航运安全,云台山不仅作为主要航线所经,而且放为巡逻护航之哨所;由于海势东迁,新坝、板浦、南城诸港相继废弃。航线由云梯关、响水口、埒子口经鹰游门历竹岛至安东卫。此时墟沟的"东海西石岛,去东海城八十里,山高险,南、西、北北三面环海,直接舍利山。凡舟来舣,以伺风信,控制海道实为要地。"自咸丰三年(1853年)河运完全停歇,漕粮改经海运。

连云港由于明清海禁的严重后果,失去了近代社会一次极重要的发展机遇。那就是四口"通商"。

明初,明太祖为加强海防,增卫所,设烽堠,并在沿海各重要口岸设巡检司。海州由于地处"南北咽喉",洪武年间即在濒临大海的荻水口、惠泽口、高桥口、临洪口设立四个巡检司,巡检司驻防海口专司海防巡卫,是一个军事设施,同时也兼有对私商往来船舶登记和管理的任务,或代理国家征税和收购船上货物,因而又起着权关的作用。

获水巡检司在今山东省安东卫北,紧邻河流入海口,是明代安东卫海上咽喉,有河道直溯卫城,是淮安卫东海千户所和安东卫会哨之处,地理位置十分重要。高桥巡检司在今东海县境,离海州90里,为沿海烽堠所在,是海州的西南门户,后移往今海驼峰乡。惠泽巡检司,在今灌南县张家店镇,离海州120里,防区内沿海设烽墩12处,为海州正南之屏障。直至清乾隆五十八年(1754年),因六塘河堤废,而此时新安镇因临近五丈河,东接响水口,一时兴旺起来。惠泽巡检司以后又移往新安镇,成为响水口榷关所在地。临洪巡检司,在今新浦临洪滩,旧为蔷薇河入海口,附近即为临洪场盐滩。

据明陈宣州志记载,明代海州除了这四个巡检司以外,在云台山还设过东海巡检司。"旧有东海巡检司,在东海城南(即今南城),洪武二年(1369年)建。嘉靖十六年(1538年)改设新坝镇,衙舍一所,在仓东沿海烽堠十二处。"东海城处云台山以南,自南北朝以来即为政治中心,海道要经。为什么废东海而改设新坝?主要的因素是新坝的地理位置和新坝港口的崛起。洪武初年在南城设千户所,有巡防船负责海防。此时位处河海交汇、地扼南北的新坝港已于嘉靖年间成为海州地区联络南北、沟通河海的一个重要港口。巡检司移驻新坝,征收船税已成为客观形势的需要。

江苏开禁早于闽、广诸省,云台山在康熙十六年(1677年)撤海禁,准渔樵,迁民复业。但是,海州的渔禁,实际上延续到乾隆初年。《赣榆县志》载:"本朝顺治十四年,海船禁。康熙元年,盐场革,民多失业,复设盐场,寻许民间入海采捕。乾隆五年,海禁复开,商旅通行,海之利者乃大"。

康熙二十三年(1684年),康熙大帝在明清300年禁海之后开海禁,不仅"俱照明季旧例",在沿海地区开放通商口岸,准许中国商人出海贸易,明末清初实行了40年的海禁政策正式废除。而且设海关,气魄恢宏,"置江、浙、闽、粤四海关,江之云台山,浙之宁波,闽之厦门,粤之黄埔,并为市地,各设监督,司榷政"。在每个榷关所管辖的沿海范围内,增设大小岸口,广立(栅)座,交织成严密的税网,"掌国货之节"。由海关统一管理对外贸易，专门管理航海贸易事务，大量中国商船出海贸易，海外商船也纷纷来华，刺激了国内经济的增长，中外交往也随之增多，清朝国力进一步提高。1685年，四关设关全部完成。这也是中国历史上首次正式以"海关"命名的沿海边境国际贸易管理机构，唐朝以来的市舶制度自此告终。

设立海关，这是中国商业文明走向成熟的标志，因为江海关的关址最初设在连云港的云台山，是对海州在对外开放中特殊区位和辉煌过去的肯定，也给连云港带来了一次加快开放发展的历史机遇。但是，就如同泉州刺桐这个在马可·波罗看来远胜亚历山大港的东方巨港因为海禁导致港口淤塞而走向衰落、漳州走向前台一样，由于海禁导致云台山诸港口淤塞，而位于长江口的上海则快速崛起，走向中国的贸易中心。因此朝廷考虑到"江苏实为南洋之枢纽，而上海又为外交交涉总汇之区"，江海关从云台山移址上海县城宝带门内，即今黄浦区小东门内，在雍正至嘉庆朝的100多年间，由于各代朝廷不断禁海、开海和海岸位置的变化，致使江海关所在地的海州榷关不断改变隶属和更换关名移驻关址，直至光绪三十一年（1905年），随着大浦港作为正式商埠开放，才将海州政属胶海关而为大浦分关。

其他三个海关也经历了关址的变迁，浙海关关址先浙江宁波后定海，闽海关关址先福建漳州后厦门，粤海关关址先澳门后广州，关址所在城市都发展成知名的国际港口城市。连云港失去了江海关关址所在地的机会，也失去了一次发展成为知名国际港口城市的历史机遇。

明清文学名著中的海陆丝路

连云港文化发展的一个重要特点,是涉及连云港地域的人或事贯穿于一部中国文学史,无论是汉赋、唐诗、宋词、元曲,还是神话传说、明清小说,莫不如此。南北朝时期东海籍诗人鲍照的《拟行路难》《梅花落》等作品,在中国诗歌史上占有重要地位。宋代诗人苏东坡、辛弃疾、李清照等文人都多次经临海州,留下他们千古咏颂的诗文和墨迹。明清时的海禁导致了日趋严厉的闭关自守国策,极大地制约了连云港沿海经济发展和对外交流,但奇迹般地孕育出与海陆丝路有密切渊源的《西游记》《镜花缘》等明清文学名著,在中国的文化史上留下光彩的一页。

盐文化与文学名著

从 1244 年到 1368 年,蒙古人在海州先后统治了 120 年。元代在海州的文化成就,就是中国戏剧史上的名篇,就是撷取于东海孝妇故事的《窦娥冤》,它给我们留下了一部千古名作杂剧,留下了一座香火旺盛的孝妇祠和一个感天动地东海孝妇的形象。而明清不同,虽然海禁导致了海陆丝路实际运营的停滞,但海州在文化上进入了一个新时期,文学名著中的丝路情结光芒万丈,走出中国,走向世界。如吴承恩受云台山地域名胜影响创作的神话小说《西游记》,李汝珍创作的被列为中国十大明清小说之一的《镜花缘》,还有随父在赣榆县客居十年的吴敬梓,创作出被誉为"现实主义杰作"的讽谴小说《儒林外史》。

古老多彩的盐文化给文学创作提供了丰富的源泉。

回顾中国文学发展的脉络，从先秦的诗经起，楚辞、汉赋、唐诗、宋词、元曲，无论何种样式，大都是以国都为中心兴起、繁荣和扩散，只有明清小说是个例外，它和国都的联系不大，而是崛起于江苏的北部，与古海州紧密相连，如《西游记》《镜花缘》《儒林外史》《水浒传》等。这种现象的出现，与小说的作者有着相似的海州生活经历，作品的人文背景都植根于江苏沿海这片广袤的土地有极大关联。

长篇神话小说《西游记》的作者吴承恩，是淮安人，自小在淮盐产销区成长，盐文化给他留下了深深的烙印。如《西游记》第一回《灵根育孕源流出，心性修持大道生》中所写"只见海边有人捕鱼，打雁，挖蛤，淘盐"，与海州盐民的生产、生活场景如出一辙。发生在灌河口最经典、流传最广的与《西游记》相关的故事莫过于"二郎神"，尽管传说的"版本"多样，各不相同，精彩万分，但都与灌河同源。据说，吴承恩著《西游记》时，曾顺着灌河东下灌河口，登花果山实地采访，小说第六回就是以灌河口附近地形、地物为背景的。《西游记》中的"灌江口"即是"灌河口"，灌河重镇陈家港很早以前曾建有一座"二圣庙"，又称"二神庙"。这些传说都被吴承恩收集熔铸到《西游记》中。《西游记》虽然不是以淮盐、盐商为题材，但盐文化的背景、盐文化的要素贯穿其中，不可忽视。

吴承恩创作《西游记》，即汲取了源远流长的海州宗教文化，还再现了花果山、水帘洞等独特的山海自然风貌。其实，早在《西游记》成书之前，花果山的水帘洞就已名闻遐迩。洞门前，有明嘉靖二十三年（1544年）海州知州王同的"高山流水"题刻，还有"神泉普润""灵泉"等勒石。后人对此曾有"一部西游未出此山半步，三藏东传并非小说所言"之叹。

百回长篇小说《镜花缘》，是一部与《西游记》同辉璀璨、神话色彩浓厚、浪漫幻想迷离的中国古典长篇小说。作者李汝珍正是因为哥哥李汝瑛在板浦任盐官，才有机会到这里落户，在这里接受优越的教育，结识一大批各有专长的学问家，奠定了他博学多识的根底，为创作"以小说见才学者"的《镜花缘》积累了丰厚的知识。

民主路老街

乾隆四十七年（1782），李汝瑛任板浦场盐课大使，李汝珍随兄来到海州，住在盐课司大使衙署。板浦是当时海州地区的"盐都"，明清时的淮盐，不仅是苏北经济崛起的基础，即使是天堂般的扬州，也全是由淮盐筑起的金字塔支撑起来的。没有淮盐的支撑，何来"腰缠十万贯"？如何"骑鹤上扬州"？当年的板浦，河流纵横，是苏北三大内河盐运码头之一，淮北盐场生产、管理、运销的衙署设立于此，大量的徽商云集于此，许多著名的乾嘉学派人物活动于此，就是扬州的一个缩影，可称为"小扬州"。李汝珍自1795年起到1815年用20年时间写成的《镜花缘》，许多细节直接取材于海州地区的地方风物、乡土俚语、历史传说及文物古迹，处处可见海州、板浦的乡言土语和风物民情。如海州湾为中国著名八大渔场之一，物产丰富，《镜花缘》第十三回写以打鱼为业的渔翁、渔婆，第十五回写元股国土人不准外人来分其业，外人只得暗将腿足涂黑假冒土人，取鱼糊口的细事，海州湾风土人情跃然纸上。相传古海州"穿海州、吃板浦、南城古财主"的谚语，在书中也有充分反映描述。海州为州治，衣着考究；板浦盐商聚集，讲究吃喝，"想着方儿，变着样儿，只在饮食用功"（第十五回），极尽奢侈之能事；南城的富豪注重买田置产。《镜花缘》第十二回对宴请宾客之侈描述十分细腻："宾主就位之初，除果品、冷菜十余种外，酒过一二巡，则上小盘、小碗，——其名南唤'小吃'，北呼'热炒'，——

少者或四或八，多者十余种至二十余种不等。其间或上点心一二道。小吃上完，方及正肴，菜既奇丰，碗亦奇大，或八九种至十余种不等……更可怪者，其肴不辨味之好丑，惟以价贵为尊。因燕窝价贵，一肴可抵十肴之费，故宴会必以此物为首。"若菜肴"竟取价贵为尊，久而久之，一经宴会，无可卖弄，势必煎炒珍珠，烹调美玉，或煮黄金，或煨白银，以为首菜了"。这些带有辛辣的写实，并不是荒诞无稽，随意杜撰，而完全来自实际，取材于生活。

文学名著中的海陆丝路

明清小说的特色，无论是《西游记》还是《镜花缘》，不仅故事构思神魔奇异，人物形象豪雄刚健，而且都折射出渴望开放和打破禁锢的祈盼，展示了作为文学巨著的人文涵养与包容空间，也呈现出与此前的中国古典小说的巨大差异：视野广阔宏大，独具开放包容的海州个性，从中传递出作者日趋觉醒的海洋意识和深刻的现实批判精神，创造出文学名著中海陆丝路的高度，成为中国文化史上的一座高峰。

西游记与陆上丝绸之路

《西游记》是一部中国古典神魔小说，为中国"四大名著"之一，也是一部群众创作和文人创作相结合的作品。成书于16世纪明朝中叶。有专家考证首发于南京夫子庙附近一家叫世德堂的书店。自问世以来在中国及世界各地广为流传，被翻译成多种语言。从此，这部充满灿烂文学想象力的伟大作品，成为中华民族贡献给全人类的一个瑰宝。

花果山是《西游记》中西行的源头，《西游记》很多故事都与花果山有关。

小说以整整七回的"大闹天宫"故事开始，把孙悟空的形象提到全书首要的地位，第一回开宗明义指出故事的发生地"东胜神州海东傲来小国之界，有一座花果山，"这就是孙悟空的老家。第八至十二回写如来说法，观音访僧，魏征斩龙，唐僧出世等故事，交代取经的缘起。"大闹天宫"的

孙悟空老家花果山（林玉荣 摄）

主要背景地花果山是哪里，一直为人们所关注。根据文史资料考证，吴承恩的行迹和交游，尤其是结合《西游记》一书中所描绘的各种故事情节的发生景致与当时云台山各个景地之比较，以及书中各主要人物及大量运用的云台山地区的民俗、文献、传说等，结论是连云港的花果山即为吴承恩小说《西游记》中描述的花果山的原型。

水帘洞是《西游记》故事的重要背景地，是齐天大圣孙悟空的府邸，云台山水帘洞早在《西游记》成书之前就有其名并为云台名胜之一。与吴承恩同处明代中叶并有故旧关联的海州人张朝瑞在其《东海云台山三元庙碑记》中最早记载了花果山水帘洞之名。云台山中有一块天生奇巧的"娲遗石"，夹在大石缝中，上不靠天，下不着地，民间传说为女娲炼石补天所剩，其尺寸形态与《西游记》中描写的感受"天真地秀""日精月华"的仙石猴胎恰相吻合，周围格局也与书中描写十分相似。另外，云台山上的石猴、八戒石、唐僧崖等形神兼备的西游人物形象，七十二洞等自然景观，皆为地造天设。

唐僧俗姓陈，名祎，法名玄奘，洛州缑氏人，13岁出家。他为了追求佛教学问，遍访名师，到处游历，对当时中国佛学各个门派的理论都曾接触和理解。但他心中仍有许多疑问，于是决定到印度求访佛经，参验真理。唐贞观元年（627年），他从长安出发，经兰州，到凉州（今武威）及敦煌，独自一人冒险穿过大戈壁，历尽艰险终到达伊吾（今新疆哈密）。在高昌王曲文泰的资助下，通过丝绸之路的传统北道到达印度，访问了慕名已久、当时最大规模的佛教寺院那烂陀寺。他在印度停留多年，足迹遍及整个印度国境，佛教学问更是无人能及，精通佛学全部经典（即经、律、论三种经藏），获得了佛教的最高荣誉"三藏法师"的称号。玄奘在贞观十九年（645年）正月返回长安时，唐太宗命令宰相率领朝臣出迎，长安更是万人空巷。归国以后，玄奘专心翻译带回的佛经，创立了法相宗佛教学派，培养了一批著名弟子。云台山地区关于唐状元陈光蕊、宰相殷开山及其女殷小姐的传说、资料很多，地方文献多有记载。吴承恩信手拈来，直接取材。到了《西游记》里，陈光蕊成了唐僧的父亲，唐僧也由"洛州缑氏"人变成了海州人，第十四回唐僧与一位老者对话中明确表示"我俗家也姓陈，乃是唐朝海州弘农郡聚贤庄人氏。"

因此，早在20世纪50年代，毛泽东主席也明确表示过：孙猴子的老家在新海连市云台山。

河西走廊是《西游记》中西行的必经之路，很多故事都与河西走廊有关。

《西游记》从十四回到全书结束，写孙悟空被迫皈依佛教，保护唐玄奘取经，在八戒、沙僧协助下，一路斩妖除魔，到西天成了"正果"。而玄奘当年由长安往西域，河西走廊是第一段。

河西走廊在甘肃省境内，因为地处黄河之西，南有祁连山绵延，北有合黎山横亘，形成一条狭长的通往西域的古道而被称为河西走廊。其东段起点是奔腾不息的黄河，最西段就是嘉峪关、玉门关等被后人千古吟唱的关隘，再往西就是八百里沙漠与戈壁地带。在相当长的历史时期内，这条1000多公里长的河西走廊是内地与西域之间的一条必经之道。

唐僧从唐朝古都长安即今日西安出发，穿越河西走廊、过星星峡、流沙河，进入新疆哈密，再穿越吐鲁番盆地、塔里木盆地，其间经历过很多西域古国，如龟兹国，当年玄奘从龟兹国出发，翻越葱岭——今天的帕米尔高原出境；今日吐鲁番地区的高昌古国，高昌国是一个历史很久远的西域古国，至迟在汉代时就已经出现，玄奘经过时它还是一个独立的国家，后来被大唐灭掉，成为大唐管理西域的行政机构安西都护府驻地。

当年唐僧师徒过吐鲁番盆地、塔里木盆地登上帕米尔高原进入中亚，途经的山口是今中国与吉尔吉斯共和国交界处的别迭里山口。他们翻越兴都库什山达坂，抵达印度佛教圣地那烂陀——也就是《西游记》中唐僧取经的西天大雷音寺。活动全程一万多公里，途经吉尔吉斯斯坦、乌兹别克斯坦、阿富汗、巴基斯坦、印度、尼泊尔等国家。

唐僧取经之路，就是丝绸之路文化传播之路。习近平总书记说："中国唐代玄奘西行取经，历尽磨难，体现的是中国人学习域外文化的坚韧精神。"

《镜花缘》与海上丝绸之路

长期以来人们对《镜花缘》的评价，大多集中在中国文学史上第一部以妇女作为社会主角来加以公平讨论和深刻刻画的优秀小说，不但通过创造许多鲜明的人物形象来演绎了一段段五光十色的神话典趣，而且利用浓重的愤世嫉俗的辛辣讽刺揭露了世事人情的人间百态，李汝珍所见的是几千年来忽略了的妇女问题。他是中国最早提出这个妇女问题的人，他的《镜花缘》是一部讨论妇女问题的小说。胡适明言："这是《镜花缘》著作的宗旨。"认为《镜花缘》既批评了男女不平等的社会现象，又提倡了妇女接受教育的权利。他进而提出，《镜花缘》是"中国的女权宣言"。林语堂称《镜花缘》是中国第一部女权主义小说。

对海陆丝路交汇点的海州来说，秦始皇立"秦东门阙"，具有对外开放的象征意义；徐福东渡日本，拉开了海上丝绸之路的序幕，这些开放的历史文化源流一定会对李汝珍的创作主体产生重大影响。在小说中我们可以看到，李汝珍继承了《山海经》中的《海外西经》《大荒西经》的一些材料，经过再创作，凭借他丰富的想象、幽默的笔调，以其神幻诙谐的创作手法引经据典，运用夸张、隐喻、反衬等手法，创造出了结构独特、思想新颖的这部长篇小说，不仅为我们勾画出一幅奇妙绚丽的天轮彩图，而且紧扣海内外生意买卖的离奇体味，张扬了"中学为本，西学中用"的开放意识。

该书前半部分描写了唐敖、多九公、林之洋等人乘船在海外游历的故事，他们历经君子国、两面国、无肠国、穿胸国、翼民国、结胸国、鬼国、犬封国、豕喙国、白民国、淑士国、毛人国、大人国、小人国、长人国、聂耳国、元股国、毛民国、毗骞国、无继国、深目国、黑齿国、淑士国、厌火国、寿麻国、长臂国、伯虑国、巫咸国、歧舌国、智佳国、女儿国、轩辕国、不死国等各种各样40多个国家，极尽想象，又极有韵味。

在明清海禁带来的黑夜如磐的时代，李汝珍创作出《镜花缘》这部蕴含面向海外、面向世界宏大主题的经典文学作品，从而成为我国海洋文学的先驱。《镜花缘》与《西游记》以连云港为创作原点，东进西出，相互呼应，通过文学作品演绎、再现了连云港海上丝绸之路的经典与辉煌。

清代的海州

清代的海州发展，有高潮，有低谷。高潮时盐业改革成效显著，行政建制升为直隶州，低潮时海禁带来灾难性后果，海州建置终被取消。海州城的建设发展稳中有进。

行政建制

清顺治二年（1645年），设江南省，属江南省淮安府。清康熙元年（1662年），从江南省分出安徽省，海州属安徽省淮安府。清康熙五年（1666年），淮安府复归江南省。清康熙六年（1667年），江南省改名江苏省，海州属江苏省淮安府。清雍正二年（1724年），海州升为直隶州，这是海州建置史上又一次重要的转折。海州直隶州统州治和赣榆、沭阳2县，脱离淮安府管辖，恢复唐初以来的局面。相当于今连云港市区、赣榆县、东海县、沭阳县、灌云县、灌南县、响水县。清末废州设县，将海州析置东海和灌云二县，加上沭阳、赣榆两县时称海属四县，海州建置取消，海州作为古城地名而保留，成为东海县的治所。

城市建设

清代，在知州衙门东设通判衙门，后面建盐义仓和常平仓。原千户所附近为"石室书院"，嘉庆十年曾改为科考的试院。河对面的关神庙、大慈寺西又设建了"游府署",路南为守备署。内城河出城墙西北通环城河,与甲子河,蔷薇河相通,由临洪口入海。北城墙内建有二官庙,元帝庙,城内西北还设有中军守备置,西街北首有千总把总署及"公馆",清代中叶后,改为居民区。州衙路南有奎文阁等建筑。北门街市桥西建有15间房屋的"养济院",收容孤贫,每月口粮钱约银二两。

城内街以"十"字为其主干,以巷为棋格。据明张峰《隆庆海州志》所记,十字街在州衙门西南,与四个城门口的集市相通,每十天集会两天。至清代,逢七日为西门集、四、九日为东门集,其余皆为十字街集。因市桥而名的北市桥在州衙门的背后,东市桥街在州衙西,西门外街因处于交通要道,是最繁盛的街道,城的四角都有"房小巷"与十字街相通。除了街、巷,还有州衙门东侧的敦化坊,城隍庙前的时雍坊、南门大街的惠泽坊、北门的阜民坊,儒学前的崇礼坊、南北街上的威武坊,儒学两侧各有攀龙附凤坊、起凤腾蛟坊,还有明代进士张朝瑞立的兴贤坊、丁泰立的大司徒坊、乙瑄立的育秀坊等。这些坊既是建筑标志,也被用作城内的地名。这些街、市、坊巷和州衙等建筑,一起组成了古海州地区的政治、经济中心,并与80多个乡镇沟通。"屋宇鳞次,衣食饶裕,弦歌不绝",一派太平盛世景象。

城外西北,有社稷坛、厉坛、文昌阁,蔷薇河对岸又有关帝庙一所。西门外蔷薇河渡口西设教场,其中演武厅五间,将台一座,后有更衣亭、耳房、厨房等;东门外设有先农坛。南门外力山川坛。

清康熙七年(1668年)的大地震,海州城墙倾倒了十分之三。康熙二十四年(1685年)遭大水,城墙倾倒了十分之六七。乾隆三十二年(1767年),又进行了修筑,开拓了护城的壕沟:东门至南门深六尺,宽十四丈;南门至西门深五尺,宽十四丈;西门至北门深六尺,宽四十一丈;北门至东门深五尺,宽三十七丈。南门外还砌筑了砖桥,东北有城河与甲子河相通。

清代末年,海州和其他地区一样,出现了一种私人经营的商业性组织,为民间传递信件,这种邮传机构叫作"民信局"。光绪三十二年,海州人沈云沛就曾任清政府邮传部的右侍郎。

在辛亥革命前后,海州已经能够收到上海、北京等地的"电达""文语"。一些近代和现代的邮传工具也逐步开始使用,中国第一次发行的大龙邮票,也在海州地区流行并被采用。

城镇发展

据明代张峰《隆庆海州志》所载,弘治年间,海州城的街市坊巷"屋宇鳞次、衣食饶裕、絃歌不绝"。十字街四通八达的路上"皆有集市",并且每值十日、十一日逢集两天。此外,东门、西门、东市桥街、北市桥街或值二日、七日,或值四日、九日,也逢集。

海州地区的居民多以"数十家",聚集谋生而成为集镇,镇的四周散布着许多村庄,"皆与镇为声援"。每一镇至少要推选两位老成晓事、德高望重的老人以主管镇上的事务。嘉庆年间的海州地区已有了81个这样的集镇。海州东南一带有通达涟水的17个集镇,大多在今天的灌云县境内。其中包括有"八十一所盐厂"的板浦镇,因"涟河淤塞"不能通船而衰落的新坝镇,"人稠货聚、米票极通"的大伊镇,与涟水"聚处贸易"的新安镇等。海州西部,有可通达徐州、邳县、郯城的32个集镇,大多在今天的东海县境内。有开发于明朝以前并见于史书的"牛山镇",有建于17世纪中叶后来发展成桃林大镇的"七堰镇","颇称殷富""东西通达"的阿湖镇;有靠近羽山温泉的博望镇以及西门、石榴、临洪等镇。

云台山上的"东海东路镇"和"东海西路镇",周围是"村村出贤人"的"东海十八村"。赣榆区有30个集镇,其中有"灯火万家、商贾辐辏"的青口镇以及龙王庙镇、欢墩埠镇等。沙河镇1400多年前曾是武陵郡的治所,有长达9里的圩城,几十家门面宽绰的货栈、酒店、油坊,几千间炊烟缭绕的民居,是仅次于青口的赣榆重镇,至今尚有城子村。清代嘉庆年间,已有"居民数千家",每10天有4次逢集,粮市、牲口市的规模很大,商贾云集于此。许多海州城的商民也寄居在这里。明万历年间的赣榆县知县樊北程曾经征得大府的批准，要这些外地的商民一律归县府"铃束"，州府不直接受理这些商民的申诉。

明清时期的海州城镇在一定程度上活跃了农村集市和小生产经济，促进了海滨和内地的交流，但由于官僚机构和名目繁多的层层剥削以及腐朽没落的封建制度的束缚，社会经济的繁荣和乡村集镇市民生计的提高却依然遭受到沉重的压制。

The
biography
of
LianYunGang

连云港 传

陇海铁路奠定丝路复兴基础

第九章

明清海禁最严重的后果，是仅二三十年间，宽阔的南云台山与古海州之间的海峡就淤积成陆，海港变为河港，海州与海渐行渐远，与海外世界的联系亦渐行渐远。天不亏海州，陇海铁路的钢轨从这里沿着"历史上的交通大道"向西延伸，与兰新铁路连接东方大港的宏愿随着连云港港口钟楼上巨大指针的运行变为现实，昭示着新亚欧大陆桥从这里开始计时，奠定了当代海、陆丝绸之路复活的基础。

陇海铁路

从汴洛铁路到陇海铁路

汴洛铁路

陇海铁路原名陇秦豫海铁路，又名海兰铁路，全长1759公里，是甘肃（简称"陇"）兰州通往海州（简称"海"）的铁路干线。它的修筑不是从东端或西端两端始筑，而是"中间开花"，先筑从开封到洛阳的汴洛铁路。汴洛铁路是依照卢汉铁路的支线修建的，从1905年开始测量建筑，以郑县车站为起点，分别向东西两个方向施工，1909年12月竣工，全长183公里。而陇海铁路经过40多年分段建设，至1952年全线建成，1953年7月全线通车。

在我们今天这个时代，铁路已经司空见惯，高铁已然普及。然而，在清代，铁路既是"西洋景"，也是"奢侈品"。如北京正式修建的第一条铁路，是光绪年间慈禧在中、南、北三海所修的仅长约2300米的铁路，称为"西苑铁路"。据清宫《奉宸苑记事簿》记载，西苑铁路于光绪十五年（1889年）全线通车。有趣的是通车不久，慈禧惧怕机车的轰隆汽笛声会破坏皇城内苑的风水和气脉，于是行车时不准用机车牵引，改为每节车厢拴上绒绳，各由四名太监拉着前行，故有诗描绘曰："宫奴左右引黄幡，轨道平铺瀛秀园。日午御餐传北海，飙轮直过福华门。"

从历史的视角看西苑铁路，有其积极的一面。西苑铁路的开通让慈禧老太后见识了火车的便利，中国修建铁路的速度也由此大大加快，通车当年的1889年，清政府正式宣布兴办铁路；1905年，京汉铁路建成通车；1907年，京奉铁路通车；1909年，京张铁路通车；1911年，津浦铁路南北分段通车。自中国初建铁道始到清末止，中国官办铁路计有十三条：

西苑铁路慈禧皇太后的通勤小火车

京汉铁路、京奉铁路、津浦铁路、京张铁路、沪宁铁路、沪杭甬铁路、正太铁路、汴洛铁路、道清铁路、京广铁路、株萍铁路、吉长铁路和齐昂铁路。刘江华在《慈禧中南海修铁路记》中做了如下评价："终有清之世，总共建成的铁路为9300公里左右。英国到1890年铁路总里程达到32000公里、法国到1870年铁路总里程为17400公里，中国相比之下仍有很大差距，但可以说进步不小。"

汴洛铁路在上述铁路中具有战略意义。白寿彝先生认为，汴洛铁路与后来的粤汉铁路为最重要，"此民国陆道交通建设之成绩最好者"。汴洛铁路后来"展修为陇海铁路，东至大浦连云港，西至宝鸡……为横贯全国东西之干路，且可进而为欧亚交通之连锁。"为孙中山先生提出的陇海铁路西进新疆和在塔里木盆地周围规划西部铁路的想法，并形成西北铁路在塔城西出俄国、联通欧洲的国际铁路设想，奠定了基础，也是历史上三川东海道的重现。粤汉铁路之所以"最重要"，是因"为沟通南北之捷径，与平汉铁路连接后，可以改变内地数省之经济文化状况。"

陇海铁路

1912年9月，北洋政府与比利时政府签订修建1800公里的陇海铁路借款合同，以汴洛铁路为基础向东西方向展筑，两段工程于1913年5月同时开工。1915年5月，开封至商丘至徐州段通车，长277公里。同年9月，洛阳至观音堂段30公里竣工。1920年5月，北洋政府又与比利时和荷兰签订了借款合同,继续修建陇海铁路。东段徐州至海州的大浦198.3公里,于1920年开工,1923年竣工。西段观音堂以西的线路,于1927年11月修至灵宝。

南京政府铁道部于1928年成立后,决定续建陇海铁路。灵潼(灵宝—潼关)段长72公里,1930年11月开工,1931年12月竣工。潼西(潼关—西安)段长131公里,1932年8月开工,1934年12月竣工。西宝(西安—宝鸡)段长173公里,1935年1月开工,1936年12月竣工。灵潼段将比利时退还庚款的剩余部分作为借款修建,潼西、西宝两段的国外购料由法国财团承担。

陇海铁路宝鸡至天水段,长154公里。这段铁路工程复杂艰巨,南京政府忽停忽建,朝令夕改。从1939年5月至1945年12月,用了近7年时间,才勉强竣工。通车后,塌方事故不断发生,被称为陇海铁路的"盲肠"。一条铁路建设时间之长,陇海铁路也可以说创造了中国铁路建筑史上的纪录。

中华人民共和国成立后,于1950年4月继续修建天水至兰州段,车组1953年7月完成,至此,陇海铁路全线修成通车。1955年以后,相继开始兴建郑州、兰州、徐州、商丘、西安、宝鸡等枢纽工程。陇海铁路西进,就是今天举世闻名的"新亚欧大陆桥"的雏形,孙中山先生认为"此不仅有利于中国,且有利世界商业无穷也。"

艰辛的历程

陇海铁路路虽不长,但却展现了中国半封建半殖民地背景下铁路建筑史上的时代色彩。一条铁路建设可以体现出一个国家经济发展的活力,而陇海铁路从动议、勘探、建设,到投入正常营运,展现在世人面前的是一个靠外债、借款支撑着的孱弱的病体。

中日甲午战争后,帝国主义列强采取各种手段肢解和瓜分中国。以贷款形式为清政府修筑铁路,附有种种条件,从而控制铁路及其沿线地区,把势力从沿海港口深入到广大内地,并从中获得巨大的经济利益。

陇海铁路东段从民国七年(1918年)开始,到民国十四年(1925年),

徐州至海州的徐海段通车。新浦至老窑（现连云港口）全长27.8公里的铁路，直到1935年6月竣工通车，历时17年。而整个陇海铁路从连云港到兰州一直到中华人民共和国成立后的1952年才全线贯通，全程1759公里的陇海铁路用了47年的时间，平均每年筑路38.1公里，历经清朝、北洋、民国三朝，直至中华人民共和国成立后才全线通车。铁路设备中，由美、英、法、日多国供货，宛如万国博览会。旧中国国力之衰弱，筑路之艰辛与无奈，从中可见一斑。

光绪二十九年（1903年）十月，洋务派官僚、督办铁路总公司事务大臣盛宣怀，代表清朝政府与比利时驻华电车铁路公司在上海签订借款合同，建筑开封至洛阳的铁路。合同的主要内容为：

（1）借款总额二千五百万法郎，年息五厘，十年后分期还本。

（2）以汴洛路路产为担保。

（3）在清朝政府监督之下，由比利时驻华电车铁路公司全权代表建筑并代办行车，酬以营业余利的二成。

（4）将来汴洛路延长时，清朝政府给予比公司募债筑路的优先权。

这是陇海铁路第一个借款合同，此后，比利时资本打入陇海铁路。1905年，汴洛路开始测量建筑。于1906年1月1日通车营业。

1912年，比利时驻华电车铁路公司经与北洋政府磋商后，又取得展筑由洛阳至兰州，由开封至江苏濒海铁路的投资权。9月24日，北洋政府财政总长周学熙、交通总长朱启钤与比利时驻华电车铁路公司代表陶普施签订借款合同。其主要内容为：

（1）借款总额为二万五千万法郎，年息五厘。十年后分期还本，四十年后还清。

（2）借款用于建筑西至兰州，东至海边的干线及东方终点开辟海港。

（3）以此线及其所有附属产业为担保。

（4）此工程期内，行车由陇海铁路督办与比公司所派的工程司共同商办，工程已竣正式通车的路段，则由中国政府全权自行办理。

此合同与汴洛路借款合同相比较，虽然在行车权上稍有变化，但自汴洛路开办之日，全路的用人、行政、新工程计划、动支款项等重大问题，路方均须事先征求洋人总工程师同意后才能实施。所以，一切行政权仍操于总工程师之手。这种状况，经1928年8月取消营业总管理处归并营业管理局，以及1935年4月陇海局改组总工程师办事处后才有转变。

民国初年，北洋政府任命施肇曾督办陇秦豫海铁路事宜，设立总公所于北京。同年十一月开始测量，着手兴筑。但由于1914年爆发了第一次世界大战，所以直至1916年1月，开封至徐州段、洛阳至观音堂段才正式通车。在这期间，陇海铁路终点海港地址已拟定，但鉴于筹款艰难，海港工程无法进行。

1920年，督办施肇曾再次赴欧洲借款。5月1日与比利时驻华电车铁路公司董事佐治贝那、儒尔涉多，荷兰治港公司代表陶普施在比利时首都布鲁塞尔，签订了比、荷借款合同。合同签订以后，荷兰治港公司取得了建筑陇海铁路东段及海港码头的投资权。这样，荷兰资本开始侵入陇海铁路。徐海段（徐州—新浦）于1921年兴工，至1925年7月1日通车，而海港仍无款兴筑。

1924年6月1日，观陕段通车。1927年，河南境内发生冯（玉祥）、靳（云鄂）之争，随后蒋、冯、阎、桂四派军阀联合同北洋军阀争夺地盘，陇海沿线战火纷飞。1930年，又有蒋介石与阎锡山、冯玉祥等军阀的中原大混战，因而陇海铁路西段的展筑工程进展缓慢，直至1932年8月，仅通车至潼关。而截至1932年，陇海铁路旧债接新债，陇海铁路总局总债额已高达2.45亿法郎，而总资产不过1亿元，根本资不抵债。完全利用外债来进行艰难的铁路建设，是半封建半殖民地的中国铁路建设的一大特色。

1916年1月，开封至徐州段正式通车时，关于陇海铁路终点港址的选择已经最后拟定，但由于筹款艰难，海港工程却迟迟未能上马。为了开辟陇海铁路终端海港，发展铁路运输，陇海局于1932年7月1日动工兴筑新浦—老窑之间的路线，至1934年9月全段竣工。

与此同时，西路之展筑屡遇坎坷。1934年12月，车通西安，而西安至天水间的铁路，由于日本侵略中国，又因陇海局经济拮据及沿线高山峻

1936年12月7日，陇海铁路西宝段正式通车情景（连云港市档案馆提供）

岭等自然地理原因，直至1945年才告筑成。但工程质量低劣，1949年后又进行了大量整修。

1950—1952年筑成天水至兰州段。在此期间，1951年周恩来总理亲自点将，让铁路工程专家王竹亭参加修路的领导和技术管理工作，任西北干线铁路工程局副局长兼总工程师。王竹亭是中国铁路网建设的积极倡导者，天兰铁路建成通车时，他还荣获通车奖。同时，人民解放军第一野战军第四军第十二师官兵也奉命参加修筑天兰铁路。尽管当时国家财政还相当困难，但为了建设大西北，中央人民政府还是动用了大量的人力物力，拨了大批款项。在先后10余万工人和解放军广大官兵的共同努力下，至1952年8月23日，完成了全段376公里的铺轨任务，9月29日，该段铁路正式通车。至此，陇海铁路始告全线通车。它途经苏、皖、豫、陕、甘五省，将徐州、商丘、开封、郑州、洛阳、西安、咸阳、宝鸡、天水、兰州等大中城市连接在一起，成为当时唯一一条横贯中国东西的铁路交通大动脉。

纵观1949年前陇海铁路建筑及营业的47年历史，可以说是半殖民地半封建的旧中国经济建设的一个缩影。我们看到，先是由于外国资本的侵入，使陇海铁路在1905年至1928年这23年间，主权为洋人所把持。而这其后的7年间，洋人仍染指陇海局会计、材料两个重要部门，使陇海局在主权上屡受洋人的牵制。继而，日本帝国主义侵占陇海铁路东段，屠杀抗日军民，掠夺中国资源，使其成为对中国人民进行军事、经济侵略的工具。抗日战争胜利后，国民党政府利用铁路大搞军运，把陇海铁路推向内战的深渊，由于陇海铁路遭受外国侵略资本的压迫，又遭受官僚买办资本的摧残，因此力量微弱，始终未能发挥它应有的作用。正是由于这些原因，陇海铁路终点海港的兴建必然经历艰难曲折的过程。

终点之辩

沈云沛、格锐奈筑港计划

清光绪三十一年（1905年）陇海铁路从甘肃兰州修到了洛阳、开封，接着准备经过徐州，再修到淮安，然后再向南修到扬州古运河下游与长江交汇处的瓜州。按这个计划，陇海铁路可以说与连云港无缘。这时，一个关键人物出来扭转了格局，他就是沈云沛。

沈云沛光绪三十四年任农工商部右侍郎、邮传部右侍郎，主管交通和邮政。清宣统元年（1909年），沈云沛以邮政部名义奏请清政府，建议由该部主持修建的汴洛铁路东延开（封）至海（州）段获得批准，1910年，邮传部在开封成立陇海铁路局。但因清王朝已经是末日，苟延残喘，修路资金无着落，加之时局动荡，江山尚在风雨飘摇之中，修路之事当然无法提到议事日程上。

民国元年（1912年），北洋政府与比利时铁路公司签订借款2.5亿法郎修筑陇海铁路东延段合同。1913年9月，陇海铁路局委托比利时铁路公司法籍工程师格锐奈为队长组成测量队，对海州沿海进行测量。测量后，格锐奈提出三项建议：第一，因西连岛（鹰游山）天然屏障（由青岛至上海间沿岸之唯一天然屏障）之利，主张在西连岛湾内，建成一近代广大海港；第二，建议在海州附近之临洪河内造成一河港；第三，建议辟一河港于大潮河（即灌河）。

格锐奈认为，老窑具有建筑优良海港的自然地理条件：

首先，以该地作为陇海铁路终点，是陇海路通海最为捷径的终点。由徐州直达老窑,仅200多公里,较浦口为近。而从浦口沿长江出海还有很长一段距离,从航海营业角度看,浦口远不如老窑。同时,大运河与陇海线交错之点距老窑仅100多公里,通过此点可将运河输运到清江浦一带的货物转道陇海线,经老窑直达海口,无须再绕道镇江出海。

其次,从老窑、临洪河口、大潮河口三处的避风条件和航道情况看,老窑尤胜于其他二处。临洪河、大潮河缺乏良好的避风条件,而老窑面临海州湾,前有连岛为屏障,后有云台山为依托,岛山环抱,是船舶理想的避风场所。老窑航道长度仅为其他二处的五分之一左右,且极易疏浚,吃水较深之船舶可以随时进出,而吃水较深之船进出临洪河和大潮河必须待潮涨时方可,每日仅有数小时而已。尤其是临洪口外的沙带时有流动之患,易为沙土所淤塞,必须常年疏浚。

民国三年(1914年)格锐奈再次勘测海港,并进行了钻探。测量后返回郑州,绘出海港规划图,于11月20日写出《对于西连岛建设陇海铁路口岸说帖》,提出了筑港计划,主要内容是:

(1)堵西口。即由连岛的西端,筑一长3600米的止浪坝,将连岛与陆地衔接起来,以屏障港区,免受波浪袭击,尤其是可截断连岛迤北20公里外临洪河水所挟带的泥沙,"既可除淤塞之患,复可省疏导之功"。

(2)留东口。从连岛东面和老窑各向海内建筑3185米长的堤坝和码头,中间留300米的口门,以便船只出入。

(3)将14平方公里的港区疏浚至最低湖水下6—9米,并疏浚一条长6公里、宽300米、深9米的航道。

(4)分两步建筑码头12座。第一步先筑长500米、宽100米的平行式突堤5座,可同时停泊6000—8000吨轮船40艘。每个突堤上筑轨道两条以通火车,并安装起重机4台,供装卸货物。第二步再添筑7座码头和1座船坞,并在连岛东南筑一专供装卸危险货物(火油等)的小港。

(5)在连岛东南的山头上建筑一座能照30英里的灯塔,并在航路中分设标灯、浮筒等,以利航行。

(6)估计总预算约6900万法郎,分年准备。第一期工程费用1300万法郎，先筑码头2座，以停泊6000—8000吨巨轮13艘；建筑东西口堤坝开挖航道和港区；建设灯塔和航标。为了陇海铁路营运利益，宜自新浦起筑长25公里的铁道，以便加快海路盐运，增加陇海路盐务进款。

按照这个计划，12座码头完成后，共可停靠6000—8000吨级的轮船96艘，并且港区内还能停泊40艘轮船，可借拖驳起卸货物。该港将成为中国沿海首屈一指的大港。

民国四年（1915年），陇海铁路当局批准了格锐奈大港计划，决定以老窑为陇海铁路终端海港地址。

终点的确定

把陇海铁路出海口修到西连岛的筑港计划，引起了一对好友——南通张謇和海州沈云沛间的争执，并为此打了两年的笔墨官司。

1908年，沈云沛由清政府农工商部副部长调任邮传部部长一职，1910年3月8日，邮传部在《奏勘明开徐海清线路及时兴办折》中说：开徐海清线路"以开封为起点，以自开商埠之海州为尾闾，西联汴洛以达甘、新，为中原东西一大纬线。陆路则与京汉、津浦交通，水路则与各洋航路相接。据控制海陆之形变，握操纵自我之机关，经武兴商皆领实效。即现筑之汴洛、洛潼亦必恃此路通始可免赔折而期获利"。

同年，沈云沛提出将原汴洛路的方案东展开筑一条开徐线（开封至徐州），西延开辟洛潼线。施肇曾（后任陇海铁路督办）就这个方案和比利时铁路电车公司签订了汴洛路的借款合同。1909年美国又要求投资修建淮阴—海州间的铁路。沈氏不同意这个主张，又提出将汴洛路的合同取消，另签陇、秦、豫、海铁路借款合同，从皋兰（兰州）到东海修建一条陇海铁路。由于路和港是连在一起考虑的，沈云沛建议铁路的终端修到老窑，并在西连岛并筑海港。虽然路、港的建筑是在沈云沛去世后好几年才开始，但陇海铁路东段线路的选定基本上是按照沈云沛制定的方案施行的。

1908年，沈云沛在制定陇海铁路修筑方案的同时，又提出了在海州并筑三港的主张：

一是在苏鲁交界的日照县岚山头（现移至石臼所）建一"可停泊世界

上最大轮船的深水海港"。

二是在西连岛筑港。"西连岛风平浪静,虽不甚深,但于此稍加疏浚,便可与黄浦江深度相同。可以在此建造转运海港,便等于将陇海路筑到上海"。

三是就灌河口之燕尾港筑一个内河海港,因为灌河水深不亚于上海黄浦江,由燕尾港上溯,可通里下河,串场河,上游由杨家集、新安镇可通盐河、运河。这样江北全境无不可通。

沈云沛坚持并建三港的主张,今天已变成现实,当时虽然未被北洋政府交通部全部予以采纳,但其

沈云沛(1854—1918年),字雨辰,号雨人。江苏省海州直隶州人,中国近代实业家、政治家、教育家,中国沿海滩涂开发领域早期的开拓者,东陇海铁路的奠基人。

主张先办西连岛海港,与上海港联运这一点,则与法、比工程师的意见合辙,因而北洋政府交通部和陇海当局对沈云沛的意见甚为重视。沈云沛的方案也引起了比利时财团的注意。

沈云沛上述提出的在海州的西连岛修建一座深水港作为陇海铁路东端港口出口的建议,与孙中山先生的构想不谋而合。中山先生在其《建国方略》中将连云港规划为"东方大港"。

在沈云沛提出修路筑港的同时,张謇提出了把陇海铁路东段由开封筑到海门并建河港的提案。

张謇是清末状元,当时任江苏省铁路公司"协理",极力主张汴洛路在向东展筑至徐州以后,转向东南,经清江浦而达通州。因为海州盛产大宗盐斤,每年运费收入可达四十万元,故也曾拟在清通铁路建成之后,再自清江浦向海州另筑支线,以利盐斤和粮食运输。

这是沈云沛、张謇两人关于陇海铁路终点问题之辩的开始。

《张季子九录》记载了张謇的观点:"南通者,中国之南通","非一省一县一人之所得私","陇海者为海门之海",还复书植支、纯生等人提出代表江南人的主张:"路至海州仅通海、灌、沭三县,不及苏北十二县人口多,物产富。开辟西连岛商埠距青岛太近,不如开辟崇明大港。三、连同修路,筑港所需费用,西连岛两千万,崇明四千万。而路线后者较前长三倍,且后者营业发达,投资回收快。"

沈云沛是海州人,针对张謇的话予以回应:"海州者中国之海州","是陇海铁路最近的海口","陇海者为海州之海"。

各有各的理由,但都离不开一个"海"字,各有各家乡之情怀,也都以为国而为由,笔战激烈。

对于两位权贵的意见,陇海铁路局都认真倾听和思考,根据考察、勘测比较张、沈意见后,认为沈云沛的方案更具可行性。

一个海港的形成,首先取决于自然地理形势。从地理位置看,海州和海门相比较,到入海口的距离缩短一半。徐协华在《中国港务问题》中云"陇海铁路,原定西起兰州,东至海边为止,最初曾有以扬子江右岸之海门或通州为尾闾,后以徐州为陇海与津浦交接之点,必为商务荟萃之区,如在海州沿岸建设码头与徐州相距,只二百五十公里,而海门、通州,距徐州均约五百公里,路线延长几及一倍……以距海州三十五公里之西连岛海峡筑港为最相宜……"可见老窑在地理位置上较海门、通州更占有优势。其次,老窑前有东西连岛作屏障,后有云台山为依靠,自然条件十分优越。1912年借款合同签订以后,有不少中外技术人员到江苏沿海进行勘察,都认为老窑具有建筑大海港的优越自然条件,并提出了五六个建筑大港的具体方案,这些大港设想,当时在中外曾引起很大的反响和震动。

从地质条件看,清江、海门一带河道纵横,地势低洼,筑路成本必然大大提高。勘测港址的外国专家认为"开封距海州之连云港四百余公里,而修路到海门则须倍之,且复河道纵横,低洼卑湿,洋工程师弃置海门之议。"

从物质上看,海属地区虽然较穷,但徐州、海州一带有着丰富的盐、磷、煤、铁等资源，特别是海州的盐、徐州的煤是铁路运输的大宗货源，其经济收益肯定较高。

从政治上看，当时北边的青岛和南边的上海均为外国租界，当时青岛是日本人的势力范围，而上海则是洋人的世界，崇明、南通等地离上海很近，极易被外国势力所侵吞。老窑介于青岛、上海两个大港之间，是一块尚未被外国势力染指的"处女地"，处于一种"真空"状态，这不能不引起帝国主义者的窥视。一荷兰工程师说："连云港在中国海岸上实为一理想的国际商港也……且陇海路所经过之省区……俱为中国之中原地带，物产饶富，将来发展未可限量。"如今丝路交流、乃共通互利、命运共同体……

另外，虽然陇海铁路东延是借助外资修筑，但债权国的意见十分重要。作为债权国和负责修路、筑港的比利时、荷兰、法国也都认为，当时长江流域已在英国资本的控制之下，北方也被沙俄染指，而物产富饶的中原地区尚是一块未开垦的地带，选择海州为陇海铁路的出海口正可满足他们掠夺中原的贪欲。选定老窑为陇海铁路出海口，不仅符合陇海当局的心愿，法、比等国从其掠夺中原地区富饶物产的战略观点出发，希望寻求一个"外国火轮可以随便出入"的港口，也赞同在老窑筑港。根据《一九一二年中华民国五厘利息陇秦豫海铁路金借款合同》规定，比利时铁路公司取得了筑路权，东陇海铁路走向和港口地址必须由债权国确定。所以陇海路最终弃置海门、通州为终点的设想。

以当代人的眼光去看张謇的路通天生港的主张，应该说很有远见。但当时交通部、陇海局经审慎考虑后，还是认为路通海州、筑港老窑是一个最佳方案，而投资方的经济效益也不得不予以认真考虑。于是，民国四年（1915年），陇海局批准了格锐奈的筑港计划，决定以海州老窑为陇海铁路终端海港港址。

陇海铁路从徐州东延直至西连岛海口老窑的决定，改变了老窑的命运，也改变了云台山周边地区的命运。

陇海铁路与东方大港

在海州修筑东方大港是孙中山先生的构想,他在主持制定的《建国方略》之《实业计划》中指出:"海州位于中国中部平原东陲,此平原者,世界中最广大肥沃之地区之一也。海州以为海港,则刚在北方大港与东方大港二大世界港之间,今已定为东西横贯中国中部大干线陇海铁路之终点。海州又有内地水运交通之便利,如使改良大运河其他水路系统已毕,则将北通黄河流域,南通两江流域,中通扬子江流域。海州之通海深水路,可称较善。在沿江北境二百五十英里海岸之中,只此一点,可以容航洋巨舶逼近岸边数英里而已。"

东方大港横空出世

虽然1915年陇海局就拟定在西连岛对面的老窑建筑港口,但旧中国军阀派系斗争频繁,财力空虚。另外由于国际资本主义周期的经济危机,爆发了第一次世界大战。1916年陇海路修到徐州后,不得不中途辍止。同时,名噪一时的大港方案,也束之高阁。1920年签订筑路合同时,又一次提出建港问题,但到1925年7月徐海段通车后,鉴于国内军阀混战,筑港之议又无形停顿。

1921年7月,东陇海铁路修到新浦。1922年,荷兰人在沈氏方案的基础上,由工程师薛马、公司代表陶普施和队长格锐奈为首的勘测队,对港址再一次进行勘察测量,为老窑港口测量以及港址最后科学的选定留下了

1934年12月连云港1号码头第一泊位竣工使用（连云港市档案馆提供）

宝贵的第一手资料，为港口建设作出了贡献。格锐奈最后在报告中做出结论，对沈氏三个方案进行比较，认为岚山头确是大有希望的深水海港，燕尾港亦为相宜之内河海港。但都因绕道较远，结果摒弃建此两港建议，而定为专在老窑筑港，并做出了东西连岛"地势之胜于浦口已无疑义""路务港务两有裨益"的结论，肯定了沈氏主张的科学性。

陇海铁路局在聘请格锐奈勘测港口的同时，也聘请了武同举先生为向导，参与勘测。武同举是海州南城镇人，清光绪年间先后考中秀才、举人、拔贡，清末任海州直隶州通判。民国时，武同举曾任《江苏水利协会杂志》主编、国民政府江苏水利署主任，兼河海工科大学水利史教授、江苏建设厅第二科科长等职。一生致力于水利事业，发表了大量的水利著作。有诗称赞武同举曰："翰墨淋漓笔不停，才华盖世若明星。江流万里恩波远，四海苍生颂德馨。"

但在实际勘测中，格锐奈瞧不起中国的这位"土"专家，几乎不让武同举参与具体工作，他们单独测量岚山头，之后又将测量用的舰船滞留青岛。为此武同举拍案而起，为中国人的尊严而单独进行测量。他借淮海水师第12号船，自带仪器，从灌河口到临洪口，从岚山头到东西连岛，颠簸于风口浪尖之上,白天测水深、测流速,海底取样;夜晚在昏暗的煤油灯下,竟夜经营图稿,虽极困惫,也不以为苦。连续工作20余天即完成了灌河口、临洪口、东西连岛,甚至燕尾港、陈家港的测量工作,绘制的测量图精确得与格锐奈一致,并完成《勘测海州港口乡导记》,使港口调查资料完备。这些宝贵的测量资料,为后来灌河口的开发以及临洪口的疏浚,提供了极为宝贵的历史资料,成为一笔无形的资产。

1926年铁路从新浦延伸到大浦,促进了新浦和大浦的城市发展。陇海局为了发展路运,于1925年在临洪河口大浦建立码头三座。作为临时港口。1925年至1934年,陇海路大部分出入货运均由此处经过。20世纪30年代初,临洪河淤塞日盛一日,数百吨商船亦需要利用潮水方能出入,而疏浚无方。1934年吞吐量达107193.5吨,严重地威胁着陇海铁路的货运发展。另一方面,大浦码头的淤塞,也几乎中断了山东峄县(今枣庄)中兴煤矿公司的煤炭出口运输。

1930年大浦港淤塞,千吨货轮已经无法进出港口,为了摆脱困境,寻找陇海铁路的出海口,陇海局经过再三利弊权衡,决心兴建老窑海港码头。但鉴于经济拮据,并没有采取所谓大港计划,而决定"以最经济的方式、最短促之时期,不事夸张而筑一适用之码头",后称为第一码头。在中兴煤炭公司等资本家的怂恿和协助下,后又决定在第一码头西260米深水区内添筑码头。

1932年5月15日,陇海铁路局钱宗泽局长批准具备建设新浦至老窑铁路和筑港计划。8月15日,钱宗泽局长与荷兰海港公司代表陶普施在郑州签订了建筑陇海铁路终点码头合同,1933年7月1日港口开始施工。

至此,陇海路和连云港经过30年的孕育,才告双双问世。

路港互动

建筑连云港码头,是陇海铁路的一项重大工程。陇海铁路局在北京、上海、天津、武汉等大城市报纸上刊登招标启事,并于1932年11月在郑

1935年连云港建港初期一号突堤码头（连云港市档案馆提供）

州举行开标仪式，最终在1933年确定由荷兰治港公司承担筑港任务，建设费用预算为300万元。1933年5月3日，陇海局钱宗泽局长与荷兰阿姆斯特丹城荷兰制港公司的东亚总代表陶普施，在郑州签订了《建筑陇海铁路终点海港码头合同》，包括下列三项主要内容：建筑长450米、宽60米的钢板桩式码头1座；建筑1座长600米、顶面宽3米的止浪坝；疏浚港池。

1934年2月1日又与该公司签订了建筑第二码头的合同。

1933年7月1日，连云港港口工程正式开工兴建，预计18个月完成，除提供材料运输上的便利之外，所有与港口建设工程有关的事务，悉由荷兰治港公司办理。1934年10月连云港1号码头竣工，1935年1月2日码头竣工。建成了羊山头和车牛山灯塔，从而形成了1号、2号码头6个3000吨泊位。

随着连云港1号、2号码头竣工，也宣告连云港至西安1050公里的铁路全线贯通。贯穿中国东西的大动脉陇海铁路使连云港如虎添翼，轮船往来，泊于海港，货物如山，人烟万家，绿杨垂岸，丹阁凌云，东望沧溟，极目千里，盐商海贾，连轴接舻，风帆浪拍，出入于波涛浩渺、烟云杳霭之间，可谓水轮辐辏之所也，也为连云港成为世界级商埠奠定了坚实的基础。

连云港与陇海铁路的修建，是中国近代交通史上铁路与海港互为利用

西连中西部地区以至中亚的东陇海铁路（吉志强 摄）

的一个典型代表。

综观陇海铁路的建设，从1905年汴洛铁路的修建，到1930年南京国民党政府"统一全路"，至1934年筑路至老窑，陇海线修筑历经25年之久的艰难曲折历程，内受军阀内战干扰破坏，外遭帝国主义列强的压迫和剥削，成为中国半封建半殖民地的缩影。但陇海铁路的建成对中国东中西部经济发展的影响，对连云港地区战略区位的奠定，影响巨大，意义深远。

陇海铁路修筑与连云港港口兴建休戚相关、荣辱与共。在当时的背景下，没有陇海铁路东延到连云港，就难以有连云港港口的横空出世；而连云港港口工程的完工，使当时代表最先进生产力的两大载体——铁路与港口实现了有机结合，表现在陇海铁路的货运上，有了一个显著的提升。

1932年，江苏省农矿厅的汪寿康等人，本着"海港以商埠为枢纽，商埠视海港为转移"的理念，提出了《墟沟商埠意见书》，意见书中提到"窃以为陇海铁路西起甘肃，中经陕豫，中贯平浦、平汉两大干路，四通八达，全国交通脉络，因之舒畅。将来向西北开发，即可同国际接轨，其事业之伟大，人所共识。中国之繁荣，胥于斯赖。"对商埠之设置，商埠之组织，商埠之设计做了全局性的规划，最后明确建议："试设一新市政筹备机关"，"企望其如初日之升，为吾苏（省）放一异彩也。"

1934年连云港码头建成后，到1937年抗日战争爆发，虽只有短短几年的营运史，但其重要的作用，已充分显示出来。1932年《陇海全线调查》中统计:"本路沿线出产概况表汇总1932年陇海线上30个县的输出物资总数约为312000吨,其中大宗运输货物为煤、盐、棉花、小麦、花生、黄豆、杂粮等。除去煤盐两项外,农产品的输出量约占其余物产的80%。"而连云港1934年建成后,"今年沿线产量甚富,现在全路各站待运货物,堆积如山……自10月4日连云港码头靠船以来,装卸便利二水陆联运日益发达"。一年的货运量已大大地超过了大浦港的进出口货物数。

1934—1937年上半年连云港进出口货物数量统计表

年份	出口数(吨)	进口数(吨)	合计数(吨)	出超数(吨)
1934	151761.00	22757.67	174518.67	129003.33
1935	279255.40	68551.40	347806.80	210704.00
1936	409011.00	100646.00	509657.00	308365.00
1937(上半年)	356913.00	61290.00	418203.00	295623.00

资料来源:根据连云港港史(古近代部分)(人民出版社1987年版)第106页内容整理。

据徐协华《中国港务》记载,1934年孙家山临时码头及第一码头一泊位共输出入货物约174519吨,1935年二码头已成泊位共输出入货物249985.8吨。而1937年上半年输出入货物已达40万吨。陇海铁路的通车,陇海路沿线各市、县的货运亦日趋发展。据《陇海全线调查》一书中对《本路沿线出产概况表》的汇总,1932年陇海线上30个县的物资输出总数约为312000吨,农产品输出约占80%,有力地带动了腹地经济的增长。

陇海线路建成后,引起了大西北诸省区有识之士的重视。1934年,陕西各界组团考察连云港,以宋绮云为主笔写出的《陕西各界陇海铁路连云港考察记》。他们认为,连云港开港、陇海铁路的修建,使得西北大陆与太平洋交通畅然无阻,对于西北开发关系极大,陇海铁路与南北沿海中部的连云港交会,融东西南北于一体,既能制陆,兼能控海,"现在处在科学发明、机械进步、交通称便、经济战争之世界,各国商人应具有商业上之新知识,明了国际贸易之状况,方能在国际市场上与人竞争,而立于不败之地位。知识缺乏,不知改进,最易上当。"对陇海线与连云港给予高度的评价:"陇海铁路为吾国横贯东西之唯一干线,西起甘陇,东至海滨。在经济上可使西北物产与外国机械货物皆可直达西北;在文化上可发扬民族之精神,促进东西文化之融通多在交通上可绾毂南北;贯通东西,制陆兼能控海,其间关系国计民生至重且大。西北土地肥美,物产丰富,今后宜如何利用陇海铁路,以为建设开发之助,谅久为西北人士所注意,能再作详细之考察。"

陇海铁路与连云港港口的互动,加速了孙中山先生在《建国方略》之《实业计划》提出的建设海州港设想的实现进程。

孙中山先生在北起于高丽(朝鲜)界之安东,南止于近越南之钦州的"中金海岸线上""每百英里而得一港"的港口规划中,共有31个港口,其中头等港三个,二等港四个,三等港九个。老窑(连云港)名列二等港之计划。孙中山修路计划更为宏伟,计由七大铁路系统,106条线路,总长约48300公里,其中中央铁路系统起自东方大港及海州港。孙中山先生认为:"此系统将为中国铁路系统中最为重要者,其效能所及之地区,遍包长江以北之中国本部,及蒙古(内)新疆之一部。"孙中山先生的伟大和远见卓识,尽显于《建国方略》之中。连云港的发展比孙中山先生的预料更为前景广阔。由于新亚欧大陆桥的贯通和运营,原定的海州二等港的地位已升级为新亚欧大陆桥的东方桥头堡。

陇海铁路与连云市

陇海铁路与连云港港的问世，催生了连云市的孕育。在中国行政区划中，最晚出现的建制是市，中国1921年2月15日设立第一个市——广州市，至2018年也只有97年历史。当时的江苏省政府确定在连云港设立连云市时，江苏只有一个南京市。

赖琏的连云市规划设想

民国的有识之士，以国计民生，看到了连云港未来的发展前景，看到了连云港在经济发展与世界沟通上的巨大潜能，提出了前瞻性的科学思考和规划。

1933年，刚上任不久的江苏省政府主席陈果夫，为了进一步了解陇海铁路出海口建设情况，于1934年春，乘飞机来连云港视察。飞机在港口上空盘旋了三圈，他仔细地观察了港口位置，前有鹰游山，后倚云台山，具有建设大港的有利条件，有港应有城，连云港具有建设大城市的必要性和可行性。

1934年6月1日，召开了省政府662次会议，通过了《省政府决定规划连云港埠市政案》。市政案指出："兹陇海铁路东端，已达于本省灌云县老窑镇，连云海港第一期工程亦将完竣。故港埠市政之规划刻不容缓，准将临洪河以南，烧香河以北，东西连岛以西，及新浦、板浦以东，水陆区域，均由土地局组队，测量土地状态，并派员办理土地查报，限三月办竣，再定新市区规划范围。"1935年1月18日,省政府又召开了第718次会议,决定"连云港埠设置普通市,定名为连云市"。从而使连云港成为继广州第一个设市以来的中国第18个市。并决定:"其水陆区域暂以临洪口以南,烧香河以北,东至东西连岛,西沿临洪河新浦、板浦以东为范围。先设市政筹备处,由建设、民政两厅,从速拟具组织规程交委员会。"市区区域从原灌云县的属地中划出,基本包括了现在的海州区(与新浦区合并后的海州区)和今日连云区的范围,是一个面向大海的新型的海港城市。1935年4月23日,江苏省政府召开737次会议,决定在墟沟成立"连云市筹备处"。

陈果夫随后亲自物色美国康奈尔大学研究院硕士、福建永康人赖琏为连云市筹备处主任。

赖琏接任后第三天就组织了实力雄厚、知识渊博的40人工作班子,选调了一批既有技术专长,又有工作实践经验且政绩显著的人担任各组负责人,如主持公务的严宏桂,曾留学美国,任过青岛、南京两市的工务局长,被人们称为最有经验的市政建设专家;主持地政的张丕介,曾是德国中央政校的教授,是研究土地问题的专家;主持民政的徐佛观,是刚从日本回国的军事专家;主持财务的是南京政府同仁陈彝。他们来到当时只有不到40户居民的小渔村老窑,测量土地,规划新城,准备在这里"建设一个中国史无前例、最伟大、最现代化的新都市"。经过一年的努力,完成了"连云市的建设计划"和市政范围内470平方公里范围内的测绘工作,以及有关民政和地政方面的法规。这是连云港市近代史上第一个城市规划,在江苏、在全国都属起步较早。

赖琏在建市工作报告中提出连云市的规划设想,基本思路是:老窑为港区,墟沟为住宅风景区,大浦为工业区,黄九垯一带为市政中心和商业区。这个规划,80多年后的今天看来,仍不失为卓有远见。

赖琏还根据连云港口尚未建成,地域经济很不发达,上海和香港的资本家也因时局不稳不敢来连云港买地的情况,制定了符合连云港实际的土地行政法规:市区内土地经地主报价后,政府发行同额的地价券,将连云港市土地收买过来。这些土地待建港完成、商贸发展后,地价必然上涨,然后再由政府卖出。这样,除可还清地价券外,增盈部分用来成立市人民政府和市政建设经费。这个法规的实质是政府通过经营土地筹集建设资金。

张振汉的《连云市建设刍议》

1945年,张振汉出任连云市第一任市长。张振汉是个特殊的人物,一是他的经历特殊,是跟随我军走完长征的唯一国民党将官;二是他的任命方式特殊,作为一省辖市的市长,竟由国民政府行政院提出,院会通过任命,无异享受特别市市长的提名待遇。他在市长任上三年,主持制定了连云市继赖琏之后制定的第二个城市规划——《连云市建设刍议》。该规划两万余字,分两大部分:市区计划;海港计划。

在《连云市建设刍议》规划的开篇中,将连云港定位为国际交通枢纽。张振汉认为"连云地当中国中部海滨,云台高耸,大海无极。横贯东西陇海干线,由此起始,将来如照国父计划,展筑是路至新疆,与苏联之西伯利亚铁路相接,则连云不但为中国西北各省之重要门户,亦将成为国际交通之枢纽,东方重要之水陆联运站,国父实业计划定连云为东方二等海港,实具非常之远见也。"

"振汉奉命,主持连政,于登斯土之后,睹此祖先遗留于吾人伟大河山中天然形势、优良之港埠,瞻瞩国家目前在事实上之迫切需要,深感责任重大,于经费拮据,困难重重中,督促同人,时刻勿懈,一尺一寸,日求累进,并拟于建设连市计划草案,冀能本此按步实施,以赴事功。今特将全部计划,公布于世。连云为中国家之都市,为我全体同胞之都市,深望仁人志士,贤达学者,对连云港市之役,多多有所指示与致力,俾吾人国家所理想之新连云,早日建设成为幸!"

在《连云市建设刍议》规划的结尾处,张振汉详细阐述了建市思想:"连云港市建设之重要,及其工作之艰巨,已如上所述,欲使都市建设之三十年计划,海港建设之二十五年计划如期完成,需要相当之人力、财力,必须政府与人民共同努力，国内外之专家及资本家予以协助，方可事半功倍。同时，都市建设与海港建设，二部门工作尤须有适当之配合与密切之联系，按照计划逐步实施。另外，市政建设与其他建设之互相配合联系，亦不可不重视，如陇海铁路之继续发展，甘新铁路与土西铁路衔接，大干线之改铺双轨。西北铁路系统之建筑，希望能于二十年内完成。临洪河、盐河、运河、淮河之疏浚整理通航亦希望能于十五年内完成。本区内农垦渔盐业、改进工矿事业之发展、商业之繁荣，亦希望于三十年内达到相当进展。如此则连云港建成以后，每年四千五百余万吨吞吐量之利用，连云都市建设完竣，居民增至一百五十余万人，皆可无问题矣。此次吾国经八年艰苦抗战，幸获最后胜利，为谋国家未来之富强，必求中华人民共和国成立之成功。本计划所列都市与海港建设皆为港国之主要部门，如能使连云市成为一现代化都市。连云港成为一现代化海港，对于整个事业之促进，国计民生，实利赖之。"

《连云市建设刍议》的规划包括连云之现状及天然形势概述、连云港市全部建设计划概要等内容，其中对城市功能区划分尤为科学。道路规划详尽，交通、公共设施、学校、医院甚至屠宰场、公墓建设都有涉及。在海港计划中，特别提出了大港计划及连云未来壮美前景。

张振汉任连云市长时，港区的城市人口约为7万人，面积除134平方公里的山地以外，城市规划面积为296平方公里（其中盐田57平方公里）。城市规划分为八区一场，其中连云老港区、庙岭港区和墟沟港区被规划为港埠区；猴嘴以东至墟沟、老铁路基以东与前、后云台山之间的平原地带（含今天开发区全部和大岛山至大、小板艞之间）被规划为商业及行政区；西墅、海头湾、东西连岛、高公岛被规划成为渔业区；台北盐场仍被规划为盐区；今新浦以北至大浦、铁路以西地区被规划为工业区；所有山麓较高地带作为住宅区；大岛山至山东庄与玉带河至山麓之间被规划为文化区；整个岛屿、海滨和云台山均作为风景区和绿地；新浦刘艞至南城之间规划为飞机场用地。

城市道路规划了11条主干线。其中墟沟西小山沿老铁路基至猴嘴线被命名为"江苏路";猴嘴至大浦线命名为"天津路";大浦至宋跳线被命名为"广州路";宋艞至大村线为"重庆路";猴嘴至南城线为"汉口路";南城经云台山南麓至大板艞线为"中正路";大板跳至港口线(今连高公路)为"连云路";西墅经北云台南麓至大板艞线为"南京路";老君堂经黄九堰至大岛山东头凤凰嘴线为"北平路";港口至新浦线(今新墟公路)为"中山路";新浦至南城线(今玉龙路)为"林森路"。

《连云市建设刍议》将连云港港口规划成为"堪与上海相伯仲,以较青岛且远过之"的规模。他的港口规划分为《大港计划》和《小港及渔港计划》两部分。《大港计划》中对栈桥、突堤、铁路、装煤机、煤场、装卸场、仓储、各种机械、防波堤、航道、浮标、工房、办公场所、通信、医院、福利机构等工程,都作了比较详尽的规划阐述,特别是对西大堤的规划做出了十分慎重的选择。他说:"若西港口闭塞(用大堤封闭),诚可增加港湾面积,码头长度大为增加,然流速小,淤积泥沙必多,恐仍是得不偿失也。"他建议:"为避免铸成大错起见,最好在详细计划之先,将闭塞西港口与不闭塞西港口,两种办法,请全国水利委员会中央水利实验处做模型试验,比较结果,然后决定采用何种办法。"

《连云市建设刍议》的小港计划设想在墟沟湾内,从海头湾筑一防波堤连接鸽岛;再从墟沟火车站附近亦筑一防波堤伸向鸽岛,并在距离鸽岛200米处留下一个口门供船舶进出。这个小港也可作为渔港使用;其他渔港建在西墅、西连岛和高公岛等处。

The
biography
of
LianYunGang

连云港 传

海陆丝路交汇点

第十章

公元1990年9月12日12时12分，当中苏两国铁道部副部长同时扳紧各自国家边境铁路的最后一颗螺栓并互赠扳手时，两国铁路在中国阿拉山口与哈萨克斯坦的德鲁日巴站正式接轨，一座连接太平洋和大西洋，东起中国连云港，西至荷兰鹿特丹的10870公里新亚欧大陆桥全线贯通。因为这条大陆桥是连接亚欧的第二座大陆桥，所以称为"新亚欧大陆桥"。新亚欧大陆桥与中国古代丝绸之路的走向基本一致，所以又叫作"现代丝绸之路"或"新丝绸之路"。

这不仅是铭记在世界海陆联运史上的大事，是古海陆丝绸之路的再现，更是"一带一路"倡议新亚欧大陆桥经济走廊的雏形。它将古丝绸之路这条2000多年来东西方经济、贸易、文化之路激活，彰显海陆丝绸之路在新世纪的复兴，承担重塑全球化的时代使命。习近平总书记2014年12月在江苏考察工作时说："江苏处于丝绸之路经济带和21世纪海上丝绸之路的交汇点上。""凡是过去，皆为序章。"处于交汇点核心先导区、江苏"一带一路"建设战略支点的连云港，就如弗朗西斯·培根所说"智者创造机会，而不是等待机会"，正全面把握机遇，迎接海陆丝路发展史上巅峰时代的到来。

新亚欧大陆桥演绎现代丝路

新亚欧大陆桥东起中国连云港,西至荷兰鹿特丹,全长10870公里,其中,中国境内4131公里,它以中国、独联体、欧洲铁路为陆上桥梁,把太平洋与大西洋以及波罗的海、黑海连接起来,是新兴的亚欧国际集装箱运输陆上通道。这条横卧在亚欧大陆上的钢铁巨龙,激活了丝绸之路作为东西方文明纽带的记忆,拉开了亚欧国际关系的新篇章。

历史溯源

古丝绸之路

新亚欧大陆桥形成的历史源头,就是两千多年前秦汉时代的"丝绸之路"。在"丝绸之路"形成的悠久历史中,西段的建设者可上溯至马其顿国王亚历山大。

马其顿位于欧洲东南部巴尔干半岛,公元前334年春,年仅22岁的亚历山大亲率3万余精兵渡过赫勒斯滂海峡东征波斯帝国并大获全胜;公元前327年,亚历山大率军从里海南岸东进,经过帕提亚,征服阿富汗,进入印度,平定旁遮普,来到中亚,灭掉波斯的地方政权巴克特里亚,并于锡尔河上游修筑亚历山大里亚城,欧洲势力开始进驻亚洲腹部邻近中国的地区。此后百余年间,中亚巴克特里亚地区的政权一直掌控在马其顿人和希腊人手里。

中国与西方之间在当时虽还没有建立起直接联系,但西方已经知道了一些中国的消息。希腊人克泰夏斯在其作品中首次提到了东方远国"赛里斯","赛里斯"由此成为希腊对包括中国在内的东方远国的称呼。在中西交通史上,亚历山大里亚城成为丝绸之路西端的终点站之一,由中国运来的丝绸到此经海路转运罗马和欧洲各地。

"丝绸之路"东段的开拓者,有确切文字记载的首推西汉时期的张骞。

奉汉武帝之命,张骞作为使者于公元前138年—前126年、公元前119年—前115年两次出使西域,史称张骞"凿空"。"敕勒张骞博望侯,中华古烁惠西欧。"

张骞及其使团的足迹所及,包括中国玉门、敦煌以西,葱岭以东的广大地区,以及葱岭以西的中亚、西亚、南亚的一部分地区,还有东欧、北非的部分地区。张骞首次出使西域是出于国家安全的考虑,原意是要结成一个联盟,对抗蒙古高原上的匈奴人,但没想到张骞在阿富汗北部注意到那里有中国货物,并在归国后把这一发现汇报给了皇帝,才有了第二次出使西域,贸易也由后台转到前台,丝绸和铸铁制品等随着张骞通西域传到中亚、西亚,并进而传到希腊、罗马。

张骞"凿空",既打通了东西方交往的连接点,也让国人有机会睁眼看世界,拓宽了国人的世界视野,开创了中西交流的新纪元。此后,东西方陆上交通大开。从中国西去求奇物者相望于道,"一岁中使多者十余,少者五六辈,远者八九岁,近者数岁而反""一辈大者数百,少者百余人"。中国的丝绸随使者不断输出国外,中亚、西亚与罗马也因此留下了中国丝绸的记录,罗马的文献中还出现了罗马元老院通过决议发出反对男子穿丝绸衣服的禁令。

公元100年,"远国蒙奇兜勒皆来归服,遣使贡献"。东汉朝廷对蒙奇兜勒遣使之事高度重视,还特意"赐其王金印紫绶"。马其顿遣使内附打通了中西间的直接交往,在中西交往史上占有十分重要的地位,而这件事本身也印证了中国与罗马陆上交通的存在。

除张骞以外,东汉时,班超担任西域都护,经营西域达31年之久,且政绩卓著。公元97年,班超派部下甘英出使大秦(罗马),抵条支,欲渡,

古丝绸之路线路图

为安息船人所阻，只得"穷临西海而还"。甘英走南道赴大秦，虽中途而归，但其西行的路程远比张骞要长，其实际影响也比张骞要大。

从此，丝绸之路成了历史上沟通亚、欧、非三大洲的唯一陆上国际通道。在这条丝绸之路上，一群群骆驼商队越过崇山峻岭，就如美国人芮乐伟·韩森所说："把他们各自的文化像其带往远方的异国香料种子一样沿路撒播。他们在丝路上落户并蓬勃发展，与当地人融合，也与后来者同化。这些绿洲城市有着持久的经济活动，像灯塔一样吸引着人们翻山越岭穿越沙海而来。"

今天的新亚欧大陆桥的走向与古丝绸之路（包括陆上和海上）的走向基本一致。可以说，新亚欧大陆桥是古丝绸之路的重现，是在古丝绸之路基础上逐步发展起来的，是"现代丝绸之路"。

现代丝绸之路

新亚欧大陆桥近代的发展，可追溯到18世纪。

当中日甲午战争对日作战失败后，清政府认为战败原因之一，是中国铁路太少，严重影响了战时调兵运械。清末洋务派首领、军机大臣张之洞在奏折中说"军事之兴，一切隔阂，兵饷、军火运转艰辛，劳费百倍，而仍有缓不济急之患。使铁路早成，何至为此。"其时，很多官员奏请修建铁路，如两江总督刘坤一上疏："英、法、俄争造铁路，以通中国，现已包我三面，合之海疆，竟成四面受敌之势，则铁路安可以不修？"

1895年冬，清政府发布上谕，宣称"决心实力"修筑铁路。于是，朝野人士提出各种建议建造纵贯南北、横跨东西的铁道大通路计划，其中重要的有沙海昂的铁路大通道计划。

在沙海昂的中国铁路发展规划中，提出修建21个铁路网，即21条干线。每条干线与若干支线组成一个铁路网，由各铁路网组成全国铁路网。其中，他提出修建南北国际大通道，即南与越南、泰国、缅甸相连，北到沙俄之恰克图；又提出修建东西国际大通道，即中国沿海各个港口，如天津、青岛、连云港、上海、福州等，通过铁路网均能与陇、秦、豫各省相通，与外国铁路接轨。此铁路通道与今日新亚欧大陆桥方向一致，只是自海上入陆有几个方向可以选择。

20世纪初的清光绪三十一年（1905年），古丝绸之路上中国境内第一段铁路开封至洛阳的汴洛铁路开始修建，这是今日新亚欧大陆桥中国境内的第一段铁路。早在20世纪30年代，中国就有许多有识之士曾设想将陇海铁路展筑到新疆与苏联之西伯利亚铁路相接，使连云港不但为中国西北各省之重要门户，亦将为"国际交通之枢纽，东方之水陆联运站"。

中华人民共和国成立后，国家对陇海、兰新铁路建设十分重视。中华人民共和国成立初期，陇海铁路从天水筑到兰州。1952年，在庆祝天兰铁路通车之际，毛泽东主席挥毫致贺："庆贺天兰路通车，继续努力，修筑兰新线！"在兰新铁路展筑的同时，中苏两国在1956年签订了修建兰新铁路到苏联阿克斗卡的协定，为新亚欧大陆桥的形成奠定了雏形。1958年，中国境内乌鲁木齐到阿拉山口的铁路线完成了勘测、设计，并部分动工。1961年，苏联将铁路修到中国边境阿拉山口的北侧，并建立了"友谊门"以象征两国人民的友好。此后，由于众所周知的原因，兰新铁路西段（北疆铁路）下马，与苏联铁路接轨推迟了进程。

20世纪80年代初，随着改革开放在中国的兴起，陇海、兰新铁路东端起点的连云港市部分有识之士及中国许多专家、教授重新提出了建设北疆铁路，接通苏联，在欧亚之间形成一个新的大陆桥的构想。1986年12月陇海兰新经济促进会成立大会上，于光远提出"在当前世界性经济结构调整的大变动中，陇海、兰新铁路在不远的将来，可能成为连接欧亚的大陆桥。"童大林认为："可能将来有一条最大的'大陆桥'从你们汉堡到我们连云港,这是世界上最长的'大陆桥'。"这些构想受到国家的重视。

1985年,经国务院批准,北疆铁路乌鲁木齐至乌苏段正式开始兴建。1986年,时任国务院总理出访西欧途经乌鲁木齐时指出,北疆"这条铁路不仅修到乌苏,而且应修到阿拉山口,与苏联接起来"。同年11月,国家计委批准乌苏至阿拉山口段铁路工程先进行复工设计的准备工作。1989年11月26日,时任国务院总理在视察北疆铁路建设时进一步指出："新疆同五个国家接壤,因此北疆铁路的兴建,将成为连接欧亚的第二座大陆桥,为新疆也为全国向西部开放提供了有利条件,具有重要的战略意义。"北疆铁路建设经过5年的奋战,终于在20世纪90年代第一年的初秋与苏联铁路顺利接轨。

1990年9月12日,兰新铁路西段与苏联土西铁路在中苏边境的阿拉山口站与哈萨克斯坦德鲁日巴站之间接轨时,国务院为新亚欧大陆桥全线贯通专门发来了电报,表示热烈祝贺："中国兰新铁路和苏联土西铁路胜利接轨,沟通了又一座亚欧大陆桥,这是新疆建设和中国铁路建设又一件大事。希望再接再厉,为加强中国与世界各国人民的友好往来和经济技术文化交流作出新的贡献,使这座连接两大洋横穿两大洲的亚欧大陆桥,成为造福世界人民的友谊之桥、和平之路。"15日,时任中共中央总书记亲自为首趟从乌鲁木齐西站开往阿拉山口的列车剪彩。自此,一条在古丝绸之路基础上建起的现代丝绸之路——举世瞩目的新亚欧大陆桥终于宣告形成。

国际通道

新亚欧大陆是以铁路为主体,海、陆、空、管道运输、光缆通信配套的新型现代化、立体化的连接亚欧的海陆国际联运通道,是一条习近平总书记在哈萨克斯坦纳扎尔巴耶夫大学的演讲中提到的"太平洋到波罗的海的运输大通道"。这条通道以铁路为主体,海、陆、空、管道运输、光缆通讯配套的新型现代化、立体化的连接亚欧的海陆国际联运通道。它的特点

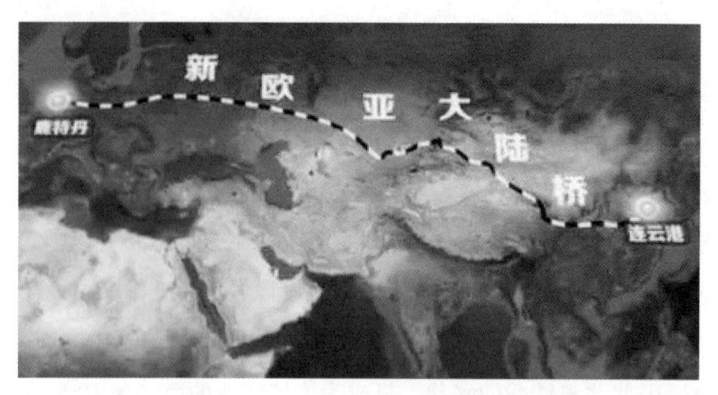

新亚欧大陆桥示意图

是随着以铁路为主体的多种运输工具突破高山大漠阻隔向内陆延伸,将人类社会文明繁荣向欠发达地带扩散,使运输工具通过地带由落后而发展为新兴、繁荣的新经济带,创造一个新的时代。芮杏文认为:"人类的未来活动空间将不再为海洋所隔绝,而且也不再为高寒和荒漠所困扰,横跨海际的环球高速铁路、高速公路的畅通,为人类社会生存、发展、繁荣、发达,开辟出辽阔无垠的新天地,带来前所未有的新机遇。"

新亚欧大陆桥运输与西伯利亚大陆桥相比,呈现的优势令世人吃惊:

它使亚欧之间的货运距离比西伯利亚大陆桥整整缩短陆上距离2000—2500公里,从日本、韩国至欧洲,通过新亚欧大陆桥,水陆全程仅为12000公里,比经苏伊士运河少8000多公里。比经巴拿马运河的海上运输线缩短11000公里;比经北美大陆桥缩短运距9100公里。

它使东亚与中亚、西亚的货运距离也大幅度缩小。日本神户、韩国釜山等港至中亚的哈萨克斯坦、乌兹别克斯坦、吉尔吉斯斯坦、塔吉克斯坦、土库曼斯坦五个共和国和西亚的伊朗、阿富汗,通过西伯利亚大陆桥和新亚欧大陆桥,海上距离相近,陆上距离相差很大。如到达伊朗德黑兰,走西伯利亚大陆桥,陆上距离达到13322公里,走新亚欧大陆桥,陆上距离只有9977公里,两者相差3345公里。到达哈萨克斯坦阿拉木图,走西伯利亚大陆桥,陆上距离是7776公里,走新亚欧大陆桥,陆上距离只有5002公里,相差2774公里。

另外，新亚欧大陆桥地理位置和气候条件优越。整个陆桥避开了高寒地区，港口无封冻期，自然条件好，吞吐能力大，可以常年作业。辐射面广。新亚欧大陆桥中国境内4131公里，沿线涉及江苏、山东、山西、安徽、河南、陕西、甘肃、宁夏、青海、新疆10个省区。新亚欧大陆桥中国段西端从新疆阿拉山口站换装出境进入中亚，与哈萨克斯坦德鲁日巴站接轨，西行至阿克套，进而分北中南三线接上欧洲铁路网通往欧洲。

实践价值

著名经济学家马洪指出，新亚欧大陆桥"不仅仅是一条负荷运载的铁路，而且是前景广阔的促进商品经济大流通、东西经济大融合的经济带"。罗元铮提出："我们国家现在正处在一个大的变革时期，现在有9到11个省联合起来了，利用陇海、兰新这条大动脉，横贯东西，形成工业走廊或产业带，这在中国新的时期是一个创举。在今天我们制定发展战略，眼光不能只看到这两条铁路，要看到这两条铁路所贯通东西的战略地位。这个战略是它贯通欧亚这么一个桥梁，这个经济价值是很大的。"

新亚欧大陆桥具有全局性影响的实践价值：

有利于促进沿桥国家和地区的经贸合作与繁荣。新亚欧大陆桥沿线区域经济发展具有明显的互补性：一方面，对于日本和西欧等发达国家来说，这一区域是一个人口众多、资源丰富的巨大市场，是它们输出资金、技术的理想之地；对中国、中西亚和东欧国家来说，通过沿桥开放，可以更好地吸收国际资本、技术和管理经验，加快经济振兴。另一方面，亚太地区经济的迅速增长，越来越需要开拓欧洲市场；而欧盟为谋求发展，也需要到亚太地区寻求贸易伙伴，选择投资对象，亚太与欧洲的双向辐射越来越明显。因此，新亚欧大陆桥的发展，对于亚欧两大洲经济走廊的形成，扩大亚太地区与欧洲的经贸合作，促进亚欧经济的发展与繁荣，开创世界经济的新格局，具有重要意义。

有利于促进中国区域经济的平衡协调发展。综观全国，在实行沿海、沿江、沿边开放的大格局下，能源、资源十分丰富的中原、西北大地成为一个对外开放相对滞后的巨大空间，致使区域经济发展的不平衡不断加剧。抓住大陆桥贯通的历史性机遇，推进沿桥地带的开发开放，对于加快沿桥地带的工业化和城市化进程，促进陆桥经济带的崛起，促进中国南方与北方、东部与中西部的协调发展和全国生产力布局的合理化，提高综合国力，都具有重大的战略意义。

有利于开拓中亚市场。苏联解体后，中亚各国的对外经济贸易格局发生了根本性变化。目前，随着陆桥运输进入中亚地区，充分利用交通优势和地缘优势，开拓中亚各国市场，对于扩大中国的对外经贸合作，有着不可忽视的重大作用。

有利于提高中国大陆沿海港口体系的国际地位。中国大陆沿海港口处在日本、亚洲"四小龙"等国家和地区的世界著名大港形成的半环带包围之中。在这一半环带内，分布着神户、大阪、东京、名古屋、北九州、釜山、高雄、基隆、香港、新加坡等世界排名前列的大港。中国大陆沿海港口无论从地理位置上，还是在港口政策方面均处于不利地位。新亚欧大陆桥的开通与发展，将从根本上解脱环带制约，优化中国沿海港口区位，为它们开展国际贸易运输创造有利条件。

有利于深化改革和完善中国特色社会主义市场经济体制。东部沿海经济带的发展实践表明，对外开放是推进改革和培育市场经济的催化剂。随着对外开放由沿海向沿桥地带的延伸，必将促进这一地带的改革进一步深化，加快建立社会主义市场经济体制的步伐。这对于中国扩大开放和建立社会主义市场经济体制有着重要的作用。

新亚欧大陆桥建设与运营

20世纪90年代新亚欧大陆桥贯通以后,经历了设施联通、运营实践、政策沟通、协调机制完善、国际社会参与的逐步完善的过程。这个过程也是为今天"一带一路"倡议的提出与实施进行的实践和探索的过程。

设施联通

1990年新亚欧大陆桥国内段全线贯通后,设施联通继续向前推进。国外段,1996年5月,伊朗—土库曼斯坦铁路接轨,标志着新亚欧大陆桥西端南线全线贯通。国内段,重要的有:

2000年10月21日,铁道部决定陇海、兰新线进行第三次大提速,这是新亚欧大陆桥历史上提速幅度最大、范围最广的一次。

2008年10月29日,亚洲最大的集装箱换装库——中铁集装箱阿拉山口站换装库正式落成。该项目的建成,开启了新亚欧大陆桥西端出口阿拉山口口岸整列列车在室内进行集装箱换装的历史,大大提高了该口岸陆桥运输的通关能力。新建的集装箱换装库具备"一关两检"功能的全天候换装库,库内新建一条宽轨换装线,年换装能力达二十万标准箱。作为新亚欧大陆桥上的重要口岸,阿拉山口口岸集装箱换装能力的提高,不仅有利于实现新亚欧大陆桥整体畅通,而且有助于加强海陆联运,将韩、日货物通过陆路运到欧洲。

2008年,在国家《中长期铁路网规划》《中国铁路"十一五"规划》

连云港港隆重举行"新亚洲"号轮首航暨连云港至莫斯科国际过境"五定"班列首发庆典仪式(港口集团提供)

中,铁道部加大了新亚欧大陆桥沿线的铁路建设,提升西北地区铁路综合运输能力。规划投资1200亿元修建经过甘肃、青海和新疆三省区的兰新铁路客运专线,将原有的兰新铁路线改为货运专线,重点用于新疆煤炭等优势资源外运。

2009年11月,历经中铁十局建设者3年零3个月的奋战,新亚欧大陆桥东端东陇海铁路徐州站至连云港东站全长211公里的电气化改造全部完成。改造后,旅客列车运行时速最高可提高到160公里,线路能满足双层集装箱列车通行,具备5000吨重载货物列车开行条件,东陇海铁路的运能得到较大提升。

2009年12月18日,东起兰新铁路精河站、西至中哈边境口岸霍尔果斯站、总投资60亿元、线路全长286公里的新疆首条电气化铁路——精伊霍铁路(精河—伊宁—霍尔果斯口岸)正式通车运营。2010年7月1日,精伊霍铁路旅客列车正式开行。精伊霍铁路与哈萨克斯坦铁路接轨,形成中国与中亚、西亚、南欧国家相连的国际大通道,新亚欧大陆桥西端增加了一个对外口岸，不仅对促进伊犁州、霍尔果斯市、霍尔果斯特殊经济区的建设和发展意义重大，而且提高了新亚欧大陆桥的口岸功能。

2013年11月16日，兰新铁路第二双线新疆段正线710公里铺轨完工。该线东起甘肃省境内兰州西站，途经青海省西宁，甘肃省张掖、酒泉、嘉峪关，新疆维吾尔自治区哈密、吐鲁番，最终引入乌鲁木齐二宫站，是设计最高时速为350公里的新疆境内第一条高速铁路，从新疆乌鲁木齐经西宁到兰州的时间由22个小时缩短到8个小时以内，到北京的时间由40多个小时缩减为11个多小时，并可在15个小时之内到达广州。

运营实践

1992年12月1日，新亚欧大陆桥过境集装箱运输开通，新亚欧大陆桥进入试运行阶段。首列开通以后，重大的运营实践有：

1997年4月1日，连云港—阿拉山口铁路运输"五定"班列开行；2001年3月6日，西安至连云港铁路海洋联运线开通。2004年2月9日，连云港首条集装箱远洋主干航线正式开通，从连云港直达美国西部基本港，缩短了货物运输时间，降低了运输成本，改善了连云港港口航线布局，结束了从连云港出口至美国的货物原先在中国上海或韩国釜山中转的历史，连云港港向集装箱枢纽港迈出了坚实的一步。

2006年11月26日，铁道部决定正式开行连云港—阿拉山口、青岛—郑州等4对铁海联运直达快运集装箱精品班列。上述班列开行促使大陆桥无障碍运输中的主要环节"车皮"紧张问题迎刃而解，通而不畅的老大难问题成为历史。同日，中国外运陆桥运输公司、韩国西中物流集团等在北京钓鱼台与铁道部签订了连云港—阿拉山口集装箱精品班列承包协议书。

2007年是在新亚欧大陆桥运输史上具有特殊意义的一年。10月8日，由中海集装箱运输有限公司、中铁集装箱运输有限公司和连云港市人民政府联手打造的连云港—莫斯科过境集装箱"五定"班列在连云港首发，这趟班列标志着新亚欧大陆桥通道的全线贯通。从1992年12月1日，"东方

1080"国际集装箱专列首次从连云港发出开往阿拉木图到新亚欧大陆桥实现全线开通运营,其间经过了整整15年。同样在2007年的10月8日这一天,中国自行设计建造的第一艘第六代特大型集装箱——"新亚洲"号集装箱船也安全靠岸连云港港,这两件事标志着"海铁"联运这一国际上最先进的多式联运方式在新亚欧大陆桥的正式启动。为推动新亚欧大陆桥沿桥地区经济的更快发展,努力打造亚欧"黄金大通道",有关政府组织、企业及有识之士为此付出了辛勤的劳动,做出了不懈的努力。

政策沟通

出台首个新亚欧大陆桥运输管理规定。

1991年7月9日,对规范新亚欧大陆桥运输具有非凡的意义:为适应国际贸易的需要,协调中国亚欧大陆桥国际集装箱运输工作,国家计委、铁道部、交通部、对外经济贸易部、海关总署、卫生部、农业部等按照国际惯例,结合中国运输特点,以计调字[1991] 1017号文联合发布了《关于亚欧大陆桥国际集装箱过境运输试行办法》。这是中国关于亚欧大陆桥运输的第一个法规性文件。

文件对亚欧大陆桥运输进行了界定。亚欧大陆桥运输指国际集装箱从东亚、东南亚国家或地区由海运或陆运进入中国口岸,经铁路运往蒙古、苏联、欧洲、中东等国家和地区或相反方向的过境运输。过境国际集装箱箱型应符合国际标准化组织ISO的规定。主要办理普通型20英尺、40英尺箱,其他冷藏、板架、开顶等专用型集装箱的运输临时议定。

文件对从事亚欧大陆桥运输口岸、办理过境箱运输的全程经营人进行了界定,确认:

办理过境箱的中国口岸暂定为:连云港、天津、大连、上海、广州港和阿拉山口、二连、满洲里、深圳北铁路换装站。

中国办理过境箱运输的全程经营人为:中国铁路对外服务公司、中国对外贸易运输总公司、中国远洋运输总公司、中国外轮代理总公司及其在口岸所在地的分支机构和口岸所在地政府指定少数有国际船、货代理权的企业。办理过境箱铁路运输的中国段经营人为中国铁路对外服务公司。

文件要求全程经营人应与中国铁路经营人签署协议，按规定做好对外揽货、收货及海运、陆运等衔接服务工作。各口岸地政府协调各单位工作，帮助解决联运中出现的问题，促进大陆桥运输的开展。办理过境箱运输的国外全程经营人应遵守中国政府的有关规定。

对于过境箱经铁路运输具体程序文件也做了规定。

过境箱经铁路运输的费用采取全程包干，实行浮动，一次支付外汇（美元），由中国铁路对外服务公司统一收取、清算。过境箱经铁路运输按《国际铁路货物联运协定》及铁道部有关规定办理。铁路部门应及时与过境国铁路部门联系，对过境箱运输合理组织，加强调度，掌握动态，在计划、装车、挂运等方面提供方便。

过境箱在港口的运输、装卸作业按交通部有关规定办理。过境箱在中国港口的装卸船费、堆存费及装卸车费等实行包干、按现行规定支付。各港应对过境箱的提取、装卸、转运提供方便。过境箱入境时经营人应按海关规定填写《过境货物申报单》一式二份，向入境地海关申报。

文件具体确定了不准办理过境运输的物品。卫检和动植物检疫机关对来自非疫区的过境箱一般不进行卫生检疫和动植物检疫。对来自疫区的过境箱，经营人需向卫检、动植物检疫机关申报，装有动植物产品的过境箱，经营人需向动植物检疫机关申报。卫检和动植物检疫机关对申报的过境箱应简化手续，为过境箱及时转运提供方便，申报时一律不收取费用。对装有中国禁止入境的微生物（致病）、血液制品、生物制品和严格管理的物品、放射性物质的过境箱，经营人应向卫生检疫机关提供货物数量、包装规格、包装标识的文字证明后，即予放行。

1993年，中国政府决定沿桥全线开发开放。国家计委会同建设部、民政部于1993年年底完成了陇海、兰新铁路沿线城镇发展布局规划要点，并经国务院批准。

1994年中国政府把沿桥（中国段）可持续发展列入中国21世纪议程

优先项目。同年12月，有关单位完成新亚欧大陆桥中国段遥感综合调查，对资源、环境进行了初步评价。

1995年9月28日中共十四届五中全会通过的《中共中央关于制定国民经济和社会发展"九五"计划和2010年远景目标的建议》，要求加快发展新亚欧大陆桥沿桥经济带。

1997年国家科委政策体改司、国家计委国土地区司、国家经贸委经济运行局、外经贸部国际经济技术交流中心组成了新亚欧大陆桥研究与开发国内协调组，以加强协调机制。

协调机制建设

新亚欧大陆桥国际协调机制

国务院新亚欧大陆桥国际协调机制是根据2000年11月国务院[办]第[2812]号文件，外经贸部联同外交部、国家计委、国家经贸委、财政部、科技部共同组建的（下简称协调机制）。外经贸部为协调机制组长单位，其他五部委为副组长单位，成员单位有：公安部、国土资源部、铁道部、交通部、工业和信息化部、国家环境保护部、海关总署、国家质量技术监督检验检疫总局、中国民用航空总局、国家旅游局、国务院西部开发办公室、陇海兰新经济促进会、中国国际货运代理协会。

协调机制常设机构为"新亚欧大陆桥国际协调机制办公室"，设在商务部中国国际经济技术交流中心。协调机制的主要工作包括：新亚欧大陆桥沿线经济发展政策协调，组织专家对新亚欧大陆桥经济发展进行前瞻性调研，为党中央和国务院提供参考建议，为国际经贸交流与技术合作及成员单位间跨部门合作提供平台，为新亚欧大陆桥沿线地方政府提供政策指导和建议。

陆桥沿线城市市长联谊会

这是新亚欧大陆桥城市横向协调机制。陆桥沿线城市每年全国两会期间，新亚欧大陆桥沿线部分城市领导总要在京开展联谊活动。陆桥沿线城市领导联谊活动，是由新亚欧大陆桥沿线部分城市领导、全国人大代表于2003年全国人大十届一次会议期间在北京发起的。其主要目的是在每年全国人大会议召开期间，召集陆桥沿线城市出席会议的主要领导、全国人大代表，围绕"加强交流合作、促进优势互补、推动共同发展"的主题，就联合向全国人大提交议案和建议事项进行讨论和协商，共同争取国家及有关部委的支持，不断促进陆桥经济带的形成和发展，提升陆桥沿线城市的整体形象和战略地位。

陆桥沿线城市领导期望通过联谊活动，促进陆桥经济带发展，形成共同发展的区域合作新局面；通过合作，引导生产要素适当向沿桥大中城市集聚；积极开展陆桥沿线城市发展专题论坛，大力推进旅游协作、项目投资、资源共享等方面的交流与合作；通过联谊和洽谈，打破行政区域界限，使资金、信息、技术、人才在经济带内更加自由地流动，实现生产要素的优化配置和经济效益的不断提升；加大陇海兰新经济带生态建设和环境保护力度，促进生态效益、经济效益和社会效益协调统一增长。

从2003—2015年的12年间，以陆桥沿线城市领导联谊活动的形式共向全国人大提交的议案和建议事项近180多项，《关于加快艾比湖流域生态环境综合治理的议案》等10多项提案得以落实。

陇海兰新经济促进会

陇海兰新经济促进会于1986年12月在古都西安成立，是以陇海兰新铁路为纽带，以沿线中心城市为骨干，以东西海陆口岸为对外开放"窗口"，依托新亚欧大陆桥，由陇海兰新地带各市地州、各铁路部门、各口岸自愿联合组成跨省区的区域性的政府间的非营利性的社会团体。陇海兰新经济促进会在国家民政部登记注册，由国家民委业务主管。现有会员理事单位62个，其中各理事长、常务理事、理事都是沿线各市、地、州和铁路局的在职领导。陇海兰新经济促进会在改革开放中诞生，在促进沿线区域经济繁荣中发展壮大，成为全国有影响的社团组织。

党和国家领导人高度关注新亚欧大陆桥

1994年4月18日至29日，时任国务院总理访问了乌兹别克斯坦、土库曼斯坦、吉尔吉斯斯坦、塔吉克斯坦，在开通新亚欧大陆桥、建设现代丝绸之路方面达成许多共识。1996年3月，首届亚欧会议在泰国首都曼谷举行。中国总理在会上提出开发利用大陆桥，建设现代丝绸之路的倡议；韩国总统金泳三提出了亚欧大铁路计划，得到了有关国家首脑的赞同。1998年11月中国国家主席访日期间，与日本首相小渊惠三就中日合作开发新亚欧大陆桥沿线问题达成意向，并将其写入中日联合新闻公报。

1999年8月25日，中、吉、俄、哈、塔五国元首第四次会晤在吉尔吉斯斯坦比什凯克举行。时任中国国家主席提出推进地区经济合作与发展，推动复兴古老的"丝绸之路"。

2000年9月11日，时任全国人大常委会委员长访问欧洲五国时，在拉脱维亚与该国总理贝尔津什就欧亚大陆桥的合作进行了会谈，探讨进一步有效利用新"丝绸之路"的可能性。

国际社会积极助推

国际会议

1994年10月，中、俄、哈、吉、塔、土、乌七国铁道运输部长会议在京举行，形成了《关于发展国际铁路客货运输问题的会议纪要》，为大陆桥运输铺平了道路。

1995年9月，中国和哈萨克斯坦政府签署了《关于利用连云港装卸和运输哈萨克斯坦过境货物的协定》。同年11月，联合国贸发组织在安卡拉召开了中亚对外贸易和交通运输会议，探讨欧亚交通走廊问题。

1996年5月，由国家科委、国家计委、外经贸部联合举办的首届新亚欧大陆桥区域经济发展国际研讨会在北京召开。国务委员兼国家科委主任宋健担任本次大会主席并在开幕式上致辞。会议通过了《主席声明》和建立《亚欧陆桥开发论坛》的倡议。

1999年4月14日至15日，受日本国政府派遣，由日本国国际协力事业团（JICA）一行4人组成了"新亚欧大陆桥构想考察团"在团长酒井利文的带领下，在京与中国国家计委、科技部、外经贸部、经贸委四部委官员座谈。

2000年1月，根据中日政府间签署的有关新亚欧大陆桥项目开发谅解备忘录，由中国国际经济技术交流中心与日本全球基础设施研究财团共同举办的大陆桥（新丝绸之路）东京经济论坛在日本东京举行。同年6月，由哈萨克斯坦交通部、铁路总公司倡议和组织的泛亚铁路北部通道过境运输发展会议在哈萨克斯坦阿拉木图市召开，随后在哈萨克斯坦首都阿斯塔纳市又举行了欧亚过境运输国际会议，30个欧亚国家的200名代表出席了会议。

2001年5月17日，中国铁道部和哈萨克斯坦运输和通信部在北京正式签署了《中华人民共和国铁道部和哈萨克斯坦共和国运输和通信部铁路运输合作协定》。中国国家主席胡锦涛和哈萨克斯坦总统纳扎尔巴耶夫出席了签字仪式。

2010年6月29日，欧盟项目"东西方交通走廊大联盟"成立大会在立陶宛首都维尔纽斯举行。来自中国、丹麦、法国、德国、哈萨克斯坦、立陶宛、蒙古、俄罗斯、白俄罗斯、瑞典、乌克兰等10多个国家60多位代表参加。大会签署了成立"东西方交通走廊大联盟"的协议，通过了大联盟章程，联盟的宗旨是致力于促进在大陆桥国际物流过境运输中实现单一关税、统一和简化海关、运输、过境程序，从而简化货物出入境手续。

联合国相关组织的支持

联合国开发计划署是联合国从事发展的全球网络，于1979年9月正式设立驻华办事处，对新亚欧大陆桥项目十分重视并给予大力支持，从1999年开始执行国别项目"新亚欧大陆桥中国段开发的能力建设"，主要内容为：完成新亚欧大陆桥中国段的贸易导向型经济发展规划；提高省级政策制定者在编写沿桥贸易导向型经济增长政策的能力，加强新亚欧大陆桥国际培训中心的能力建设；加强新亚欧大陆桥国际信息中心的能力建设，为投资伙伴提供优良、迅捷服务；完成沿桥国际集装箱转运站的发展规划，推进中国多式联运系统的发展。

上海合作组织力推大陆桥运输

2006年9月,在上海合作组织成员国第五次总理会议上,中国交通部代表与俄罗斯运输部、哈萨克斯坦运输通信部、吉尔吉斯斯坦运输通信部、塔吉克斯坦运输部、乌兹别克斯坦对外经济联系投资贸易部签署了《关于加快制订〈上海合作组织成员国政府间国际道路运输便利化协定〉(草案)的谅解备忘录》。《上海合作组织成员国政府间国际道路运输便利化协定》中就计划建设一条西起圣彼得堡东到连云港的大动脉,经过中国、哈萨克斯坦和俄罗斯建设一个公路网络。这既是对原有的新亚欧大陆桥进行补充,同时也提升了新亚欧大陆桥物流运输的可靠性和运量。

2012年5月,以"上海合作组织峰会和组织未来发展"为主题的第六届"蓝厅论坛"在中国外交部举行,在论坛上,与会者对上合组织进一步大力发展交通物流,建成西起圣彼得堡东到连云港的大陆通道和连接全体成员国的公路网,使本组织内国家便捷和低成本地共享出海口达成共识。目前这条被称为"双西公路"的洲际通道已实现完美构建,连云港、霍尔果斯作为重要国际物流节点城市的地位得到进一步提升。

其他国际组织如亚洲开发银行、世界银行、联合国亚太经社会也在技术和资金方面给予支持和帮助。

多年来,沿线国家和地区各城市间本着"信任、合作、发展"的原则,共同研究影响和制约区域经济发展的重大问题,积极开展多领域、多层次的交流与合作,有力地促进了沿桥地区资源开发和经济振兴。

新亚欧大陆桥东方桥头堡

新亚欧大陆桥贯通后，在中国沿海港口城市掀起了"桥头堡"热。各地都在打"陆桥牌"，出现"一桥多堡"的竞争，其中比较著名的有海州湾地区的"连云港、日照桥头堡"，即"一桥双堡"；河北沧州渤海新区的"亚欧陆桥新通道桥头堡"；天津港提出的"两桥、三口、四通道"的桥头堡总体构架，以及重庆提出的打造南线欧亚大陆桥。

东方桥头堡的确定

连云港作为新亚欧大陆桥东方桥头堡，主要基于以下的规定性：

质的规定性。在港口的性质方面，为了适应大陆桥运输，国家确定陇海、兰新铁路东端起点连云港的性质为国际集装箱过境运输枢纽港。目前，连云港港口经历了四个阶段的建设和发展，已经成为世界级的深水大港和亿吨大港。经过改革开放40多年，连云港港实现了三大历史性转变，已经成为国际性港口。

量的规定性。从陆桥营运实践看，连云港具有不可替代的特殊地位。作为东桥头堡，连云港市承担了营运方案的研究和编制陆桥营运以来大部分过境箱量。在运输距离方面，在中国沿海若干港口中，连云港是连接陇海、兰新线港口中最便捷的港口。

国家规划的确认。1996年12月11日国家外经贸部交流中心、国家科委政策体改司、国家计委国土地区司批复，同意在连云港市设立新亚欧大陆桥国际信息中心。2009年以来，五大战略叠加连云港，核心理念就是从国家层面确定连云港新亚欧大陆桥东方桥头堡的战略定位："成为中国东部地区重要的经济增长极和辐射带动能力强的新亚欧大陆桥东方桥头堡。""新亚欧大陆桥东方桥头堡，中国东部地区重要的经济增长极。""连云港是新亚欧大陆桥东方桥头堡，西连安徽、河南、陕西、甘肃、新疆等中西部省（区），东与日本、韩国等东北亚国家隔海相望，是中西部地区便捷的出海口和对外开放的重要门户。"

党和国家领导人的确认。李鹏同志说："新亚欧大陆桥就从这里开始。"胡锦涛同志说："连云港是新亚欧大陆桥的东端起点，也可以说是东方桥头堡，战略地位非常重要。"习近平总书记2009年视察连云港时说："孙悟空的故事如果说有现实版的写照，应该就是我们连云港在新的世纪后发先至，构建新亚欧大陆桥，完成我们新时代的西游记。"

国际社会的确认。国际社会公认连云港为新亚欧大陆桥东桥头堡，韩国、日本、美国、哈萨克斯坦、乌兹别克斯坦、塔吉克斯坦、吉尔吉斯斯坦等国家和地区利用陆桥开展过境运输。哈萨克斯坦共和国将连云港作为他们的出海口，时任国家主席江泽民和哈萨克斯坦共和国总统纳扎尔巴耶夫亲自出席了在北京的签字仪式。

推进大陆桥运营的探索

组织开行新亚欧大陆桥第一列国际集装箱过境运输

1992年12月1日，连云港组织开行了新亚欧大陆桥第一列国际集装箱过境运输专列。新亚欧大陆桥自1990年9月12日贯通后，于1992年12月1日开通了首列过境运输，这是国际海陆联运史上的一件大事，也是新亚欧大陆桥运输史上的划时代事件。为了做好首列运输，中央有关部委及承担首列运输的江苏省连云港市做了大量前期准备工作。

1992年10月27日，国务院经贸办在北京铁道部召开第三次亚欧大陆桥运输工作座谈会，研究首列开通有关工作。这是新亚欧大陆桥首列过境运输开通之前一次重要会议，参加会议的有铁道部、经贸部、交通部、国家科委、国务院口岸办、全国集装箱工作协调小组办公室及"国"字头公司，以及济南铁路局、乌鲁木齐铁路局等直接与此相关的铁路单位。正是在这次会议上确定：从连云港经阿拉山口的新亚欧大陆桥国际集装箱过境运输于1992年12月1日在连云港开通。

1992年11月30日上午8时，中共连云港市委、连云港市人民政府在神州宾馆召开了新闻发布会，向前来采访的国家和地区的46个新闻单位的68名记者介绍了首列开通的有关情况。11月30日上午10时，新亚欧大陆桥运输首列庆典仪式在连云港港务局集装箱码头隆重举行，国务院经贸办、口岸办、铁道部、国家科委及江苏、河南、青海等省区的有关负责人，来自日本、美国、韩国及香港等国家和地区的宾客1000多人参加了庆典仪式，国内外148个政府机构和公司向连云港市发电祝贺。

12月1日凌晨1时35分，这是一个将永远载入新亚欧大陆桥国际联运史的时刻，举世瞩目的新亚欧大陆桥从东桥头堡连云港市发出第一列国际集装箱运输专列。在这个专列上装载的50个标箱，有日本运往中亚的过境集装箱，有中国出口欧洲的集装箱，有从东南亚进口到中国内地的集装箱。

12月9日上午10时，首列试运车经过8天多的运行，顺利到达阿拉山口站。

组织开行新亚欧大陆桥首列整列国际集装箱过境运输

1995年11月23日，连云港组织开行新亚欧大陆桥首列整列国际集装箱过境运输。

新亚欧大陆桥首列运输开通后，由于苏联发生巨变，苏维埃联邦解体，由一个国家变为多个国家，使新亚欧大陆桥运输的国际协调工作变得复杂化，陆桥运输处于困局。在中央领导的关心、中央有关部委通力协调下，连云港市各口岸有关单位通力合作，陆桥运输从1994年开始，按照"从东到西、由少到多、由近到远"的原则，开始逐步走出困境。特别是时任国务院总理李鹏1994年5月专门为大陆桥运输、连云港港口建设等问题来连云港视察，并赋诗一首："巍巍天山皑皑雪，漫漫古道滚滚沙；一桥如虹贯欧

新亚欧大陆桥东端起点标志（张晓晖 摄）

亚，丝绸之路绽新花。"对陆桥运输事业的发展起了很大的鼓舞推动作用。

1995年11月23日，一条巨龙从连云港腾飞，满载着危险品货物的集装箱列车途经陇海、兰新线，沿着古丝绸之路直达中亚乌兹别克斯坦，整列美国货物首次在连云港上桥西行中亚，这就是引起世界海陆联运界关注的新亚欧大陆桥首列整列运输。

23日上午9时，连云港市政府在连云港港务局集装箱码头举行了首列整列运输开通仪式，中央及有关部委的领导、江苏省政府领导及香港东方海外货柜航运（中国）有限公司、美国杜邦公司等著名企业代表参加了开通仪式。中央和省有关新闻单位人民日报、经济日报、新华社、新华日报等新闻单位的记者们也参加了会议，并向国内外作了广泛报道。

这次首列整列国际集装箱过境运输由铁道部中铁集装箱运输中心具体经办，运输的货物是美国杜邦公司出口到乌兹别克斯坦的危险品，共78标

2008年3月26日，中远集团集装箱欧洲航线首航连云港（王健民 摄）

箱。1995年11月初从美国长滩港启运，经香港转运在连云港上新亚欧大陆桥，再经中国西部阿拉山口过境运至乌兹别克斯坦。过去运输渠道是经海运运至西欧经独联体铁路转运，运输时间长、费用高。而经新亚欧大陆桥运输，一票直达，一次收费，效率高，服务好。

铁道部对此次运输极为重视，专门发400号部电，要求沿途各铁路局、铁路分局、车站及公安系统做好运输组织及安全保卫工作，除严格遵守国家铁路及有关规定外，还专门挂运隔离车、押运车、试验车3辆，铁道部公安局派人武装押运，铁道部运输局、中铁集装箱运输中心派专家随车同行；济南、郑州、兰州、乌鲁木齐铁路局分段交接负责，沿途各站不再补轴、中途不得保留、不准溜放冲撞；沿途情况通过运输调度，随时报部，重点掌握。专列历时273个小时，于12月5日抵达目的地——乌兹别克斯坦共和国扎拉夫山站，创造了国际海陆联运史上的奇迹，也标志着新亚欧大陆桥已实现无阻碍运输，进入营运新阶段。

组织新亚欧大陆桥东桥头堡连云港建设发展咨询座谈会、新亚欧大陆桥过境运输座谈会

连云港至莫斯科国际铁路集装箱班列首发（王健民 摄）

"新亚欧大陆桥东桥头堡连云港建设发展咨询座谈会"于1995年5月5日上午在北京国际会议中心召开，全国人大常委会副委员长费孝通、原副委员长彭冲、全国政协原副主席谷牧等领导，中国体改研究会副会长童大林等专家及新闻界人士共50多人出席会议。全国人大常委会副委员长卢嘉锡因病未能出席会议，但在病榻上为会议题词："堡起连云大港名媲丝绸古路，桥跨亚欧两洲功与日月同辉。"表达了对新亚欧大陆桥运输及对东桥头堡连云港建设发展的关心。

到会的国家领导人和大陆桥研究方面的专家对东桥头堡连云港的建设发展和陆桥沿线区域的开发开放问题表示了极大的关注，并在会上提出许多建设性的意见。新华社5月6日还播发了题为《连云港承担起大陆桥全部过境箱运输任务》的专稿。

"中国连云港新亚欧大陆桥过境运输座谈会"于1995年5月5日下午在国际会议中心召开，与会的各国及中国香港地区代表对发展陆桥运输和利用陆桥开展合作表现出浓厚的兴趣，并对连云港作为东桥头堡所发挥的作用给予充分的肯定。香港东方海外货柜航运有限公司的代表以他们公司承运一批化学品,从美国到乌兹别克斯坦设计了9条线路,最后从连云港上桥安全运抵目的地的亲身经历现身说法,认为连云港市做了一件足以让世界航运界震惊的事情。哈萨克斯坦、土库曼斯坦、吉尔吉斯斯坦驻华使馆商务参赞不仅出席了会议,还都积极发言。通过这次会议,连云港与中亚国家进行了直接对话,加深了了解。

组织连云港—莫斯科过境集装箱"五定"班列首发

2007年10月8日,连云港—莫斯科的过境集装箱"五定"班列在连云港首发,这趟班列标志着新亚欧大陆桥抵达欧洲通道的正式开通。这首发班列是中海集团与中铁集运公司联合开通中国连云港至俄罗斯莫斯科的国际铁路集装箱班列。这列"定点、定线、定时、定距、定价"的"五定"班列,使新亚欧大陆桥过境集装箱直达运输首次由中亚延伸到了欧洲,实现了大陆桥真正意义上的贯通。这次班列共有48车,可装载96个国际标准集装箱。2007年10月23日上午9点25分,莫斯科帕维列茨卡亚火车站。经过14天,走完8340公里,连云港至莫斯科国际铁路集装箱班列鸣笛进站。

海陆丝路的巅峰时代

习近平总书记关于"江苏处于丝绸之路经济带和21世纪海上丝绸之路的交汇点上"的定位与连云港在"一带一路"合作倡议中的特殊区位密不可分,连云港在地理位置上位于海陆丝路交汇点,在发展方略中是江苏承接"一带一路"倡议最直接、最具体的交汇点,是"一带一路"建设的战略支点。从新亚欧大陆桥到"一带一路"倡议,连云港经历了从"桥头堡→交汇点、战略支点→标杆和示范项目"的发展演变,进入海陆丝路的巅峰时代。

"一带一路"交汇点

从大陆桥到丝绸之路经济带

新亚欧大陆桥是丝绸之路经济带建设的主要依托与载体,正在发生从新亚欧大陆桥到丝绸之路经济带的质的转变。

丝绸之路经济带是古丝绸之路的现代升级版。经济带是经济地理学范畴,经济带的发展需要依托一定的交通运输干线,并以其为发展轴,以轴上经济发达的大城市作为核心,发挥经济集聚和辐射功能,联结带动周围不同等级规模城市的经济发展,由此形成点状密集、面状辐射、线状延伸的生产、贸易、流通一体化的带状经济区域。丝绸之路经济带是跨国经济带,建设跨国经济带的前提是运输畅通,就是要为地区内各国营造畅通、可靠的运输体系,包括改善跨国运输体系的物理条件、减少用户运输成本、为用户减少从始点到终点的运输时间、提高运输时间准确性、提升运输安全性，实现经济带内贸易和生产要素自由流动。

英国人彼得·弗兰科潘在《丝绸之路一部全新的世界史》中说："当习近平主席于2013年宣布'一带一路'的创想之时，他是在重新唤起人们对于那段很久之前就已经熟悉的繁荣回忆。他的有关促进贸易发展、投资海陆通道并与各国建立合作交流关系的想法，都是基于一种常识——即今日纵横交错于亚洲，将中国与欧洲、里海、高加索山脉、波斯湾和东南亚各个角落连接在一起的新交通干线，追随的正是当年那些带着货物和信仰四处奔波的旅行者和圣贤者的足迹。"

丝绸之路经济带所依托的交通运输干线中，新亚欧大陆桥通道是主要依托与载体，正在实现由国际运输通道到国际合作经济带的转变。

新亚欧大陆桥是现有通道中效应最佳的线路。从远东到西欧的货物，经新亚欧大陆桥比西行绕过好望角的海上运输线缩短运距15130公里，比经苏伊士运河出直布罗陀海峡海上运输线缩短9100公里；比东行经巴拿马运河的海上运输线缩短运距12100公里，构筑了丝绸之路复兴的国际战略基础。魏建国认为，丝绸之路经济带建设"首先必须要找出一条能够比海洋经济物流成本更低、效率更高的通道，我们就有贯穿整个欧亚大陆的新亚欧大陆桥，而且沿途有着丰富的资源，从连云港到阿姆斯特丹，中间有47个城市，联系了17个国家。"

新亚欧大陆桥使丝绸之路经济带的实现具备了必要的现实条件。总体上，经济带的干线仍需以铁路交通为主，其次才是公路和石油管道，最后是其他配套设施。新丝绸之路经济带路线的选择需要充分考虑地理环境、经济效益与政治协调。建设丝绸之路经济带的挑战从经济视角看主要体现在基础设施建设不足，尤其是中线和南线所经过的地区涉及中亚、西亚、北非等地，这些地区自然条件较差、地形地势复杂、发展水平较低，要建设贯通这些国家的铁路、公路及其他基础设施难度很大。从中国境内情况来看，现实的选择是新亚欧大陆桥。"它是中国西北地区目前唯一的出境铁路。""第二亚欧大陆桥的开通仍具有十分重要的意义，它使'丝绸之路经

连云港现代化的集装箱码头（张晓晖 摄）

济带'的实现具备了必要的现实条件，特别是交通条件大大改善"。"我们说的交通便利化，主要说的是第二座亚欧大陆桥的交通便利化"。

新亚欧大陆桥是现有通道中最成熟的线路。新亚欧大陆桥1990年9月12日全线贯通，1993年以后陆桥过境运输逐步走上正常化，呈现三大功能：一是辐射功能。新亚欧大陆桥在中国境内全长4131公里，贯穿和辐射地区人口约4亿，占全国的30%；国土面积360万平方公里，占全国的37%。新亚欧大陆桥的开通使大陆桥（中国段）区域内部经济结构发生根本性变化，促进区域经济的横向联系与分工协作，从而逐步向具有强大内聚力的陆桥经济带发展。二是枢纽功能。新亚欧大陆桥上坐落着徐州铁路枢纽、商丘铁路枢纽、郑州铁路枢纽、西安铁路枢纽、宝鸡铁路枢纽、兰州铁路枢纽等国家重要的铁路"十字枢纽"，连接东西，沟通南北。三是重点开发功能。在《全国主体功能区规划》中，全国18个重点开发区域，新欧亚大陆桥沿线就有东陇海地区、中原经济区、关中—天水地区、兰州—西宁地区、宁夏沿黄经济区、天山北坡经济区等6个。

丝绸之路经济带与新亚欧大陆桥的关系，是统一的，也是递进的：新亚欧大陆桥是丝绸之路经济带陆桥经济走廊的主体依托，新亚欧大陆桥由"线"到"面"的发展是发展层次的提升，丝绸之路经济带陆桥经济走廊是新亚欧大陆桥发展的高级阶段。新亚欧大陆桥是以大陆为桥梁的国际海陆联运运输通道，《丝绸之路经济带》不仅依托这条国际运输通道陆上交通线沿线发展国际物流，而且对沿线的重要节点城市、优质的生产和贸易要素进行优化配置，有利于促进沿线区域经济的互动发展。就新亚欧大陆桥国内段而言，陇海、兰新、北疆铁路构成的这条通道覆盖沿线东、中、西三大地带，国家的"西部大开发、中部崛起、东部率先"三大区域发展战略与丝绸之路经济带建设在这里有了深度融合，为保持沿海经济牵引提供资源支撑，为增强西北地区经济活力提供助推引擎。鉴于此，在"一带一路愿景与行动"勾画出的"一带一路"的大框架中，新亚欧大陆桥建设居于共建国际大通道和经济走廊建设前列。

从桥头堡到交汇点、战略支点

连云港是新亚欧大陆桥东方桥头堡，在国家《推动共建丝绸之路经济带和21世纪海上丝绸之路的愿景与行动》（以下简称《愿景与行动》）中，新亚欧大陆桥升级为"新亚欧大陆桥国际经济合作走廊"。作为新亚欧大陆桥的东方桥头堡也升级为"一带一路"交汇点核心区、先导区和战略支点。

在《愿景与行动》中，丝绸之路经济带确定的重点是"畅通中国经中亚、俄罗斯至欧洲（波罗的海）；中国经中亚、西亚至波斯湾、地中海；中国至东南亚、南亚、印度洋。"上述通道中，"中国经中亚、俄罗斯至欧洲（波罗的海）；中国经中亚、西亚至波斯湾、地中海"通道就是陆桥通道的中线通道和南线通道，在运行线路上与新亚欧大陆桥陆上运输线路高度重合。

在"一带一路"新亚欧大陆桥经济走廊中，连云港是中国中西部地区最便捷的出海口和对外开放的门户，在推进中亚、东亚国家的经贸合作上也具有特殊功能和全局意义。

区域共同发展是中国经济社会发展的重要策略，连云港是中国中西部地区最便捷的出海口和对外开放的门户，加快交汇点建设，使中西部地区在有了面向远东和欧洲陆路通道的基础上，又有了一条面向世界的出海大通道，实现了双向开放，为打破陇兰内陆地区既不沿边又不沿海的封闭状态创造了条件。在推动中国陆桥沿线东、中、西区域协同发展中具有特殊功能。

首先,大陆桥既是运输通道,也是区域经济发展的轴线。通道建设对于经济发展的巨大促进作用历史上多有先例,如北美大陆桥建设对于北美中西部的开发、西伯利亚大陆桥对促进西伯利亚资源的开发利用及亚欧经贸交流都曾发挥不可替代的重要作用。新欧亚大陆桥贯穿地区资源丰富,战略位置重要,丝绸之路经济带的建设,必将快速推进大陆桥从运输通道向经济带的转变,成为丝绸之路经济带建设中的"先行带"与"样板带"。

其次,依托新亚欧大陆桥上坐落的诸多连接南北方向的重要铁路枢纽,以陆桥为轴线,以中心城市为核心,以中小城镇为节点,可以集聚人、财、物、技术等优质资源,培育增长极、壮大经济带,形成经济走廊。以陆桥为依托,还可以实现东亚、东南亚、中亚及西欧、东欧的资金、技术和人才沿陆桥向中国中西部转移和扩散,以及中国东部沿海地区的技术、资金和人才逐渐向中西部转移和扩散。另外,陆桥沿线各中心城市的资金、技术和人才也会沿陆桥向沿桥中小城市及周边城镇扩散,有利于推动陆桥经济带快速崛起,促进东、中、西部协调发展和中西部地区的开放开发。

连云港是江苏"一带一路"建设核心区、先导区,加快战略支点建设对江苏具有全局意义。

有利于培育江苏全省开放开发新优势。加快战略支点建设,对外开放方面,有利于江苏创新开放模式,发挥江苏"一带一路"、长江经济带、长三角一体化、沿海开放战略"交汇点"的作用,加快同丝绸之路经济带沿线国家和地区基础设施互联互通,与海上丝绸之路的衔接互动,海陆双向开放;为江苏参与对丝绸之路经济带沿线国家和地区的战略性资源、战略性产业和战略性通道的分配与控制,提高资源配置效率提供了条件;为江苏发挥生产性服务业的集聚优势,提高经济整体竞争力和在丝绸之路经济带沿线国家及地区产业链中的地位创造了机遇;为江苏依托国家东、中、西区域合作示范区,在创新收益共享机制、建设管理机制、科技合作机制、环境管理机制,以及服务业开放、金融创新和政府职能转变等方面先行先试开拓了新的空间。

有利于推进沿海、东陇海沿线地区快速崛起。连云港是连接"一带一路"合作倡议的交汇点和新亚欧大陆桥通道东端的首位节点城市，徐州是第一个综合枢纽城市，东陇海沿线形成一个整体的经济带，必将增强连云港的开放功能和综合发展能力，既可以为中国中西部地区的开发开放提供支撑，更可以在江苏省的沿海、沿东陇海开放方略中建立一个新的制高点，使江苏增添沿线开放的新形式，拓展全省开放新领域，开辟新空间，增添新优势。

有利于对全省开放布局优化和区域协调发展的牵引。战略支点建设将引发江苏区域合作模式的创新，有利于对全省开放布局优化和区域协调发展的牵引。一方面，加速突破原有南、北、中的板块发展模式，按照"1+3"功能区的新布局，立足于各区域的比较优势，释放苏北、苏中地区蕴含的资源优势和发展潜力，实现促进优势互补，拓展沿海、沿桥苏北地区发展空间，缩小江苏自身南、北、中地区发展差距；另一方面，对于江苏积极融入全国发展战略格局，加快成为中国横贯东、中、西、连接南北方的开发开放合作高地具有积极意义。

从核心区先导区到"标杆和示范项目"

2017年6月8日，习近平总书记在哈萨克斯坦访问期间，与哈萨克斯坦时任总统纳扎尔巴耶夫共同出席在连云港中哈物流基地举行的中哈亚欧跨境运输视频连线仪式上发表的重要讲话中要求，"将连云港—霍尔果斯串联起的新亚欧陆海联运通道打造为'一带一路'合作倡议的标杆和示范项目"。"新亚欧陆海联运通道"就是我们通常所指的"新亚欧大陆桥"运输通道。将新亚欧陆海联运通道打造为"一带一路"合作倡议的标杆和示范项目，是对连云港作为"一带一路"交汇点、核心区、先导区定位的更高层次要求，具有多重含义。

第一，"打造标杆和示范项目"是对新亚欧大陆桥陆上运输线路在丝绸之路经济带陆上通道中主体地位的肯定。

新亚欧大陆桥中国段西端从新疆阿拉山口站换装出境进入中亚，与哈萨克斯坦德鲁日巴站接轨，西行至阿克斗卡与土西铁路接轨，进而分北、中、南三线接上欧洲铁路网通往欧洲。

丝绸之路经济带战略首先是通道经济，以新亚欧大陆桥陆上运输通道为依托，应该是丝绸之路经济带建设的最优选择。"打造标杆和示范项目"就是对新亚欧大陆桥陆上运输线路与丝绸之路经济带陆上通道中主体地位的肯定。

第二，"打造标杆和示范项目"是对连云港长期以来在陆桥运输、"一带一路"实践的充分肯定。

新亚欧大陆桥是中国唯一一条横贯东、中、西三大地带，连接环太平洋沿岸国家地区与欧洲市场的国际通道，连云港是新亚欧大陆桥东方桥头堡。

在道路联通、贸易畅通方面，1992年以来连云港一直是中国沿海过境运输第一大港，每年承担着60%以上的新亚欧大陆桥过境运输业务。特别是2011年连云港至阿拉山口线路入选交通运输部和原铁道部联合打造的全国6条示范线路，年度运量达到10.6万标箱的高峰。目前，已实现中亚五国主要站点的全覆盖，并延伸形成至土耳其等黑海沿线国家和至俄罗斯、波兰、德国等沿线国家的两条通道，形成了东联日韩、东南亚等国家和地区，西达中西亚与欧洲的"门到门"运输网络，"霍尔果斯、阿拉山口"一港双通道的运输格局。

在政策沟通方面，早在20世纪80年代，连云港市政府与铁道部铁道科学研究院合作开展了《新海大陆桥的运输前期研究》和《新海大陆桥东端桥头堡——连云港》等课题的研究，参与和推动建立新亚欧陆海联运通道有关规则体系，在新亚欧陆海联运前期运输组织、箱流组织、海关监管组织、海关监管程序、陆桥运输经营模式及后期建立统一互认的单证格式、货物安全、保险理赔、通关便利、数据共享等相关规则和技术标准方面进行了积极的探索，作出了贡献。这条通道被哈萨克斯坦总统纳扎尔巴耶夫评价为"是'光明之路'新经济政策同丝绸之路经济带建设有效对接的成功典范"。

"一带一路"合作倡议中，陆桥运输通道升级为经济走廊，桥头堡升

现代化国际港口城市

级为交汇点,连云港成为"一带一路"交汇点核心区、先导区。依托陆桥通道优势,连云港开通了至中亚班列各国、至西亚土耳其伊斯坦布尔等城市的国际班列,并同时被国家发展改革委纳入《中欧班列建设发展规划(2016—2020)》。在跨国合作方面,中哈(连云港)物流合作基地成为"一带一路"合作倡议国内首个国际物流合作实体项目,并合作运营"霍尔果斯—东门"经济特区无水港;连云港建设上合组织物流园区,成为上合组织成员国最便捷出海口、首选出海基地。在开放政策上,连云港被列为中韩陆海联运试点口岸、集装箱海铁联运物联网首批试点港口、哈国小麦过境中国唯一离境口岸,享有启运港出口退税政策,获批多式联运监管中心。在"一带一路"合作倡议实践中,进行了卓有成效的"标杆和示范项目"级别的成功实践。

第三,"打造标杆和示范项目"是连云港一项新的使命和责任。

黄奇帆提出"将新亚欧陆海联运通道打造为'一带一路'合作倡议的标杆和示范项目"是总书记对连云港的"一个重要的嘱咐和需要完成的任务","是总书记的期望"。说得很中肯。"打造标杆和示范项目"是连云港在"一带一路"合作倡议中一次新的定位,是连云港人一项新的使命,一项新的责任。所谓标杆项目，要求连云港将该项目打造成为"一带一路"建设中的样板，在"一带一路"合作倡议中发挥引领作用；所谓示范项目，一方面，要求连云港将该项目打造成为在"一带一路"合作倡议中供人们学习的榜样或典范；另一方面，该项目在"通道经济"中要能够提供具有可复制性的成熟经验。

按照标杆和示范的要求，连云港正在审时度势，认清定位，明确历史坐标；理顺方位，把握历史趋势，从对新形势和发展新阶段的科学分析中找到指导方针、勾画蓝图的科学依据，制定政策，落实到位。

"一带一路"倡议的践行

连云港"一带一路"交汇点建设的创新实践说明，"丝绸之路经济带"不是"核心和边缘"的剥削型经济关系，也不是"依附与被依附"的不平等经济关系，而是平等互利、合作共赢的"利益共同体型"新型经济关系，是开放型合作带，"是一项造福沿途各国人民的大事业"，各国都是平等的参与者。

中哈物流场站

该项目建设源于2013年9月7日中哈两国元首见证的《中哈连云港过境货物运输通道及货物中转分拨基地项目合作及协作协议》，并于2014年5月19日中哈两国元首再次见证下启用，成为全国首个对接"一带一路"国际物流合作的实体平台。该场站由连云港港口与哈国铁路公司按照51%：49%股比合作投资经营，总投资6.06亿元人民币，集装箱堆场22万平方米，1763个集装箱位，铁路专用线3.8公里，日均装卸能力10.2列，年最大装卸能力41万标箱，主营国际多式联运、拆装箱托运等国际货物运输业务。该场站享有海关特殊监管政策和哈铁快运公司在中国的集装箱业务代理权，具备冷藏箱接卸、哈国过境小麦"集改散"业务等资质，是海关总署批准设立的第二批海关多式联运监管中心，信息管理系统与海关、国检等联网，具备客户网上办理、查询等功能。后续，将重点以贸易带动物流，促成哈国小麦班列常态化运营，开发东南亚果鲜、日韩锂电池等业务，拓展板材、大件设备、矿产品等适箱货物。目前已累计完成进出口货物1500多万吨，集装箱超过100万标箱。

上合组织（连云港）国际物流园

规划开发了45平方公里的上合组织（连云港）国际物流园，以此承接物流、商贸、产业等合作，重点打造集散中转、保税物流、加工包装、商贸交易、跨境电商等功能，积极发展冷链物流、整车进口、有色金属、矿石、食品加工等产业，使之成为共享共用的国际物流经贸合作平台。已累计完成投资32亿元，园区的内河港、公路港、保税物流中心、公路货运交易中心均已建成投运，拟与哈国铁路公司合作的铁路装卸场站、保税仓库、大宗商品交易中心项目建设有序推进，土库曼、乌兹别克、立陶宛等国家也希望借鉴中哈合作模式建设"园中园"。

哈萨克斯坦霍尔果斯无水港

该无水港位于哈萨克斯坦"霍尔果斯—东门"经济特区内，毗邻"中哈霍尔果斯国际边境合作中心"南侧，与中国新疆霍尔果斯口岸仅隔15公里，是2015年8月31日中哈两国元首见证的江苏省政府与哈国铁路公司《共同发展哈萨克斯坦"霍尔果斯—东门"经济特区和中国连云港上合组织国际物流园区项目战略合作框架协议》的合作项目之一。该项目规划面积2.94平方公里，主要包括小麦货运站、包装货物货运站、集装箱站、办公楼、仓库、龙门吊等业务功能，内有10条铁路专用线，设计能力27万标箱。2017年5月15日，连云港港口控股集团、中远海运集团与哈国铁路公司正式签署股权转让协议，将由中方按照24.5%：24.5%共同出资约8000万美元，收购无水港项目49%的股权。该项目签约得到了哈国第一副总理马明的见证，成为中国"一带一路"国际合作高峰论坛的重要成果公开发布。该无水港于2016年6月份投入试运行，现已达到日均换装3列的规模水平。后续，将加快合资公司组建特别是业务经营布局，以此形成与连云港中哈物流场站的对接互动，建成泛欧亚陆桥海铁联运与港口物流枢纽，促进东西双向运输对流均衡化，巩固连云港国际班列运输地位，强化

中哈物流园区

在新亚欧大陆桥国际大通道的影响力和控制力。

连云港散粮筒仓扩建项目和上合组织国际物流园内的铁路装卸场站、保税仓库、大宗商品交易中心项目

计划由连云港港口控股集团与哈国铁路公司同比例增资开发,投资额约18亿元;同时,中远海运集团有意参与合作,现正开展合作前的调研和评估工作。目前,合资合作继续保持磋商,但考虑到合作谈判进程特别是自身发展需求,先行启动了部分项目建设。其中,散粮筒仓扩建项目(改造新增1个散粮泊位,新建10万吨级筒仓和2条铁路专用线)计划今年7月建成试投产,将新增设计能力250万吨;铁路装卸场站项目一期工程计划今年上半年开工建设,涉及的园区铁路线现已完成施工图设计、500千伏高压线改造方案设计审查,征地拆迁工作有序推进;保税仓库项目正开展前期工作;大宗商品交易中心项目抓紧可行性调研、前期策划及资质申报工作。

过境班列运行

中亚班列。据统计，2017年中亚班列连云港港国际班列，累计完成5.66万标箱、同比增长56.9%，其中，国际中转过境完成1.64万标箱、同比增长47.7%，出口完成4.35万标箱、同比增长52.9%，雄踞全国首位。目前已形成2列/天的稳定运营规模。其中，中亚出口、中亚西行过境同比增加较快，中亚总出口量约占全国竞争市场的30%。货源地覆盖长三角、华南以及鲁西南等地区，品种以日常生活用品、建筑用品、电子电器产品、机械设备、医疗器械、汽车配件为主，到站为中亚五国。中亚西行过境货源地主要为日本、韩国和东南亚等地区，品名为汽车配件、日常生活用品、电子产品为主，到站为中亚五国。目前，经新亚欧大陆桥开展过境运输业务的沿海港口主要为连云港和青岛港，其中连云港过境运输量约占整体运量的60%以上。中亚东行的集装箱箱量也领先全国水平。货源地主要为哈萨克斯坦，小部分来自乌兹别克斯坦等其他四国，品名主要为铁合金、钛棉、整车、粮食等，目的地主要为日韩和东南亚等地区。

中欧班列。2015年11月29日，连云港首次开通运营中欧班列，通过联合中铁、哈铁、里海联盟、国际货约国、国际货协国等共同推动连云港中欧班列的稳步发展，在稳定运营西行中欧班列的基础上，逐步推动回程班列的常态化开行。品种有汽车部件模具、机座、电子产品等高附加值产品。中欧班列着力打造连云港—霍尔果斯／阿拉山口—哈萨克斯坦（阿克套港）—里海—阿塞拜疆（巴库港）—格鲁吉亚（波季港）—土耳其等黑海沿岸国家的精品通道。中国—中亚—西亚经济走廊将不断延伸到伊朗、伊拉克、沙特、土耳其等西亚北非地区众多国家，成为另一条打通欧亚非三大洲的经济走廊。

The
biography
of
LianYunGang

连云港传

国际性海港城市

第十一章

海陆丝路交汇点的特殊区位赋予连云港"国际性海港城市"的特质。港口支撑海陆丝路的拓展，引导近代新浦、大浦对外开放，以及连云港市的现代开放；港口还引领城市从海州、新浦、大浦、猴嘴、墟沟、连云的线性发展，"一体两翼"组合大港的形成，又催生出"一心三极"的国际海港城市构架。"一带一路"倡议布局中，海陆丝路交汇点的区位和战略支点的定位为国际海港城市建设提供有力支撑，国际性海港城市建设成为区域性国际枢纽港发展的依托，港口成为战略支点建设的核心载体。港城相依，港城互动，连云港正昂首阔步走向世界。

城市格局的变迁

连云港城市发展空间布局经历了一个从"一市双城"迈向"一心三极"、从沿东陇海的带状结构走向以沿东陇海与沿海为主骨架的扇形结构的演变过程，中华人民共和国成立以来连云港市五轮城市总体规划的修编详细记录了这个变化过程。

"一市双城"城市总体布局

1949年以来连云港市编制的五轮城市总体规划中，1979—1981年编制的《连云港市城市总体规划（1980—2000）》将连云港市的性质确定为"现代化的港口城市"，城市布局为"一市双城"式。新海地区是连云港市的政治、经济、文化中心，也是主要工业区；连云地区为进出口基地、渔业基地、石油开发基地、风景疗养基地、港口工业区和军事要地。规划年限近期到1985年，远期到2000年；人口规模近期29.5万人，远期48万人；用地规模近期新海城区18.1平方公里，连云城区7.3平方公里，远期新海城区24.4平方公里，连云城区20.8平方公里。

这是连云港市"一市双城"城市总体布局框架在规划中的首次确定出现。

为更好地适应连云港市经济发展需求，大力推进城市建设步伐，1991年和2003年编制的城市总体规划，加大了港口用地、开发区用地、仓储用地的发展空间，并设置了高新技术产业区。但因盐业用地没有纳入城市总体规划，基本上延续了传统的思路和结构，城市发展仍然按照"一市双城"的空间布局，围绕新海城区、连云城区两大空间单元展开。

在《连云港市城市总体规划（2003—2020)》中，城市、港口定位与空间布局较以前的规划有重大变化：

城市的定位为：新亚欧大陆桥的东桥头堡，上海和青岛之间迅速发展的港口城市，江苏省城镇体系一级新罗类中心城市，淮海经济区的中心城市之一，在"三圈五轴"中处于徐连城镇聚合轴和连通城镇聚合轴的交汇处，苏北主要的出海口岸，江苏沿海区域性国际商务中心城市。

港口的定位为：中国沿海主枢纽港之中国水运主通道、公路主骨架的重要节点；中国黄海南部的综合性贸易港，亚欧大陆间国际集装箱水陆联运的重要中转港口；中国西北以及中原地区最便捷的出海口，对外贸易的重要口岸。

市域城镇体系空间组织，城镇发展空间格局确定为：在全省"三圈五轴"空间发展格局指导下，构筑由一个中心和"一纵一横"两条城镇发展聚合轴构成的城镇空间总体格局。一个中心指连云港市区；"一纵一横"两条城镇发展轴，"横轴"指陇海铁路和连云港—霍尔果斯高速公路徐连城镇发展聚合轴连云港段；"纵轴"指连盐通（沿海）高速公路和当时正在规划中的沿海大铁路青岛—连云港—盐城段（现已投入运营）以及沿海港口群体构成的连通城镇发展聚合轴连云港段。

市域城镇等级规模、职能规划确定为：形成"中心城市—县城—重点中心镇——般镇"的等级结构序列。

中心城市——连云港中心城区确定为：新亚欧大陆桥东桥头堡和国际性海港城市，全国重点旅游城市；是江苏省一级新罗类中心城市，江苏省海洋开发基地和新型能源基地，海洋化工、海洋生物高科技研究中心，东陇海产业带中心城市。

县城的定位：赣榆县城（现撤县设赣榆区）是省际边缘的区域中心城市、环境优美的滨海观光城市和以沿海经济带为依托的新兴工业城市；东海县城是水晶之都，以硅资源和农副产品加工业为支撑，以水晶生产基地和交易中心为品牌的徐连经济带的次中心城市；灌云县城是工业、商贸、旅游协调发展的城市；灌南县城是以发展机械、制药、农林产品加工为主的新兴城市。

另外，将现有的10个重点中心镇择优培育为5个，重点中心镇的区域总人口为7万—9万人，面积为100—150平方公里；城镇人口为5万—7万人。

与以前规划相比，该规划把连云港市定位为新亚欧大陆桥东桥头堡，国际性海港城市，全国重点旅游城市，城市定性有了明显的提升。但在城市空间布局上，虽然规划打造东西向山城相间的自然景观轴线、南北向的海岛港城多种元素串联的黄金海岸线两条城市景观主干线，仍保持连云城区和新海城区"一市双城"格局，新海城区为城市的行政、文化、商业、商务中心，连云城区为对外交流窗口、国际商务中心、国际海港区。港口建设，规划建设亿吨大港，形成深水港、主体港、地方港等大、中、小配套的港口群，大力开通国内外海空航线等。客观上讲，这一规划较以前规划有了很大进步，在"一市双城"定位基础上，提出组团式城市形态。另外，把东部城区的发展比重加以提高，并提出了发展亿吨大港港口群。

随着城市发展，"一市双城"式城市总体布局造成的城市功能组织主体限定、城市空间发展轴线单城市空间增长边界固化等弊端日渐凸显，港—产—城发展的不协调上升为城市发展的主要矛盾，城市空间布局亟待调整。

"一心三极"城市总体布局

《连云港市城市总体规划（2008—2030）》以2005年《连云港东部地区发展战略规划》为基础，于2007年2月6日经省建设厅同意后正式修编，经过前期调研、专题研究、纲要编制、审查论证、成果报批等阶段，于2009年5月15日获江苏省人民政府批准。

此次修编的总体规划从国家、省级战略层面出发，合理确定城市发展规模，适度扩大规模，规划期限调整到2030年，在江苏省直辖市中尚属首次。规划突出了城市空间结构、产业发展、港口交通框架以及城市特色四个重点,并同步开展了城市规模、市域城镇体系、产业经济发展、基础设施支撑、综合交通、城市生态、城市特色七个专题研究,从根本上解决了"一市双城"空间布局长期困扰连云港发展的问题,为大型临海工业产业落户、构建大尺度城市格局奠定了基础。

城市性质与发展目标

城市性质:中国沿海中部地区的区域性中心城市、现代化港口工业城市和海滨旅游城市。

城市发展目标:经济发展目标,努力保持经济又好又快发展。2030年全市GDP总量达到5500亿元左右,人均GDP达到87700元(12250美元)左右,达到当时中等发达国家和地区的收入水平。实现经济结构的战略性调整,2030年三次产业结构调整为3:56:41。

空间结构

中心城区以新区为核心,以花果山大道、大港路和产业大道为基本骨架,形成"四组团三轴线"的空间结构。

中心城区四大组团为新区、新海城区、连云城区及南翼新城。

新区包括核心片区、国际产业园片区和北崮山西片区,功能定位为连云港市的行政、文化、金融、商贸中心及高新技术产业基地。启动并逐步推进新区的建设,可以大幅提升城市综合服务水平,为临港产业的发展提供必要的生产服务和商务支持,并满足城市人口的中高端生活服务需求。努力打造成为连云港及周边地区经济发展的引擎,发挥区域中心城市的辐射带动作用。北崮山西片区北部以连云区行政文化中心为核心,促进连云区公共配套服务设施的完善,结合优美的自然环境和滨海景观,重点发展中高档次的滨海居住社区。南部以出口加工区为依托,以临港加工产业为主导,大力发展新材料、新医药、新能源等新型工业,促进出口加工业和商贸物流服务业的发展,并为远景功能置换预留弹性。

新海城区包括新浦片区、海州片区、猴嘴—大浦片区和花果山片区,功能定位为以商业、文化、科技及先进制造为主的综合性城区。优化用地结构，改善空间环境，重点对污染工业进行搬迁改造，实施环境整治，提升地区整体形象。建设城市快速路，与新区、连云城区、南翼新城以及赣榆城区建立快速便捷的交通联系。

连云城区包括墟沟老城片区和中云台片区，功能定位为以港口流通、先进制造和生产服务共同发展的综合性城区。墟沟老城片区重点发展港口设施、配套港口发展的物流、办公和配套居住功能。中云台片区重点发展为港区配套服务的后方物流仓储功能和临港产业功能，以解决港口组团内陆区域空间不足的矛盾。

南翼新城包括板桥片区、徐圩北片区和徐圩南片区，功能定位为依托南翼港区发展的临港产业基地与循环经济示范区。以南翼徐圩港区为支撑，重点发展以钢铁、石化、能源、船舶机械制造、仓储物流等临港产业。板桥片区依托板桥街道，围绕现有板桥工业园重点发展机械制造、机电组装、船舶制造等产业功能。徐圩北片区和徐圩南片区以徐圩港区为依托，侧重建设重型钢铁、石化点建设实现产业升级置换。

中心城区三轴线为综合发展轴、滨海发展轴、产业发展轴。

综合发展轴是中心城区发展的核心地带，以花果山大道为主要轴线，延续和逐步拓展产业、居住、科研教育、铁路客运服务等职能，成为全市最重要的公共服务、商贸办公和科教文化的发展地带。

滨海发展轴以城市功能"东进向海"战略为引导，主要依托大港路从墟沟老城经北崮山、临洪河北延至赣榆形成连云港滨海居住、产业支持中心和休闲娱乐的重要发展带，也是展现滨海城市特征的重要景观面。

产业发展轴以产业功能"东进向海"战略为引导，以产业大道（226省道、242省道）为主要通道，串连南翼港口和临港新城、中云台产业区、经济技术开发区、出口加工区、国际产业园区及赣榆产业园区，形成滨海产业发展走廊。

中心城区远景规划

在规划期末城市发展的基础上完善提升，区域性中心城市、海港工业城市和滨海旅游城市等功能进一步增强，中心城区的整体竞争力进一步提高。

以南翼新城为重点，继续推动港区及临港工业发展，成为江苏省沿海产业带的龙头和国家级临港产业基地；以新区建设为重点，实现城市滨海发展，打造具有区域影响力和辐射力的综合服务中心，营造良好的滨海宜居城市氛围；国际产业园区、猴嘴—大浦等片区得到更好发展，逐步培育南翼新城。

城市特色与历史文化保护规划

建立凸显连云港城市特色形象的空间框架，重点突出"逐海之城""神话之都""活力新港"三大主题，并将城市划分为历史古城特色风貌区、现代滨海特色风貌区、神话人文特色风貌区、活力港城特色风貌区、都市产业特色风貌区及一般城市风貌区六类特色片区。

历史文化保护规划，以朐海文化发源地——海州古城为主线，以保护大村、二涧朝阳、藤花落、将军崖岩画为核心的新石器时代遗址为主要内容，尊重历史，延续文脉，抓住特点，打出品牌，凸显文化底蕴，形成城市的人文个性。旅游发展规划：着力塑造"山海连云、神韵古都、活力新城"的城市旅游形象。形成"一心两轴三带四片五区"的市域旅游空间结构。重点建设一个集散中心：连云港中心城区；集中建设两个重点旅游发展轴线：沿海与沿东陇海发展轴；建设三条特色旅游带：滨海海岛旅游带、山岳温泉旅游带和沿河旅游带；形成四个旅游片区：赣榆山水旅游片区、东海水晶温泉旅游片区、灌云灌南沿河旅游片区及城市滨海综合旅游片区；突出五大核心旅游景区：花果山旅游景区、海滨旅游景区、海州古城旅游景区、赣榆山水文化旅游景区、灌南灌云山水旅游景区。滨海岸线保护与利用范围将规划区内全部滨海岸线划分为港口与工业岸线、城市生活岸线、旅游岸线、生态保护岸线和特殊利用岸线。

该规划与此前的规划相比，在空间布局、人口规模、建设用地规模方面，有了重大突破：

空间布局。一是提出积极稳妥地拉开中心城区框架，"东进向海"，为科学跨越发展提供空间平台。二是以"海滨新区"建设为契机，重塑城市公共服务中心体系,大幅提升城市综合服务水平,发挥区域中心城市的辐射带动作用。三是努力培育、重点打造"南翼新城",引领和带动区域沿海产业带及城镇发展。

中心城区城市人口规模、建设用地规模。规划提出人口规模:2012年控制在130万人以内,较上一规划增加32万人;2020年控制在170万人以内,较上一规划增加65万人;2030年控制在200万人以内。用地规模,规划提出2010年控制在170平方公里以内,较上一规划增加70平方公里;2020年控制在204平方公里以内,较上一规划增加84平方公里;2030年控制在240平方公里以内。

但是,该规划在城市性质的确定上,与2003—2020年的连云港市城市总体规划将连云港市定位为"新亚欧大陆桥的东桥头堡,国际性海港城市,全国重点旅游城市"相比,是一个倒退。

2009年国务院批准的《江苏沿海地区发展规划》将连云港定位为"新亚欧大陆桥东方桥头堡","国际性海港城市",对2008—2030年连云港市城市总体规划版本在城市定性上作了校正,使连云港的城市发展建立在一个科学的、具有前瞻性和可操作性的规划上。

国际化大市区框架的形成

2014年连云港市行政区划进行了一次大调整,促进了国际化大市区框架的形成。

2014年5月2日,《国务院关于同意江苏省调整连云港市部分行政区划的批复》同意撤销连云港市新浦、海州区,设立新的连云港市海州区,以原新浦、海州区的行政区域为新的海州区的行政区域;同意撤销赣榆县,设立连云港市赣榆区,以原赣榆县的行政区域为赣榆区的行政区域。两项行政区划调整后,连云港市辖海州、连云、赣榆3区和东海、灌云、灌南3县,行政区域面积7615平方公里,人口505.2万人。

通过这次行政区划调整,一个市区面积2890.7平方公里、人口206.7

万人的大市区形成，较大幅度地拓展了城市空间，有效解决了港口发展腹地支撑和产业、城市建设用地不足问题，使市级层面能够在更大范围、更高起点调动资源，整合发展要素，优化生产力布局，统筹推进港产城融合发展，实现港口群、产业群、城市群的统一规划建设，推动城市功能布局向沿海伸展、梯度推进，形成组合有序、功能互补的城市空间格局，切实增强区域经济发展活力和创新能力，加快把连云港打造成为辐射带动能力强的新亚欧大陆桥东方桥头堡和"一带一路"战略支点。

城市特色与城市文化

文化是连云港的根本,石头文化、历史遗存、文学名著、文化艺术、民间艺术、文化名人等历史文化是连云港发展的魂。一个为国守岛 30 年的王继才形象、一面飘扬了半个世纪的学雷锋旗帜,成为当代连云港城市精神的符号。"海、古、神、幽、奇"五大特色将这座国际性海港城市扮点得更加亮丽。

城市特色

沧海桑田的变化,造就了连云港市区"海、古、神、幽、奇"的城市特色。

"海"的代表是连岛,古称鹰游山,是江苏省最大的海岛,与连云港港隔海相望,通过 6.7 公里的拦海大堤与陆地相连。季风性海洋气候、优质基岩海岸,形成了连岛植物种类繁多、海蚀地质明显的特点,江苏省唯一拥有优质沙滩的天然海滨浴场,阳光、沙滩、森林、海洋以及朴实的渔家民风民俗构成连岛丰富而独特的旅游资源。连岛中部北岸的苏马湾海湾,山林茂密幽深,环抱玲珑金滩,夜闻风涛澎湃,晓望海上日出,森林覆盖率达 92%,远避喧嚣,恍隔世外,具有仙境般的魅力。在苏马湾海湾东南隅山脚下,有"国宝"之称的汉代王莽时期东海郡与琅琊郡界域刻石。

"古"集中体现在孔望山、桃花涧景区。孔望山、桃花涧景区都位于海州区,孔望山属国家 AAAA 级风景旅游区,因孔子登山望海而得名,古迹

山海相拥（季汝明 摄）

众多，景区环境自然幽雅，文化底蕴深厚。这里有秦王朝立石为门的遗石，有中国最早的道教发祥地之一的东海庙遗址，有迄今为止国内外最大的汉代圆雕象石，有早于敦煌莫高窟200年的东汉摩崖造像，有宋、元、明、清历代官宦及文人的题刻。桃花涧风景区是云台山风景区名胜区的重要组成部分，自然风光优美，远古文化深厚，宗教文化源远流长。特别是被誉为"东方天书"的将军崖岩画，是上古勾芒氏部落的历史遗存，是7000年前东夷先民的朝圣中心、观天测象的原始实录。岩画上的太阳、星相、禾苗、人像、社神，造型古朴、形象诡异，充满了神秘色彩，与摩崖造像一样，都为国家重点文物保护单位。

"神"指神话，主要集中在花果山。花果山层峦叠嶂，其中玉女峰是江苏省最高峰，海拔625.3米，因古典名著《西游记》所描述的"孙大圣老家"而著称于世，名闻海内外。花果山主要景点136处，处处与《西游记》密切相关，如孙悟空出生地——娲遗石、猴石、八戒石、沙僧石、唐僧崖，以及七十二洞、定海神针、仙砚、拐杖柏、晒经石、团圆宫等，特别是水帘洞更是名闻遐迩。以三元宫为中心的古建筑群发迹于唐、重建于宋、敕赐于明、兴盛于清，是历史上著名的香火盛地，极具文史价值的郁林观石刻和建于北宋的阿育王塔，屏竹禅院、义僧亭、茶庵、九龙桥等著名的名胜古迹，还有天下第一巨字"神"字、全国四大观赏名竹之一"金镶玉竹"

等。真正是"一部西游未出此山半步"。

"幽"的代表主要是宿城、渔湾景区。宿城景区位于连云区的东南部,因1300年前唐太宗李世民御驾东征时曾在此住过一宿得名。这里历史悠久,古迹文物,星罗棋布,有西域众罗汉的焚修灭度、唐太宗李世民的保山驻跸、新罗人村、日本圆仁的山中问津、宋明的鹫峰兴佛、清代陶宫保的石室题诗、冯子材的因山设防等遗址。这里三面环山,一面向海,环境幽静美丽,有世外桃源之称。传说晋代大诗人陶渊明曾来过这里,《桃花源记》取材与此相关。渔湾景区位于云台山南麓,清初渔湾还在海中,为渔人揽舟避风之处,故得名。这里有明清顾乾描写的云台36景中的"三潭汲浪",有传说中三龙戏水的老龙潭、二龙潭、三龙潭,还有灵气十足的小瀛州等景点。一年四季流水不断,春夏秋冬瀑布垂挂,涧内潭、洞、汪、瀑、林,景景相连,著名的龙腾广场气势雄伟,营造出震撼人心的绚丽场面。

"奇"最初主要指云台山的石海、磊石、石洞、峡谷、裂隙等自然景观,如东磊的石海、三磊石、花果山的水帘洞、渔湾峡谷、北云台山老君堂蔡庄的裂石等。现在云台山现代基岩海岸所形成的海蚀景观,亦已成为连云港岩体最具奇特的旅游景观,如连岛苏马湾的神象汲海、东海龙王、群龟探海等。另外,海市蜃楼、海滋现象的天象奇特景观,"星海银潮"现象的海潮生物景观等,也体现着"奇"的特征。

城市文化

古镇

从秦置东海郡算起,连云港建城历史已有两千多年,但由于海岸线变迁、战乱等自然和人为因素影响,大多已不复存在,现存的以南城古镇为代表。

南城古镇是早期"城"与"市"结合的双璧,现历史文化遗存有:

凤凰街。南门至北门长约1500米,街道属官道,宽约4米,1799块大小一致青石铺成的街道,中间一条竖石路脊(龙脊)上,至今还保留有明显痕迹的古车辙。街道两侧的古民居大部分为石墙灰瓦，斗拱出檐，古民居结构为前店后坊（仓）式院落，有的门面不大，往里则渐入佳境，有三道穿堂，三五进庭院，颇具江南庭院民居风格。主屋大门左侧，均建有天香阁，在门楣和两侧用砖雕或石灰膏塑嵌的手法装饰吉祥图案。院院有古井，宅宅有花园。根据调查，从南到北比较有名的杂货店、布店、酒坊、饭店、银匠店等共有25家，民居规模较大的有江家大院、武家大院、侯府和号称九十九间半的两宅互通院，保持前店后坊（仓）、中宅后园模式的中华民族传统城镇住宅文化。

城隍庙。占地面积约2400平方米，建有山门、前殿、中殿、后殿，殿的左右两侧有东西连体、对称的配房。城隍庙建筑是南城最具地方特色的宗教建筑，为清康熙庚申年（公元1680年）在普照寺旧址上所建，清道光十六年（1836年）扩建，清同治年间（1863—1875年）重修。该建筑为硬山式，整体建筑为石墙蝴蝶瓦屋面，石木结构。主体建筑山门为立贴式屋架；前、中、后殿为正立贴式屋架，山墙为边贴木构架。前院的东西配房南首三间为罕见的人字屋架，其他配房均为立贴式屋架。

古井。古井是古镇一大特色，据记载，全镇原有古井1500多眼，一般设在住宅的后进，构造各异，有方口井、长口井、圆口井，有高井台、低井台、无井台等。有钱人家用花岗岩做井台，环以雕花、铸饰。城内最著名的古井是"匡衡井"，城外有名气的古井有"官井""五柳井""二山夹一井"等，尤以"官井"的水质最佳，甘甜、清爽，终年不干。

在城外东凤凰山上，有建于隋开皇五年的玉皇宫、奎星阁遗址，清代石坊等。玉皇宫与奎星阁不足百米范围内，遍布历代名人题刻，如张咏、阮元诸名家。西凤凰山有一块高约3米、长约10米的不规则花岗片麻岩上，从南到北分布石刻三处：南是钱泳题"夕佳"两字，中是阳湖管干珍的"府瞰东溟"，北是民国三年南城地方名士举人武露峰、武笏山的三言诗刻。

南城古镇最具特色的是石头建筑。古南城石街、石井、石墙、块石铺砌的场院，石砌的下水道，可称为是一座"石头城"。墙体上的细石重重叠叠，巴掌大的墙体竟用十几块细小片石精心叠砌，严丝合缝，一块不大的墙面上有上万块片石砌成，经过几百年的风风雨雨，片石墙面仍然有平如镜，缝如丝的美感，工艺精致，异常坚固，是我国独特的建筑工艺。古建筑融合了南北过渡的特征，附着在墙上的石灰面层，历经百余年，风吹雨淋不脱落，这也是独具地方特色的建筑工艺。这些古民居建筑均为木构架，横檩竖橡，楠木板间山，青砖铺地，既有地方的风格，又具有江南庭院民居风味，形成了南城古镇特有的地方建筑风格，凸显乡土建筑的特点。南城古镇民俗文化底蕴丰厚，其古建筑院落的堂屋正厅两侧，用白灰膏抹面，剔刻出极具装饰性的露墙吉祥图案，无不充满着民间文化习俗和生活气息。

南城古井（张义林 摄）

古南城尊奉道教，庙宇神祇颇多，西凤凰山的北端有一处碧霞宫遗址，南城北门外有一座苏北地区香火最旺的南城城隍庙，构成了完整的道教尊神体系。在南城的古建筑中，也无不体现出道教文化元素。几乎家家的主屋大门的左侧均建有一个砖制的长方形小龛，雕刻精致，当地人称它为"天香阁"或"天香庙"，阁内供奉"天地亲君师"之神位。

历史街区

连云港典型的历史街区有连云镇历史街区、新浦民主路历史街区，为民国建筑的代表。

连云镇是自20世纪30年代，随着连云港港口建设初始而逐步繁荣兴旺起来的，受西方建筑思潮的影响，连云镇的建筑具有中西合璧的建筑风格，是典型的重要民国时期建筑的代表。具有代表性的有上海大旅社、果城里建筑群、海峡巷朱氏别墅、小望海楼等。特别是由荷兰籍建筑师设计的带有钟楼的连云港火车站，是连云港的标志性建筑。

新浦民主路是一条具有百年历史的老街，位于新浦北半部，原名中山路，清末民初始渐形成，长约1500米，宽12米，是新浦地区近现代商业的发源地。

连云港民国时期的建筑按照使用功能分，主要有公共建筑、居住建筑和工业建筑三大类八小类：一是政治、军事机关建筑，如陇海公寓、东亚旅社、陈调元小楼、小望海楼等；二是卫生医疗机构建筑，如益龄医院、三和兴药店、协和医院等；三是工商、金融、服务、休憩场所建筑，如银行大厦、交通银行、稽核所、生庆公茶庄、公大商行、德厚成商店、恒懋杂货店、天福食品店、德康杂货店、复盛祥杂货店、长生泰木器五金店、万康祥食品店、上海大旅社、陇西旅社、乐寿山庄；四是别墅、民居，如谢家洋房、西洋楼、果城里建筑群等；五是市政、交通、水利、电力建筑，如胜利街石板路、连云港火车站、水库大坝、港口、发电厂等；六是宗教建筑，如天主教堂、基督教堂、福音堂等；七是陵墓以及纪念性建筑，如抗日山烈士陵园、刘少奇旧居、子午亭等；八是工业建筑，如锦屏磷矿、海州面粉厂等。

连云港民国建筑主要有两种风格：中国传统形式和中西合璧形式。

中国传统式建筑，在连云港市的历史街区中多表现为：石木结构或砖木结构，大多是单层，少数为二层，民居多为蝴蝶瓦双坡屋面。民国时期，这一形式的建筑基本上沿袭着旧有的功能布局、技术体系和风格风貌，保持着因地制宜、因材致用的传统风格和乡土特色，如山区表现为全石结构、木质门窗、硬山、蝴蝶瓦屋面，少数为干槎瓦屋面；市区表现为砖石结构、木质门窗，石基础砖墙、硬山、蝴蝶瓦屋面，少数为干槎瓦屋面。而商铺、旅馆等服务设施一般为前店后宅或后坊，多数为四合院布局。20世纪30—40年代受西方建筑艺术的影响，临街立面多数为仿欧式风格，西式拱形木门窗，西式立柱，柱头雕以卷叶堆纹浮雕、女儿墙饰花草图案或"福禄寿"三星浮雕。屋面形式多样或硬山、蝴蝶瓦屋面或机制红平瓦、黑平瓦屋面，

新浦民俗陈列馆（张义林 摄）

有的屋面为现浇钢筋混凝土平顶屋面或四坡屋顶。院内以整条石铺作庭院，临街立面墙体大拉毛墙，是当时连云港地区最为流行的建筑外墙装饰特色之一。院内或室内凸显中国传统建筑特色，格扇门窗，木质走廊、楼梯。连云港地区传统形式建筑，以郭家大院最具代表性，为典型的两进四合院中式民居。

中西合璧式建筑目前保存较好的有民主路、市化路、建国路、市民路与新新路山东同乡会（原市民路小学）等民国时期建筑几十处。各种柱式建筑起源于西方古典建筑，民主路上的许多建筑也都表达了这一重要的西方建筑语言。在屋顶处理上，也显出西方的建筑特点。这些建筑又同时保留了中国建筑的传统表现手法，如有的建筑物中的天井、屋檐处的斗拱、厅堂、庭院等设计显得古朴又有浓郁的乡情，以公大商行（现市少儿图书馆北楼）最为典型，该建筑共三层，高17.5米，是河北人李品仙于1932年所建，经营布庄及日用百货。这座楼房以结构精巧、地板考究而著称，其北立面共三层竟有三十余根柱子，在三层还运用了双立柱。屋顶处理采用平顶，顶层楼面为现浇混凝土，这种设计施工技术水平在当时已经非常先进。平顶上用以雕花栏杆，显示华丽、现代的风格，堪称民国时期建筑的精品。

文化艺术

连云港市戏曲源远流长，最早的戏剧演出可追溯至汉代。西汉张衡《西京赋》中所记载的角抵戏《东海黄公》，源于汉代东海的民间传说，历来被戏剧理论家们视为中国戏曲的雏形。当地出土的大量汉画像石和各类文物，工艺考究，形态逼真，反映了在汉代连云港文化艺术已达到相当的水平。如桃花涧出土的汉画像石中"铺首衔环"的图案，被认为是傩舞中方相氏面具的形象。花果山高高顶木椁墓出土的女舞俑，头盘高髻，长袖及地，舞姿翩然。孔望山摩崖石刻中的乐舞像、吹竽像及叠罗汉像，赣榆县金山乡出土的汉画像石"乐人舞"，反映了汉代歌舞百戏的欢乐场面。

明代之后，民间的戏曲、曲艺等活动逐步兴起。据明《隆庆海州志》卷二"风俗"篇载，在海州居民婚丧仪事中，"丰酒食，具鼓吹，以待吊客，多妆绢亭，广搬彩戏，以相夸朔"。可见当时"具鼓吹""广搬彩戏"已是民间风俗中的重要内容。清乾隆后，当地流传的小戏（即今淮海戏）已从"打门头词"的演唱形式，逐渐形成季节性的演出班社。工鼓锣、时鼓子等曲艺也逐步完善，并涌现出王大娘、葛兆田、杨洪学、乔开生、陈六等一批知名艺人。

清同治末年，京剧流入连云港市并迅速普及，进一步促进了地方戏曲、曲艺的完善和兴盛。又如音律学家凌廷堪，他的《燕乐考源》《论曲绝句》等著作均为中国民族音乐史和戏曲史上的宝贵财富。戏曲家吴恒宣的《义贞记》《玉燕钗》《火牛阵》，戏曲家程枚的《一斛珠》等，也在中国戏曲史中占有一席之地。清代末年，剧作家刘清韵在海州诞生，她一生创作24部戏曲作品，为中国历史上最多产的女剧作家。

民间艺术

民间艺术，首先是贝壳的应用。远在1.8万年前山顶洞人时期，就被穿成串链作为装饰，汉代以后，历史艺术家利用贝壳的色泽，雕成各种图案，镶嵌在铜器、镜子、屏风和桌椅上作装饰，称为"螺钿"，这种工艺目前不少地区仍有生产。

连云港市每年的传统节日、庙会都有旱船表演，表演动作最具渔业劳动者的鲜明特点，一般是崴、晃、倾。蚌舞和旱船一样，吸引无数赶庙会的人们。所谓蚌舞，又名蚌壳灯，是渔民们祈求丰收及节日里表演的舞蹈。龙舞也是连云港人民在传统节日里喜闻乐见的一种民间舞蹈，具有极为广泛的群众性，不仅在街头、场院可以舞龙，而且还到各家各户去表演，有贺喜之意，称"送灯"。

历史上有众多优秀的文人骚客爱古海州，写古海州，有关古海州连云港的好诗妙文数不胜数，名篇迭出，南朝齐梁时的刘峻作过《过朐阳因登郁洲山望海》诗、大诗人苏东坡载入《苏文忠公全集》就有36首关于和海州有关的诗章等。历代名家倾情咏赞连云港山海的诗文数量之多、质量之高，堪与众多历史文化名城比肩。可以说，一代一代的文人墨客成就了山光水色的连云港海洋文化。

当代连云港城市精神

城市精神是一座城市的思想灵魂，代表着一座城市的整体形象，彰显着一座城市的特色风貌，引领着一座城市的未来发展。守岛英雄王继才，一面飘扬了半个世纪的学雷锋旗帜就是当代连云港城市精神的代表。

时代楷模王继才

王继才是中宣部授予的第10个全国"时代楷模"、灌云县开山岛民兵哨所原所长。1986年7月，王继才经群众推荐，组织考察，成为第五任开山岛"岛主"。从那时起王继才和妻子王仕花二人克服常人难以想象的困难，守卫孤岛整整32个年头。可以说，王继才就是我们身边的一个普通人，王继才做的事也是发生在我们身边的平常事。然而，就是这位在我们身边做着平常事的人却被习近平总书记称为"在平凡的岗位上书写了不平凡的人生华章"的人，是我们时代的英雄。他的精神被总书记誉为"爱国奉献精神"，总书记还大力倡导"使之成为新时代奋斗者的价值追求"。

王继才精神是对中国优秀传统道德的传承与发展。王继才同志爱岗敬业、舍家为国，刻苦钻研、履职尽责，国家利益至上，不计个人得失，不为利益所惑，不为困难所惧，干一行爱一行，专一行精一行，在平凡的岗位上努力做出不平凡的业绩，书写不平凡的人生华章。在"小我"的清闲享乐

王继才、王仕花夫妇

与"大我"的无私奉献之间，他毅然选择了后者。把党和国家的需要作为一生的追求，把强烈的爱党爱国情怀和对事业的无比忠诚落实到行动中，用实际行动衬托出新时代共产党人的价值追求。

高扬半个世纪的学雷锋旗帜

"雷锋车"组是连云港半个世纪如一日传承弘扬雷锋精神的代表。自1963年毛泽东主席发出"向雷锋同志学习"的号召后，连云港市新浦汽车总站迅速掀起了学雷锋的热潮。当时的连云港火车站与汽车总站间没有公交车，下了火车又匆匆赶汽车的人很不方便。几名车站职工找来三条扁担、几根绳索，在火车站为旅客免费挑行李。后来又添置了一辆平板车，义务为旅客服务，被人们亲切地称为"雷锋车"。"雷锋车"组由清一色的女职工组成，先后有5代车手，500多位姑娘爱心接力，倾情奉献，从三条扁担发展到平板车、三轮车、电瓶车、观光旅游车，行程17万多公里，免费运送老弱病残旅客26万人次，义务运送行包22万余件，为旅客送去了春

天般的温暖，用实际行动生动诠释了雷锋精神，成为高扬半个世纪的学雷锋旗帜。

"雷锋车"被授予"中国第一雷锋车"称号。"雷锋车"组被授予"全国巾帼文明岗""全国青年文明号"。所在的连云港市汽车总站荣获"全国文明单位""全国先进基层党组织""全国学雷锋先进集体""全国文明示范窗口"，涌现出先进人物500多人次，其中有三位全国人大代表、56位全国服务标兵和省、市劳动模范。

在王继才、"雷锋车"组等全国重大典型的示范引领下，连云港市涌现出一批全国和省市有影响的重大典型，形成一个地域特色、时代特征鲜明的典型品牌，塑创凡人善举、崇德向善的时代群像，成为"大爱连云"城市精神的生动缩影。

城市文化、自然景观与城市建设

连云港不仅历史悠久，文化积淀厚重，而且山海相拥，山、海、岛、港相得益彰，造就了水秀山明、生态人文浑然一体的大美风光，有"神奇浪漫之都"之称，是全国49个重点旅游城市和江苏三大旅游区之一。厚重的历史文化、独特的自然禀赋凸显了国际性海港城市建设鲜明的个性和区域特征。

连云地区

连云区在城市发展中，着力打造以海滨、连岛、秦山岛、前三岛等为主的黄金海岸旅游带；海滨、连岛、大桅尖、云台山国家森林公园、宿城，以及港口商务、会展、休闲配套设施为主的海滨商务、休闲度假旅游核心区，以及连云新城国际商务中心。

滨海旅游景区开发。滨海旅游景区开发以连岛国际旅游岛建设为核心，将大沙湾、苏马湾、在海一方、西墅、竹岛、前三岛及附近广阔海域组成集群式、多层次的"滨海—海洋"旅游体系；开发连岛、前三岛等海上垂钓、海上观光、海岛休闲娱乐游，建设具有高标准国际水平的海上运动中心；规划建设连岛与周边地区旅游交通与服务体系，提升交通管理和服务能力；注重开发针对中高端客群的旅游项目，建设山海度假、海滩派对、游艇俱乐部、水上飞机俱乐部、潜水俱乐部等，形成高参与度的旅游产品，目标是早日成为国家5A级旅游景区。

海上云台山（周明 摄）

  云台山国家森林公园开发。以世外桃源、万寿谷、云雾茶庄、法起寺、悟道庵、二桅尖、羊山岛等核心景点一线为主轴，融合山、海、港，凸显"海上云台山"特色，作为连云港"山海相拥"特色的重要载体，已经成为国家4A级旅游景区、生态旅游示范区和区域性旅游新热点。

  历史街区开发。"十二五"期间，已经编制完成连云历史街区更新整治规划，制定历史街区现存的历史建筑、古树和有价值的村落布局。结合主港区中山路沿线更新，积极引导和控制山体坡地建筑的风格颜色、高度与屋顶形式，保护山脊线等重要地形要素，结合人工建设塑造优美的天际轮廓线，延续连云历史街区"小香港"之称的"山、海、城"空间格局。已经逐步改善历史街区内部居住条件，在保持原有风貌、挖掘特色的基础上对古城部分住房进行修缮、改造，改善内部结构与空间，使之符合现代生活需要。依据更新整治工作进展，在保持与历史街区风貌协调的条件下，适时对历史街区内部居住功能进行疏解，有计划、有步骤地开展与镇区整体风貌不相协调建筑的清理和搬迁工作。在连云历史街区周边，积极引导具有山地风貌和滨水景观特征的高端居住区开发建设已初步形成港城一体，山海交汇的活力港城风貌，突出"山、海、城"一体的城市景象。

  连云新城开发。连云新城位于连云港市东部城区西北部，东依北崮山，西接临洪河口湿地，南靠242省道，北临海州湾，汇聚了山、海、岛、湖等最为优质的资源禀赋,是连云港承载国家战略机遇、建设区域性中心城市的重要载体。开发建设连云新城是完善连云港市大港口、大城市、大产业功能,加快推动港、产、城联动发展,快速展现滨海城市形象的重要举措。区别于已经形成的城市中心,连云新城要有独特个性,建设成为连云港国际性海港城市的标志性载体。

连云新城建设的重点,一是借助交通枢纽大量的人流、物流、信息流和资金流,荟萃国际一流知名品牌和大型服务业企业,形成精品商业引领下的布局合理、层次分明、功能各异的商业形态,构建信息水平先进、功能齐全发达、交易方式多样的商贸产业体系。二是依托人流、物流、信息流等高端要素资源的集聚效应,推动内外贸的融合,逐渐汇聚贸易营运控制、跨国采购、转口贸易、大宗商品交易、国际购物、国际会展等多种功能,吸引众多跨国公司和国内企业总部进驻,集聚发展相应的金融、投资产业,融入全球贸易网络的分工体系,强化贸易要素的集聚和辐射能力,使其成为国内外企业集聚贸易要素、开展国际商贸活动、进行国际交流的重要节点。使连云新城成为高度国际化、内外贸一体、对国内外市场具备强大集聚力和辐射力的国际海港城市。三是借助新亚欧大陆桥经济走廊首位节点城市地位,形成以会展业、总部经济等现代服务业引领的布局合理、层次分明、功能各异的产业形态,建成信息水平先进、交易方式多样的商务服务业体系,为连云港市成为国际性海港城市奠定重要基础。四是按照市委提出的"优化城市布局,按照'城市东进、拥抱大海'发展方向,加速城市组团发展、功能互补、提升品质、彰显特色、快速联通"要求。加强商贸商务、港航服务、高端居住等业态集聚发展,形成功能配套齐全、高端商务服务集聚的特色居住区。五是充分利用连云新城增量发展空间,紧扣服务经济的主题,营造适宜知识密集型服务业的环境,生产性服务、生活性服务与社会性服务融合发展,集聚形态多样化的现代服务业,有效增强连云港的服务业竞争力,实现高端现代服务业的快速崛起。

海州地区

大云台山风景名胜区旅游文化产业综合开发。突出以旅游服务区建设、文化产业及景观景点开发建设和景区游览通行道路建设为主的大花果山景区改扩建；新建西游记文化产业园。

大花果山景区建设的核心是以花果山、渔湾、东磊、朝阳为主的大花果山宗教、西游记文化旅游区，将花果山、渔湾、东磊、孔雀沟等整合为大花果山景区，统一规划、统一建设、统一管理，确立精细化管理、精品化建设的理念，大手笔、高标准建设景区旅游服务区、文化产业及景观景点和景区游览通行道路，完善景区旅游标识系统，确保建成国家5A级旅游景区，成为全市旅游发展的强劲引擎、全国性龙头景区和世界文化名山。

西游记文化产业园为大型综合主题旅游景点项目，包括西游梦世界文化产业园、西游文化服务区和西游文化社区三大部分，定位为我国第四代最高端的文化创意产业项目，将发展为具有世界意义的西游记文化产业聚集区、区域文化创意产业中心以及旅游目的地高端接待平台和时尚休闲区。

海州古城。以海州区幸福南路和中大街为核心，打造"东来第一街"的历史文化形象品牌。"十二五"期间，严格保护以鼓楼中心的十字街道以及以锦屏山为对景的空间格局，进一步修缮古城商业街两侧外围民居住宅区域，通过修旧如旧等街巷外立面更新等手段，保存各建筑构架形式、装饰布置与墙体屋面做法，完善街巷管线和房屋维修与改造模式，拆除私搭乱建，再现古时秦东门的门户城市历史风貌。保留街坊浓郁的生活氛围，注重保护现存的文物古迹，保留以清水墙、小青瓦、马头墙为符号的传统民居街坊和庭院格局，实现传统风貌保护与现代功能开发的完美嫁接。塑造海州古街文化体验游线，将海州现有的保存完好的古代建筑景点（百子庵、钟鼓楼等）通过旅游路线串联起来，形成浓郁的古建商业旅游氛围。积极探索古街整体开发运作模式，沿街商铺以面向创意产业、特色工艺作坊等项目积极进行商业开发，实现古街项目的良性循环。

南城古镇。挖掘古镇深厚文化底蕴，形成以集中居住、旅游、休闲、

《雪后佛境》花果山（张荣帅 摄）

商务、办公、物流一体化的新型旅游区。规划建设宗教文化游览区、六朝古街游览区等功能区。建设南城凤凰东山景区，包括普照寺、城隍庙、碧霞宫、玉皇宫、魁星阁等景点。

锦屏山古迹文化。构筑和优化孔望山、石棚山、白虎山、桃花涧"三山一涧"的特色旅游格局，建设旅游观光配套设施工程、观光步游道、车行道、休憩广场、旅游公厕、观景亭台等；深度开发锦屏山内部九龙涧、老龙涧、塔山古道、宋代军事遗址等自然和人文资源，分别以观光、度假、休闲为主要功能，整合打造旅游品牌。

赣榆地区

海州湾旅游度假区综合开发。按照国家4A级旅游景区标准建设旅游基础和服务配套设施，通过构筑离岸潜堤、建设突堤岬头、人工养滩补沙、控制周边海域养殖量等措施，保护并改善沙滩质量和环境，开发海洋文化

乡村一角（林玉荣 摄）

体验类和参与运动休闲类产品，打造大容量、大众化、综合性的亲海旅游度假区。加快建设秦山岛游轮客运码头、道路等基础配套设施，开展观光休闲及中高端海岛度假，将秦山岛打造为"瀛洲仙岛"。同时，结合青口休闲渔港建设，推出渔民风情旅游产品。

农村休闲旅游区。开发城市周边生态农业湿地为主的农村休闲旅游区，建设赣榆徐福生态园、赣榆夹谷山观光休闲农业园区连云港现代农业科技示范园等乡村类旅游项目。目前，赣榆谢湖樱桃节、石桥苹果节等已成为周边地区知名的乡村旅游节庆品牌，推出了近20条成熟的乡村旅游线路，走出一条打旅游牌、唱文化戏、做品牌农业文章、带农民致富增收的路子，呈现出共促共荣的良好态势。

发展新蓝图

无论是历史上的徐福东渡、秦东门,还是现在的新亚欧大陆桥东方桥头堡,新亚欧大陆桥经济走廊首位节点城市,"一带一路"交汇点核心区、先导区,都赋予连云港一个"国际性"的共性特质。建设国际性海港城市,是连云港在新时代的不二选择,展现了一幅这座城市未来发展的美好蓝图。

融合发展和谐城市

港口与城市融合发展

港城融合,首先要在空间上实现从港城相混到港城分离,对墟沟港区的货种进行调整,将大宗散杂货调整到两翼港口,实现"港城分离"。泊位调整后的空间用来完善城市功能,打造城市高端商务核心区,实现港城融合。

连云港主港区以建设连云港区域性国际商务中心、区域性国际航运中心为目标,除保留码头外,退港还城,围绕海湾区域共同建设集商务、金融、会展、旅游休闲、创意文化、高端居住、集装箱运输等为一体的多功能、国际化湾区。

通过实现多样化服务业要素资源的集聚和功能整合,加速完善国际化活力湾区的环境形态与配套服务,逐步建成"贸易要素优质、技术设施完备、交通便捷高效、环境舒适宜人、产业政策优化、信息高度透明、公共服务卓越、商务活动繁忙、国内一流、区域顶级"的以高端商务服务为主的商务产业聚集区和核心区。

产业与城市融合发展

主港区要突出港口与第三产业港产联动，加快货物结构调整，大宗散货向两翼港区调整。加强与"国际性海港城市"功能定位的接轨，通过对主港区墟沟作业区及西大堤填海区转型为城市、三产发展，实现产城融合发展。

加快推进连云港航运交易市场和大陆桥国际航运功能区建设，引导现代航运服务业集聚；扶持船舶交易、船舶管理、航运经纪、航运咨询、船舶技术、海事仲裁等航运服务业发展，拓展产业链和服务功能，建设区域性航运中心。

将连云港国际商务中心重点打造成为与区域性国际枢纽港配套的以大陆桥国际航运中心为主要功能的综合性国际商务区，重点发展为航运物流业发展提供配套服务的商务服务业，发展商贸、总部经济，积极发展旅游业、中介服务业、会展业、金融保险、国际贸易与高端商业。

城市、港口、产业融合发展

连云、墟沟、连岛三位一体，强化高端商业建设，大规模高能级商务楼宇群，若干宾馆酒店、公寓等配套设施，最终成为创新消费文化和服务方式、促进消费结构升级的主要拉动力量；成为特色消费市场和辐射周边地区的资源中心；成为城市形象的精华或区域性标志、城市繁荣和城市文化的窗口，引导功能的向心集聚，增强城市辐射力，成为展示连云港市国际化海港中心城市形象的"窗口"和高端服务业的核心载体。

墟沟港区打造高端商务核心区，重点发展旅游业、高端商业和中介服务业等。探索开通丝绸之路经济带国际旅游客运专列；提升中韩客货滚装班轮航线，争取开通中日连云港客货班轮航线。大堤作业区从港口用地调整为商业及城市配套用地，统一规划，建设服务"一带一路"核心功能区。建设上合组织秘书处及中西亚国家商会、友好协会、驻华使领馆等政府机构和国际友好组织在连云港设立办事处和商务机构的集中区、丝绸之路经济带专业性国际论坛。建设金融、总部经济功能区，争取国外金融机构在此设立分支机构，推动江苏沿海开发银行和国家开发银行连云港分行在此落户。

经过20年的努力，建设成高度国际化、对国内外市场具有较强集聚力和辐射力，并在"一路一带"国家和地区具有竞争力和影响力的重要国际商务中心城市之一。实现航运物流要素汇聚，高端产业落户，金融、国际贸易企业云集的繁荣景象。

山海相拥知名旅游城市

山海相拥是连云港的地理特征，建设山海相拥的国际知名旅游城市，是连云港城市发展的目标和方向，也是国际性海港城市的特色和核心构成要素。

发展邮轮旅游，提升旅游空间。建设邮轮码头靠泊岸线，加快建设后勤服务与配套设施，将主港区逐渐建设成为区域性国际邮轮母港，逐步形成高端邮轮经济商业圈，使邮轮经济成为连云港经济发展新的增长点。以邮轮码头建设整合旅游存量资源，将邮轮码头建设与商贸、休闲设施相结合。结合墟沟的会议展览中心和在建的连云新城发展邮轮码头，提供优质、高端的度假酒店设施，沿西大堤内外至北崮山发展一系列海上休闲活动设施。将邮轮码头建设与区域内游轮码头建设相结合、与以生态观光休闲为特色的乡村旅游相结合

创新发展模式，优化旅游存量资源。借鉴韩国济州岛国际自由都市、海南国际旅游岛、福建平潭综合实验区、广西北海涠洲岛旅游区的做法，发挥连云港岛屿众多的优势，研究、谋划"连云港国际旅游岛"的发展目标、建设构想与政策框架，率先将连岛建成一个以日本、韩国为主要合作伙伴，以中、日、韩、俄为主要客源群体，以日本、韩国和俄罗斯等东北亚游客自由进出、资本自由流动、特种旅游商品免税购物为主要内容的"国际旅游岛（区）"。

建设旅游交通枢纽，增强整体旅客集聚力。

和谐家园（张辰 摄）

环境优美宜居宜业生态城市

建设宜居宜业生态城市是当今世界城市建设发展的普遍趋势，也是建设国际化海港城市不可或缺的重要方面。

宜居宜业城市，生态是基础。优化和提升生态环境，构建生态网络，加强自然保护区、风景名胜区、森林公园、地质遗迹、饮用水源保护区、重要湿地、重要渔业资源、清水通道、蓄滞洪区、大型水面和重要山体等生态功能区保护和生态修复，积极构建生态网络。加强生态空间管制，加强自然保护区、风景名胜区、森林公园、地质遗迹、饮用水源保护区等重要生态功能区域研究、规划与保护，加强生态城市建设。

对重要生态功能区实施严格保护。加强滩涂湿地保护、生物多样性保护以及植树造林绿化，编制湿地保护规划，建立湿地管理信息系统，切实加强内河、湿地和海洋环境保护，建立湿地保护示范基地。

按照《江苏沿海地区环境保护和生态建设规划》要求，以"发展现代林业，建设生态文明，推动科学发展"为主题，建设"生态绿色连云港"，加大生态林建设及生态保护管理力度,繁荣发展生态文化,努力建设完备的森林生态体系和发达的林业产业体系,构建连云港生态安全屏障。

大力开展绿色创建活动,并与创建全国文明城市、卫生城市、环保模范城市等活动有机地结合起来,深入开展生态创建。

参考文献

（先秦）：庄周.《庄子》，崇文书局，2009.

（秦）：吕不韦等.《吕氏春秋》，崇文书局，2007.

（东汉）：班固.《汉书》，商务印书馆，1936.

（西汉）：司马迁.《史记》，商务印书馆，1936.

（西汉）：戴圣.《礼记》，北京联合出版公司，2015.

（西晋）：陈寿.《三国志》，中华书局，2008.

（晋）：王沈.《魏书》，中华书局，1974.

（后晋）：刘昫等撰.《旧唐书》，中华书局，1997.

（南朝）：宋范晔.《后汉书》，中华书局，2000.

（南朝）：萧子显.《南齐书》，中华书局，2017.

（北魏）：郦道元.《水经注》，浙江古籍出版社，2013.

（唐）：房玄龄等.《晋书》，中华书局，1996.

（唐）：李吉甫.《元和郡县图志》，中华书局，2005.

（后周）：义楚撰.《义楚六帖》，日本京都市东福寺藏本（十二册）

（北宋）：乐史，王文楚.《太平寰宇记》，中华书局，2008.

（北宋）：司马光.《资治通鉴》，中华书局，1956.

（北宋）：欧阳修，宋祁等.《新唐书》，中华书局，1975.

（元）：脱脱等.《宋史》，中华书局，1977.

（明）：陈復亨纂修.《隆庆海州志》，1962年据明隆庆六年刻本影印本

（明）：起蛰，张矩同撰.《两淮盐法志》，方志出版社，2011.

（明）：张燮.《东西洋考》，商务印书馆，1936.

（明）：王士性.《广志绎》，中华书局，1981.

（明）：宋濂，王袆.《元史》，中华书局，1976.

（清）：张廷玉.《明史》，艺文印书馆，1956.

（清）：唐仲冕．《嘉庆海州直隶州志》，南京大学出版社，1993．

（清）：特秀主修．《光绪赣榆县志》，成文出版社，1970．

（清）：金轼纂．《江苏通志稿》，民国抄本。

（清）：刘锦藻．《清朝续文献通考》，浙江古籍出版社，2000．

（清）：崔应阶．《云台山志》，连云港图书馆馆藏影印本

（清）：施琅．《靖海纪事》，鹭江出版社，2016．

（清）：佚名．《闽海纪略》，线装书局，2012．

（清）：江日升．《台湾外纪》，福建人民出版社，1983．

（清）：谢元淮，许乔林修纂．《云台新志》，连云港市博物馆 连云港市图书馆，1978．

（清）：岳浚等监修．《山东通志》，文渊阁四库全书，影印本1988．

（民国）：赵尔巽．《清史稿》，中华书局，2015．

[英]菲利普·德．索萨著，施诚，张珉璐译．《极简海洋文明史》，中信出版集团，2016．

[英]彼得·弗兰科潘著，邵旭东，孙芳译．《丝绸之路一部全新的世界史》，浙江大学出版社，2016．

[美] A．H．思期明格．《食物及营养百科全书》，农业出版社，1989．

[美]芮乐伟·韩森著，张湛译．《丝绸之路新史》，北京联合出版社，2015．

[美]凯文·林奇著，林庆怡等译，《城市形态》，华夏出版社，2001．

[日]护雅夫．《汉与罗马，东西文明之交流》（第1卷），平凡社，1970．

[日]饭野孝宥．《弥生的日轮》，光明日报出版社，1994．

[日]三上次男著，胡德芬译．《陶瓷之路》，天津人民出版社，1983．

[日]小野胜年．《入唐求法巡礼行记》研究（第一卷），东京，1964．

[日]今西龙．《新罗史研究》东京，近泽书店，1933．

[日]冢本善隆．《中国佛教通史》（第1卷），佛光出版社（台北），1986．

[日]鎌田茂雄．《中国佛教史》（第2卷），东京大学出版社，1982．

[日]松浦章．《清代海外贸易史研究》，天津人民出版社，2016．

[日]宫崎市定．《宫崎市定论文选集》，商务印书馆，1965．

[日]白鸟库吉．《西域史研究》上册，岩波书店，1981．

孙中山．《建国方略》，生活·读书·新知三联书店，2014．

郭沫若主编．《中国史稿》，人民出版社，1976．

翦伯赞主编．《中国史纲要》，人民出版社，1983．

吴晗．《朝鲜李朝实录中的中国史料》，中华书局，1980．

郑振铎．《晚清文选》，中国人民大学出版社，2012．

季羡林．《中印文化关系史论丛》，人民出版社，1957．

谭其骧主编．《中国历史地图集》第六册（宋辽金时期）中国地图出版社，1996．

蒋维乔．《中国佛教史》，商务印书馆，2015．

王国维．《殷周制度论，观堂集林》（上册），中华书局，1959．

汤用彤．《汉魏两晋南北朝佛教史》，上海书店，1991．

梁启超．《饮冰室专集》（第52卷），中华书局，1936．

张謇著，张孝若编．《张季子九录》，中华书局，1933．

孙光圻．《中国古代海运史》，海洋出版社，2005．

王宏斌．《清代前期海防：思想与制度》，社会科学文献出版社，2002．

杨金森，范中义．《中国海防史》（上、下册），海洋出版社，2005．

冯承钧．《中国南洋交通史》，上海书店，1984．

陈高华，陈尚胜．《中国海外交通史》，文津出版社，1997．

荣新江．《丝绸之路与东西文化交流》，北京大学出版社，2015．

《连云港港史》编写组．《连云港港史》，人民交通出版社，1987．

《江苏盐业史略》编写组．《江苏盐业史略》，江苏人民出版社，1988．

孙锡华主编．《花果山志》，中华书局，2005．

黄彰健校注．《明太祖实录》，中华书局，2016．

刘迎胜．《丝绸之路》，江苏人民出版社，2014．

白化文等主编．《连云港与海上丝绸之路》，海洋出版社，1990．

张良群主编．《中外徐福研究》，中国科学技术大学出版社，2007．

张良群主编．《中外徐福研究》（第二集），中国科学技术大学出版社，2010．

卞洪登．《丝绸之路考》，中国经济出版社，2007．

刘洪石．《连云港文化丛书·东海名郡》，中国文史出版社，2005．

李庆新．《海上丝绸之路》，五洲传播出版社，2006．

陈子铭．《历史转折时期的漳州月港》，海峡文艺出版社，2015．

王日根．《明清海疆政策与中国社会发展》，福建人民出版社，2008．

林留根．《藤花落古稻田与黄淮地区稻作文明》，《南京博物院集刊》，《南京博物院建院七十五周年纪念文集》，文物出版社，2010．

蒙文通．《古地甄微》，《蒙文通文集》（第四卷），巴蜀书社，1998．

南京博物院、连云港市博物馆．《藤花落——连云港市新石器时代遗址考古发掘报告》，科学出版社，2014．

林留根，李虎仁．《解剖龙山时代城址的结构—江苏连云港藤花落古城址》，《藤花落连云港市新石器时代遗址考古发掘报告》，科学出版社，2014.

李伯重．《多视角看江南经济史》（1250—1850），生活、读书、新知三联书店，2003.

戴裔煊．《明代嘉隆间的倭寇海盗与中国资本主义萌芽》，中国社会科学出版社，1982.

韦明铧．《扬州文化谈片》，三联书店，2004.

何驽．《都城考古的理论与实践探索》，《三代考古》第三辑．

古龙高．《新亚欧大陆桥经济方略》，东南大学出版社，1998.

李洪甫．《李洪甫史志论丛》，北京燕山出版社，1992.

高伟．《刘志洲山岩画迷踪》，上海文艺出版总社，2007.

许思文主编．《人文赣榆丛书－徐福卷》，江苏人民出版社，2018.

罗栋生等．《亚欧新海大陆桥研究》，海洋出版社，1990.

石荣伦，陈贵洲主编．《连云港石刻文化文集》，南京大学出版社，2014.

刘洪石主编《东夷文化研究》，《连云港论坛》增刊（准印证号：JS－G016号），2007.

连云港市政协文史委员会．《考证·连云港市文物古迹实录》，苏出准印（2015）字JSE-0006309

严文明．《东夷文化的探索》，《文物》1989年第9期．

俞伟超．《孔望山摩崖造像的年代考察》，《连云港与海上丝绸之路》，海洋出版社，1990年版．

吴廷，郑彭年．《佛教海上传入中国之研究》，《历史研究》1995年第2期．

裴文中．《从古文化及古生物上看中日的古交通》，《科学通报》1978年第12期．

房迎三，沈冠军．《江苏旧石器时代考古20年回顾》，《东南文化》2010年第2期．

李知宴．《论越窑和铜官窑瓷器的发展与外销》，中国历史博物馆，1981.

叶文程，芮国耀．《宋元时期龙泉青瓷的外销及其有关问题的探讨》，《海交史研究》1987年2期．

徐军．《连云港新石器时代人类聚居遗址分布于海岸线变迁关系的剖析》，《第四纪研究》2006年第3期．

汤惠生，梅亚文．《将军崖史前岩画遗址断代及相关问题》，《东南文化》2008年第2期．

宋宣志，王大有．《阿斯特克太阳石（历）及其文明》，《社会科学战线》1985年第3期．

武树臣．《寻找最初的"夷"——东夷风俗与远古的法》，《中外法学》2013年第

1期.

任乃强.《盐业史研究》1988年第2期.

周锦屏.《连云港境内吴文化遗存的初探》,《东南文化》2003年第3期.

张学锋.《圆仁〈入唐记〉所见晚唐新罗移民在江苏地域的活动》,《淮阴师范学院学报》2013年第3期.

丁义珍.《连云港市孔望山摩崖造像调查报告》,《文物》1981年第7期.

图书在版编目（CIP）数据

连云港传：结缘丝路两千年/古龙高，周一云著．－－北京：新星出版社，2019.9
（丝路百城传）
ISBN 978-7-5133-3665-9

Ⅰ．①连… Ⅱ．①古… ②周… Ⅲ．①文化史－研究－连云港 Ⅳ．① K295.33

中国版本图书馆 CIP 数据核字（2019）第 165569 号

出版指导：陆彩荣
出版策划：彭明哲　简以宁

连云港传：结缘丝路两千年

古龙高，周一云　著

责任编辑：简以宁
责任校对：刘　义
责任印制：李珊珊
装帧设计：冷暖儿

出版发行：新星出版社
出 版 人：马汝军
社　　址：北京市西城区车公庄大街丙3号楼　　100044
网　　址：www.newstarpress.com
电　　话：010-88310888
传　　真：010-65270449
法律顾问：北京市岳成律师事务所

读者服务：010-88310811　　service@newstarpress.com
邮购地址：北京市西城区车公庄大街丙3号楼　　100044

印　　刷：天津图文方嘉印刷有限公司
开　　本：660mm×970mm　　1/16
印　　张：23
字　　数：258千字
版　　次：2019年9月第一版　　2019年9月第一次印刷
书　　号：ISBN 978-7-5133-3665-9
定　　价：89.00元

版权专有，侵权必究；如有质量问题，请与印刷厂联系调换。